प्रकाशन-संख्या-१५३
ISBN. 81-85057-23-0

संगीत

संगीत - कला का प्रतिनिधि मासिक

भक्ति संगीत अंक

वर्ष ३६ : अंक १
जनवरी, १९७०

■

संस्थापक :
स्व० प्रभूलाल गर्ग (काका हाथरसी)

■

प्रधान संपादक :
लक्ष्मीनारायण गर्ग

संपादक :
बालकृष्ण गर्ग :

■

प्रकाशन-स्थान :
संगीत कार्यालय
(हाथरस, उ.प्र.)

■

प्रभु ! अपने गीतों के पंखों से ही मैं तेरे चरणों का स्पर्श कर पाता हूँ। तू ऐसा वरदान दे कि एक ही प्रणाम में मेरा सारा शरीर तेरे चरणों का स्पर्श कर ले।

□ रवींद्रनाथ ठाकुर

- स्वर कभी विलीन अथवा विनष्ट नहीं होते, अपितु वे शब्दातीत स्तुति की तरह निरन्तर चढ़ते हुए प्रभु के पावन चरणों तक पहुँचते हैं। अतः संगीत का एक ही लक्ष्य और उद्देश्य होना चाहिए—ईश्वर का जयजयकार और आत्मा की प्रफुल्लता। □ **बाख**

- संगीत के पीछे-पीछे खुदा चलता है। जिस दिल के दरिया को संगीत की बयार तरंगित नहीं कर देती, समझो कि उस दिल से शैतान भी डरता है। □ **शेख सादी**

- परमात्मा की प्राप्ति के लिए मानव का सर्वोच्च साधन संगीत है। □ **यहूदी मेन्युहिन**

- सौंदर्य, समरसता स्वातंत्र्य और उच्च आकांक्षाओं के परमोपासक कवि, संगीतकार और संत समाज पर सबसे गहरी छाप डालते हैं। □ **डॉ० राधाकृष्णन्**

- यह विश्व भगवान् की रस-सृष्टि का प्रतिबिंब है और गायक-कवि का गीत इस भाव की व्यंजना का प्रतिघोष है। रस में डूबते ही वाणी मुखरित हो उठती है, स्वर के आंदोलन जाग जाते हैं और इस प्रकार स्वर-शब्द एकसाथ झंकृत हो उठते हैं। वही संगीत है, कविता भी वही है। □ **ओम्कारनाथ ठाकुर**

- संगीत के साथ नाम-जप या गुण-गान करते समय संगीत की मनोहर शक्ति एक दृढ़ रज्जु बनकर भगवान् के नाम-रूप को मन के साथ बाँध देती है। □ **के० वासुदेव शास्त्री**

- सुख-दुःख की प्रयोगशाला में संगीत-यंत्र द्वारा जब आत्मा को उपचार-रूप में पा लिया जाता है, तब परमानन्द की स्थिति स्वयं आ जाती है। □ **रवींद्रनाथ ठाकुर**

अनुक्रम / भक्ति-संगीत अंक

□ लेख

□ भक्ति-संगीत (स्वरबद्ध एकसौ-एक पद)

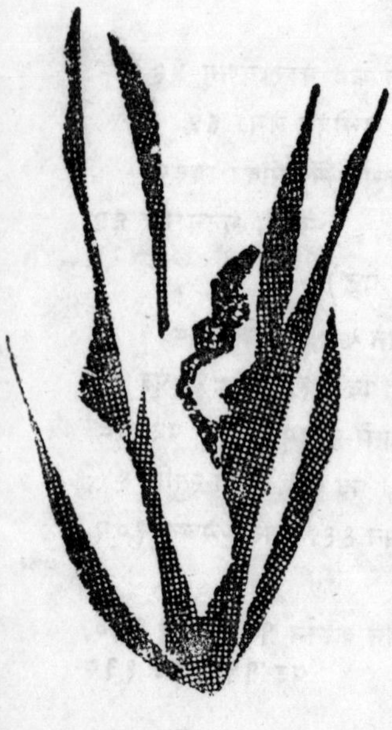

□ ताल तरंग

□ थिरकन

अकारादि-क्रम से भक्त-कवियों की सूची

॥ श्री राम, जय राम, जय जय राम ॥
॥ श्री राम, जय राम, जय जय राम ॥

सम्पादकीय

जीवन के लक्ष्य अखंड आनंद की प्राप्ति के लिए मन, वचन और कर्म से भगवान् की भक्ति आवश्यक है। भगवान् के प्रति अनन्य प्रेम तथा समर्पण की भावना को ही 'भक्ति' कहते हैं। 'भक्ति' नौ प्रकार की बताई गई है, जिसमें से भगवान् के गुणों का गान (कीर्तन) सहज और श्रेष्ठ है। गान के अधिक संवेदनशील होने पर माधुर्य भाव अथवा सत्त्व का उद्रेक होता है। सत्त्वोद्रेक से चित्त क्रमशः शांत होता है और विराग उत्पन्न होता है। ऐसे विराग के अनुकूल राग हो, राग के अनुकूल छंद हो, छंद के अनुकूल शब्द हों और शब्दों के अनुकूल लय हो, तो मन का अखंड लय (समाधि) होता है।

भगवान का प्रत्येक नाम एक मन्त्र है। स्वर और लय के आधार से मंत्र की शब्द या चेतन-शक्ति जाग्रत् रहती है। वल्लभ, चैतन्य, सूर, मीराँ, तुलसी, पुरंदरदास, त्यागराज, तुकाराम, नरसी, गोरख, हरिदास जयदेव, विद्यापति, धर्मदास, नानक, मलूकदास, रैदास, पलटूदास, दादू, सुन्दरदास, चरनदास, सहजोबाई, दयाबाई इत्यादि संत भक्तों ने स्वर और शब्द की चेतन-शक्ति से ही भगवान् का अनन्य प्रेम उपलब्ध किया तथा जगत् को सत्य का संदेश दिया।

आलवार संतों ने 'नाम-संकीर्तन' की भक्ति-धारा से दक्षिण-भारत को रससिक्त करके उत्तर को भी उससे आप्लावित किया। इन संतों की परम्परा में ही रामानुजाचार्य हुए। उत्तर-भारत में रामानुजाचार्य की परम्परा को पोषित करनेवाले स्वामी रामानन्द (सन् १४०० ई० के लगभग) हुए, जिन्होंने भक्ति के क्षेत्र में भेद की दीवारों को समाप्त करके, समाज के प्रत्येक वर्ग के लिए उसे सेव्य बना दिया। मानव-हृदय को केवल आनन्द प्रदान करनेवाला काव्य इन भक्त कवियों को अभीष्ट नहीं था। उन सभी के समक्ष एक ही लक्ष्य था और वह था भक्ति-काव्य के माध्यम से जन-कल्याण।

ईसा की १४-वीं शताब्दी से १९-वीं शताब्दी तक का काल भक्ति-साहित्य की दृष्टि से अत्यंत महत्त्वपूर्ण रहा है। इस काल में भक्ति-आंदोलन अपने चरम उत्कर्ष पर था और इसी समय निर्गुण संत-भक्ति, प्रेममार्गी सूफ़ी-भक्ति, प्रेमलक्षणा कृष्ण-भक्ति तथा मर्यादामार्गी राम-भक्ति की प्रेरणा से ही हिन्दी के सर्वोच्च साहित्य का निर्माण हुआ, जिसके प्रभावस्वरूप शिल्प, संगीत तथा अन्य ललित कलाओं को भी पूर्ण विकसित होने का सौभाग्य प्राप्त हुआ। इस काल को भक्ति-काल कहा जाए, तो कोई अत्युक्ति नहीं, इस काल के भक्त-गायकों द्वारा प्रसारित जीवन के मूल्य और मर्यादाएँ आज तक लोक में प्रतिष्ठित हैं, क्योंकि सभी संत गायक समान रूप से सांसारिक भोग-विलास को हेय और त्याज्य दृष्टि से देखते हैं। मिथ्या वैभव, पाखंड, धर्मभ्रष्ट तथा अत्याचारी प्रवृत्ति को निंदा की दृष्टि से देखते हैं और जीवन के सात्त्विक

रूप, शास्त्रीय मर्यादाओं के पालन, जीव-मात्र के प्रति दया तथा प्रेम की प्रवृत्ति को अपनाने पर बल देते हैं। ताकि मानव की प्रसुप्त क्रियात्मक शक्तियों का जागरण होकर अक्षय सुख और शांति की अभिवृद्धि हो।

सत्य, मूल तत्त्व या भगवान् का साक्षात्कार करने की प्रवृत्ति मनुष्य की प्रकृति में प्रारम्भ से ही किसी-न-किसी रूप में विद्यमान रही है। इसी प्रवृत्ति की अभिव्यक्ति सभ्यता के सभी स्तरों, देशों तथा कालों में होती रही है और इसी का नाम 'भक्ति' है। यज्ञ-प्रधान ब्राह्मण-धर्म, की प्रतिक्रियास्वरूप भागवत धर्म का उदय हुआ, जिससे भारतीय भक्ति-साहित्य को पोषण प्राप्त हुआ। कृष्ण वैदिक देवता विष्णु के अवतार माने गए, अतः भागवत एवं ब्राह्मण-धर्म के समन्वय से वैष्णव-धर्म की उत्पत्ति हुई। ईसवी सन् के प्रारम्भ से राम भी विष्णु के अवतार के रूप में स्वीकृत होने लगे, परन्तु राम-भक्ति की विशेष अभिव्यक्ति ग्यारहवीं शताब्दी के बाद ही विशेष रूप से हुई। विदेशों में राम-भक्ति का प्रचार सर्वप्रथम बौद्धों के द्वारा हुआ।

कृष्ण-भक्ति के जिस रूप ने समस्त भारत को रसमग्न किया, उसका मुख्य केन्द्र वृंदावन रहा, जिसने कई शताब्दियों तक चित्रकार, कवि, नर्तक तथा संगीतकारों को भी प्रेरणा प्रदान की। मनुष्य की सौंदर्य-वृत्ति को परिष्कृत तथा सार्थक बनाने में भक्ति-काव्य का प्रमुख हाथ रहा।

भक्तिपरक काव्य को ही 'भजन' कहते हैं। छंद और स्वर की दृष्टि से भक्ति-गीत के लिए कोई बन्धन नहीं है, फिर भी गेय पद स्वर, राग एवं ताल से विभूषित होकर जब प्रस्तुत किए जाते हैं, तो उनसे रस की जो अजस्र धारा बहती है, वह अनिर्वचनीय होती है। भक्ति-पद में इष्ट के रूप और गुण का कीर्तन होता है। 'कीर्तन' सगुण और निर्गुण, दोनों उपासनाओं के लिए आलम्बन रहा है। वल्लभ-संप्रदाय ने भक्ति-गीतों के स्थान पर कीर्तन को अधिक महत्त्व दिया, क्योंकि शिक्षित तथा अशिक्षित, किसी भी वर्ग के कितने भी विस्तृत समुदाय के लिए उसमें भाग लेना संभव है। पद के शुद्ध उच्चारण, राग एवं ताल इत्यादि में पारंगत होना कीर्तनकार के लिए आवश्यक नहीं। वहाँ सरल स्वरोच्चार तथा समर्पण की भावना से ही व्यक्ति को परम संतोष हो जाता है, क्योंकि उसका लक्ष्य इष्ट के साथ तदाकारिता एवं तद्रूपता अमूर्त और स्वयंभू लय-तत्त्व की संभरण शक्ति के माध्यम से कीर्तनकार के भाव स्वतः उद्दीप्त होते रहते हैं; परंतु भावना विस्तार के लिए भक्तिपरक शब्दों को संगीतजीवी होना आवश्यक है। इसीलिए मीरा, सूर, और तुलसी इत्यादि ने अपने भक्ति-काव्य को साहित्य तथा संगीत की दृष्टि से पूर्ण व्यवस्था दी। सामान्य जीवन से उठकर उनकी रचनाएँ शास्त्रीय संगीत तथा भाषा-साहित्य तक को समृद्ध करने लगीं।

भक्ति-गान में सहज उद्रेक, नवोन्मेष सद्यःस्फूर्ति, स्वच्छन्दता तथा अनाडम्बर इत्यादि विशेषताएँ स्वयं आ जाती हैं। भक्ति-भाव को उद्दीप्त करनेवाली मूल प्रेरणा उसमें निरंतर व्यक्त रहती है और उसी के द्वारा भाव का विस्तार नियंत्रित होता है। मूर्त के अन्दर जो अमूर्त एकरसता और सौंदर्य विद्यमान है, भक्ति-गान के द्वारा कलाकार उसे उद्घाटित कर सकता है। भारत की कीर्तन-प्रणाली से आज का पाश्चात्य युवा-वर्ग भी आकर्षित होता जा रहा है, इसी लिए यूरोप और अमेरिका की सड़कों पर 'हरे राम, हरे राम, राम राम, हरे हरे' तथा 'हरे कृष्ण, हरे कृष्ण, कृष्ण कृष्ण, हरे हरे' की गूँज बढ़ती जा रही है। पाश्चात्य कलाविदों एवं दार्शनिकों का कहना है कि भारतीय कीर्तन किसी भी दर्शन-ज्ञान की अपेक्षा नहीं रखता,

वह समय और समष्टिगत अनुभव है। इस दृष्टि से कीर्तन मनुष्य की विशुद्ध और चरमतर संवेदना है।

'गीत' को धर्म, अर्थ, काम और मोक्ष, चारों पुरुषार्थों का साधन बताया गया है। 'भक्ति-गीत' प्रेय के द्वारा श्रेय की उपलब्धि कराने में अद्वितीय हैं। भक्तिपरक पद या विष्णुपद शास्त्रीय संगीत की ध्रुवपद-पद्धति के जनक हैं। इससे पूर्व स्तोभ या स्तोत्र-गान (ईश्वरपरक स्तुति-गान) ने प्रबंध-गान को पुष्ट किया था। इन-सबका आदि-रूप साम-गान वस्तुतः स्तोत्र-पाठ का ही गेय रूप था। 'छांदोग्य-उपनिषद्' (१।१।२) में कहा गया है—'वाच ऋग् रसः, ऋचःसाम रसः, साम्न उद्गीथो रसः॥' अर्थात्, वाक् का रस ऋक् (काव्य) है, ऋक् का रस साम (षड्ज और मध्यमग्राम के अन्तर्गत गाया जाने वाला तथा शब्द और स्वर की समरसता उत्पन्न करने वाला) है, साम का रस उद्गीथ (प्रणव-घोष) है। तात्पर्य यही है कि नाद के बाह्य रूप का चेतना के साथ ऐक्य स्थापित हो, जो आज भी भक्ति-गान के माध्यम से सुबोध है।

साम की पंचविध और सप्तविध उपासनाओं का उल्लेख मिलता है, जो विभिन्न देवताओं की दृष्टि से पृथक्-पृथक् थीं। 'छांदोग्य-उपनिषद्' के अनुसार प्रजापति का उद्गीथ अनिरुक्त, सोम का निरुक्त, वायु का मृदुल और श्लक्ष्ण, इन्द्र का श्लक्ष्ण और बलवान्, बृहस्पति का क्रौंच-समान और वरुण का अपध्वांत है। देशी गान में उपासना के यही रूप विभिन्न 'जातियों' और 'प्रबन्ध-प्रकारों' के रूप में प्रचलित हुए तथा लौकिक गान में जाति-वर्ण और पंथ-भेद से इनका रूप आज भी मन्दिर तथा ग्राम्य जीवन में सुरक्षित है। इस प्रकार वर्तमान भक्ति-गान की मूल प्रेरणा वेद में निहित है और वेद ब्रह्मवाद के समर्थक हैं।

ब्रह्मवाद के सगुण और निर्गुण रूप ने ही भक्ति के विभिन्न सम्प्रदायों को जन्म दिया है। १२-वीं शताब्दी से १६-वीं शताब्दी तक संत-काव्य का जो रूप मिलता है उसमें सम्प्रदाय अधिक नहीं, परन्तु ईसवी सन् की १६-वीं शताब्दी से १८-वीं शताब्दी के मध्य काल तक पंथ और सम्प्रदायों का निरन्तर प्रसार होता रहा; परिणामस्वरूप विपुल भक्ति-साहित्य अस्तित्व में आ गया। सन्त-साहित्य के इतिहास का आधुनिक युग १९-वीं शताब्दी से प्रारम्भ होता है।

समस्त सन्त-काव्य का प्रधान विषय धार्मिक तथा दार्शनिक ही रहा है। 'गीता' में भक्त और भक्ति, दोनों को विशेष महत्ता प्रदान की गई है। श्रुति ने कहा है कि 'देवताओं के स्वामी विष्णु साम-गान द्वारा जितनी जल्दी प्रसन्न होते हैं, वैसे यज्ञ-दानादि द्वारा भी नहीं होते।' पूजा से करोड़ गुना श्रेष्ठ स्तोत्र होता है, स्तोत्र से करोड़ गुना श्रेष्ठ जप और जप से करोड़ गुना श्रेष्ठ गान होता है; गान से परे कुछ नहीं। तात्पर्य यही है कि सस्वर भक्ति ही सर्वोत्कृष्ट और शीघ्र फल प्रदान करने वाली है। भक्ति-गान के द्वारा आहत नाद की सिद्धि होकर अनाहत की उपलब्धि सरलता से होती है, जिससे साधक जीवन-मुक्ति का लाभ प्राप्त करता है।

चैतन्य-सम्प्रदाय के अनुयायी रूप गोस्वामी ने 'भक्तिरसामृत-सिंधु' तथा 'उज्ज्वलनीलमणि' में भक्ति-रस की प्रतिष्ठा की है और 'भक्ति-रसामृत-सिंधु' में उसके मुख्य तथा गौण भेदों के अन्तर्गत अन्य सभी रसों को ले आने का प्रयत्न किया है। मधुसूदन सरस्वती के 'भक्ति-रसायन' ग्रन्थ में भक्ति के अलौकिक महत्त्व का निरूपण करते हुए उसे दसवाँ रस बताया गया है तथा अन्य सभी रसों से उसे श्रेष्ठ माना है। भक्ति-रस की महत्ता तथा उसका स्वरूप 'भागवत' में स्थान-स्थान पर व्यक्त किया गया है। 'नारद–भक्तिसूत्र' में भक्ति को 'परमप्रेमरूपा' कहा गया है। वास्तव में भक्ति-रस ऐसी आनन्दमयी चेतना है, जिसके अंश-मात्र की उपलब्धि से ही अन्तःकरण को स्फूर्ति मिलती है और वह जीवित रहता है। 'तैत्तिरीय

उपनिषद्' में जगत् के समस्त पदार्थों का कारण, आधार और लय आनन्द बताया गया है। द्वैत में दुःख है और एकत्व में आनन्द। यह आनन्द ही आत्मा का सच्चा स्वरूप है, जो भक्ति के माध्यम से शीघ्र अनुभूत होता है। हिन्दी के समस्त सन्त-साहित्य और भक्ति-साहित्य में आनन्द की अखण्ड रूप से उपलब्धि का माध्यम भक्ति-संगीत बताया गया है। इस अखंड आनन्द को प्राप्त करने की उत्कट अभिलाषा ही जीवन के विविध क्षेत्रों में पथ-प्रदर्शिका बनती है। इसी लिए सभी सन्तों और भक्तों ने भक्ति को मुख्य रस माना है तथा अन्य सभी रसों को भक्ति का अवांतर रूप कहा है।

भाषा की अपेक्षा नाद का प्रभाव-क्षेत्र अधिक व्यापक होने से तथा भक्तिपरक शब्दों को सस्वर प्रस्तुत करने से, बच्चों से लेकर वृद्धों तक पर उसका प्रभाव पड़ता है। मन्दिरों में भगवान् की आरती के समय जब एक साथ शंख, घड़ियाल और घन्टों का निनाद गूँजता है, तो तिर्यक् योनि के प्राणी (विशेष रूप से) स्वान तक उससे प्रभावित होकर दीर्घ स्वरोच्चारण करते हुए अपनी ध्वनि को दिव्य नाद के साथ एकाकार करने का प्रयत्न करते देखे जाते हैं।

भक्ति-काव्य के आदि, मध्य तथा अन्त में सार, हरिपद, चौपाई, चौपई, दोहा, सरसी, गीता, मुक्तामणि, श्यामउल्लास, श्लोक, छप्पय तथा शेर इत्यादि प्रायः रहते हैं। भक्ति-काव्यों के कुछ प्रकार ऐसे भी प्रचार में आए हैं, जिन्हें लोक-धुनों का आश्रय प्राप्त हो जाने से वे साधारण जीवन और हिन्दू संस्कृति का अंग बन गए हैं। दैनिक जीवन में राग-द्वेष तथा हर्ष-शोक के भाव प्रायः किसी न-किसी क्षण में आते ही रहते हैं, जिनसे मानव-चित्त विचलित होता रहता है। इस अवस्था से मुक्ति पाने के लिए भक्ति-गान और भक्ति-नृत्य से बढ़कर दूसरा कोई सरल उपाय नहीं है। 'द्वारिका-महात्म्य' में लिखा है कि जो प्रसन्न चित्त से, श्रद्धा और भक्तिपूर्वक भावों-सहित नृत्य करते हैं, वे जन्मान्तरों के पापों से मुक्त हो जाते हैं।

भक्ति-गीत पवित्र, वंदनीय तथा अलौकिक शक्ति-सम्पन्न होते हैं। भक्ति-काव्य में सत्य, शिव और सौंदर्य का अद्भुत समन्वय है। परम तृप्ति के साथ-साथ उसमें परम आह्लाद भी है। भक्ति-गान से वृत्ति जब ध्येयाकार होती है, तो चित्त का आवरण हटता है, मल और विक्षेप समाप्त होते हैं, ज्ञान की प्रकृष्ट दीप्ति होकर आत्म-ज्योति उद्भासित हो उठती है। कलाकार को माधुर्य और सत्य का वैभव उपलब्ध होता है। सत्य के उद्रेक से तार्किक बुद्धि तिरोहित होकर चेतन के साथ तद्रूप होती है; ज्ञाता, ज्ञान और ज्ञेय की त्रिपुटी एक हो जाती है; अनेकता से एकता का बोध होता है और तुरीय पद प्राप्त होता है। यही वह पुण्य-भूमि है, जहाँ समस्त पाप दग्ध हो जाते हैं।

सूर-जैसा भाव, मीराँ-जैसा प्रेम और तुलसी-जैसी श्रद्धा रखकर भक्ति-संगीत प्रस्तुत किया जाए, तो मनुष्य का जीवन सफल हो जाए। आज से अट्ठाईस वर्ष पूर्व सन १९४२ में हमने 'संगीत' का एक विशेषांक 'भजन अंक' और सन् १९४८ में 'सन्त-संगीत अंक' प्रकाशित किया था तथा अब महात्मा गांधी - जैसे विश्व-प्रसिद्ध भक्त के जन्मशताब्दी-समारोह-वर्ष के सुअवसर पर 'भक्ति-संगीत अंक' समर्पित कर रहे हैं। भक्त पाठकों को भक्ति-रस में अवगाहन करने का अवसर देकर हम अपने को कृतकृत्य अनुभव कर रहे हैं। संसार के समस्त सन्त और भक्तों के चरणों में हमारा बारंबार प्रणाम है, जिनके सान्निध्य के लिए स्वयं भगवान भी व्याकुल हो उठते हैं। उन सन्तों की वाणी के सहस्रांश का एक अणु भी यदि परा रूप से हमारे अंतस् में प्रविष्ट हो जाए तो साध्य की उपलब्धि में किंचिन्मात्र भी विलंब न हो।

॥ श्री राम, जय राम, जय जय राम । श्री राम, जय राम, जय जय राम ॥

भक्ति-संगीत का उद्गम और विकास

● श० श्री परांजपे

भक्ति मानव की सहज विभूति है। प्रत्येक प्राणी स्वभावतः अपने से श्रेष्ठ व्यक्तिय के प्रति श्रद्धायुक्त आकर्षण रखता है। शक्ति, शील तथा वैभव से बरिष्ठ व्यक्ति के प्रति श्रद्धा तथा उसके गुणों को आत्मसात् करने की अदम्य इच्छा भक्ति-भावना के मूल में है। किसी अच्छे गायक, वादक या नर्तक की कला को हृदयंगम करने के बाद क्या यह भावना रसिक श्रोता या दर्शक में नहीं आती कि उक्त कलाकार के गुण यदि हममें आ जाएँ तो कितना अच्छा होगा। उस कलाकार की कला के प्रति ऐसी श्रद्धा का उदय होता है कि उसका सामीप्य पाने तथा उसके गुणों को आत्मसात् करने की प्रबल इच्छा जाग उठती है। इसी श्रद्धा का विस्तार जब असीम, अपरिमित तथा अजेय परमात्मा के प्रति होता है, तो वह 'भक्ति' कहलाती है। एक लौकिक कलाकार के प्रति आकर्षण यदि इतना प्रबल हो सकता है, तो सभी कला-शिल्पों के शिल्पी तथा उद्गम-स्थान परमात्मा के अतुल वैभव तथा कलाकृति के प्रति वह कितनी मात्रा में होगा, इसकी सहज कल्पना की जा सकती है। विराट् एवं व्यापक शून्य से निखिल नादमय एवं लयमय प्रपंच का निर्माण करना कोई साधारण बात नहीं। वह वैसा ही कठिन है, जैसे केवल सप्त स्वरों से संगीत का भव्य एवं दिव्य भवन खड़ा करना।

स्वर के आधारभूत तत्त्व नाद की व्यापकता सर्वविदित है। भारतीय दर्शन का इस सम्बन्ध में ऐकमत्य है कि शब्द आकाश का गुण है, अतएव 'आकाश' नामक कारण जितना बिभु या व्यापक है, उतना ही 'शब्द' या 'नाद' नामक कार्य भी है। यहाँ एक कोने में किए गए आलाप विश्व के दूसरे कोने में उसी क्षण सुने जा सकते हैं। इसका रहस्य यही है कि आकाश नित्य होने के कारण उसका शब्द-गुण भी नित्य ही है। क्या गुण व गुणी में कोई पार्थक्य हो सकता है? क्या कला कलाकार से पृथक् की जा सकती है? कदापि नहीं। शब्द अथवा नाद आकाश की नित्य विभूति है, जिसका कभी नाश नहीं हो सकता। देर केवल उन तरंगों को समझने या पकड़ने में हो सकती है। रेडियो के आविष्कार के पूर्व क्या योगी-जन दूर-दूर की ध्वनियों को सुनने में समर्थ न थे? सम्भव है कि ध्वनि की नित्यता के आधार पर हम भविष्य में वैदिक महर्षियों का मन्त्र-गान, देवर्षि नारद का गांधर्व-गान, सूर, तुलसी, मीरा-जैसे भक्त गायकों का भक्ति-गान तथा तानसेन जैसे दरबारी गायकों का देशी गान भी पुनः सुन सकें।

भक्ति की यह परम्परा विश्व-साहित्य के प्राचीनतम ग्रन्थ 'ऋग्वेद' से प्रचलित है। हमारे पूर्वज प्रकृति की लयबद्ध गति तथा उसकी विमुग्धकारी छटाओं से प्रभावित थे। इस प्रकृति-नटी के अभिनय के पीछे किसी कुशल कलाकार का हाथ है, ऐसी उनकी श्रद्धा थी। विभिन्न ऋतुओं का नियमित रूप से चलना, दिन-रात की नियमित आवृत्ति तथा प्रकृति के ऐसे ही अन्यान्य रहस्यों के पीछे किसी नियंता का होना जरूरी है। अन्यथा ब्रह्मांड की लयमयता का निमित्त कारण और दूसरा कौन हो सकता है? विश्व की आदि-शक्ति के सम्बन्ध में ऐसी ही श्रद्धा से प्रेरित होकर आदिम गायकों ने अपने गीत उसी की प्रशंसा में रचे।

विश्व-साहित्य के छात्र भली-भाँति जानते हैं कि भारत में ही नहीं, वरन् सारे विश्व में संगीत का आरम्भ धार्मिक भावनाओं की अभिव्यक्ति से हुआ। विश्व की सभी प्राचीन संस्कृतियों में धर्म व संगीत का गहरा सम्बन्ध रहा है। चाहे मिश्र हो, बाबिलोन हो, सीरिया हो, यूनान हो या भारत, सभी सभ्यताओं में संगीत का जन्म भक्ति-भावना से हुआ है और इसी में इसका निरन्तर विकास भी हुआ है। इनमें से भारत को छोड़कर प्रायः अन्य सभ्यतायें आज नामशेष हो गई हैं। उनका आदिम साहित्य, जिसके आधार पर उनके संगीत का परिचय पाया जा सकता है, आज उपलब्ध नहीं, तथापि उन सभ्यताओं के जो भौतिक अवशेष समय-समय पर उपलब्ध होते हैं, उनसे उन संगीत-वाद्यों की जानकारी मिलती है, जो धार्मिक संगीत की संगति के लिए प्रयुक्त होते थे। हमारा देश इस सम्बन्ध में भाग्यशाली है। प्राचीन महर्षियों की अजस्र एवं अनन्य साधना के फलस्वरूप हमारे भक्ति-संगीत के प्राचीनतम गीत 'ऋग्वेद' के रूप में आज भी सुरक्षित है। इन सहस्रों मन्त्रों की सुरक्षा के लिए क्या-क्या विधियाँ अपनाई गई हैं, यह संस्कृतज्ञ तथा वेदाध्यायी लोग जानते हैं। प्रकृति की चित्र-विचित्र लीलाओं को अनुभव कर वैदिक गायकों ने जगत् के मूल में विद्यमान शक्ति का साक्षात्कार किया और उसके विभिन्न रूपों के लिए गीत अथवा सूत्र रच डाले। 'ऋग्वेद' का प्रत्येक सूत्र विभिन्न देवताओं की स्तुति में गाया गया गीत है, यह बात ध्यान देने योग्य है।

भक्ति के स्वयं-स्फूत उद्‌गारों के साथ वाद्य व नृत्य का जुड जाना अत्यन्त स्वाभाविक है। गीत, वाद्य व नृत्य, तीनों भक्ति के उल्लास को अभिव्यक्ति करने के प्रधान साधन हैं। आनन्दातिरेक के समय मुँह से उद्‌गारों का निःसृत होना, हाथों से तालियाँ बजाना तथा समस्त अंगों से अभिनय करना एक स्वाभाविक प्रक्रिया है। प्राचीन मानव के गीत, वाद्य तथा नृत्य भी ऐसे धार्मिक प्रसंगों पर प्रसूत हुए। आज भी आदिम जातियाँ धार्मिक पर्वों पर गीत गाने के साथ विविध वाद्यों तथा नृत्यों का प्रयोग करती पाई जाती हैं। यह परम्परा नूतन नहीं, वरन् प्राचीन है और सहस्राब्दियों से चली आ रही है, यह बात ध्यान देने-योग्य है। 'सामवेद' तो 'ऋग्वेद' का ही रूपांतर है। 'सामवेद' गायन की दृष्टि से जरूर भिन्न है, परन्तु साहित्य की दृष्टि से सर्वथा अभिन्न है। 'सामवेद' के सभी मन्त्र 'ऋग्वेद' से गृहीत हैं, केवल अन्तर यह है कि जहाँ 'ऋग्वेद' का पाठ आधुनिक काव्य-पाठ या कविता-गायन के समान रहा, वहाँ 'सामवेद' का गायन आलापों से युक्त शास्त्रीय संगीत के समान रहा। 'सामवेद' का संगीत भारत के इतिहास में प्रथम भक्ति-संगीत होने का अधिकारी है। यह वह संगीत है, जिसमें भक्त ने अपनी आराध्य-विषयक भावनाओं को स्वरों में बाँधा है। इन गीतों की सरसता का मूल आत्मीयता तथा आत्म-निवेदन में है। ऐहिक समृद्धि तथा पारलौकिक वैभव पाने की इच्छा से जिन ऋचाओं का निर्माण हुआ, उन्हीं को तत्कालीन संगीतकारों ने स्वर प्रदान किया। साधारण पाठ की अपेक्षा गायन से हम देवताओं को वशीभूत कर सकते हैं, यह उनका दृढ़ विश्वास था। संगीत के केवल स्वरों में जन-मानस को मुग्ध करने की शक्ति है। जब स्वर के साथ शब्द का संयोग होता है, तो उसके अलौकिक प्रभाव की कल्पना की जा सकती है। आज भी आदिम जाति के लोक-गीतों से शब्द, स्वर और लय का कुछ ऐसा प्रभाव पड़ता है कि कलाकार तथा दर्शक अपनी सुध-बुध खो बैठते हैं। संगीत के अन्तर्गत स्वर, लय तथा शब्द, तीनों के सम्यक् निर्वाह

पर ध्यान देना संगीत-शास्त्र में 'अवधान' कहलाता है और इन तीनों का समुचित संगम ही उत्कृष्ट भाव-संगीत अथवा भक्ति संगीत को जन्म देता है। भक्ति का चरम उत्कर्ष वस्तु के साथ तन्मयता में है। ऐसी तन्मयता, जो आराध्य के साथ ऐक्य-भाव स्थापित करे; ऐसी तदाकारता, जिसमें ज्ञाता, ज्ञेय तथा ज्ञान अथवा गायक, गायन तथा गेय वस्तु का भेद निःशेष हो जाए। संगीत-क्रिया का सर्वोच्च बिन्दु यही 'निर्विकल्प समाधि' है, जहाँ सीमित 'अहं' नष्ट होकर 'जगदात्मा' में विलीन हो जाता है। संगीत के अन्तर्गत देश, काल और जाति का बन्धन नहीं रहता, यह तथ्य सर्वजन-प्रसिद्ध है। संगीत-जगत् में रसिक श्रोता यह विचार नहीं करता कि कलाकार हिन्दू है अथवा मुसलमान, पंडित है या कथक, बूढ़ा है अथवा बालक। संस्कृत में एक उक्ति है, **'गुणः पूजास्थानं गुणिषु न च लिंग न च वयः।'** अर्थात् --गुणियों में गुण देखे जाते हैं, उनका स्त्री या पुरुष होना अथवा उनकी आयु विचारणीय नहीं। यह अभेद भाव संगीत में जिस मात्रा में देखा जाता है, उतना अन्यत्र नहीं। भक्ति की जो चरम सीमा अद्वैत में पाई जाती है, उसका प्रबल माध्यम आरम्भ से अब तक संगीत रहा है और विश्व के अन्त तक रहेगा, इसमें किंचित् सन्देह नहीं।

भक्ति का जो प्रकार ऊपर उल्लिखित हुआ, वह 'सगुण' या 'साकार' के नाम से अभिहित है। भक्ति की दूसरी विधा 'निर्गुण' या 'निराकार' कहलाती है जहाँ भक्त ईश्वर के स्वरूप का ध्यान न करते हुए केवल उसकी सत्ता का चिन्तन करता है। इसका माध्यम 'ॐ' की ध्वनि है और इसकी उपासना प्रणवोपासना कहलाती है। 'ॐ' का केवल गायन ही गायक को तन्मयता प्रदान करता है और श्रोताओं की विकेन्द्रित या बिखरी हुई चित्त-वृत्तियों को गायक के स्वर में केन्द्रित कर देता है। इसी 'ॐ' का रूपांतर आज गायक द्वारा आरम्भ में लगाए गए 'अ'कार में देखा जाता है। आरम्भिक षड्ज सही ढंग से लगाना कोई साधारण बात नहीं। वह ऐसा लगना चाहिए कि श्रोताओं का ध्यान उस ध्वनि के अतिरिक्त और कहीं न हो। स्वर में ऐसा तादात्म्य ही 'योग' है और इसी योग के लिए 'नाद-योग' संज्ञा है। आगमों, पुराणों और तन्त्र-ग्रन्थों में इसी की महिमा गाई गई है। कानों से सुनाई देने वाले आहत नाद से अनाहत नाद तक पहुँच जाना अथवा नाद के स्थूल रूप से सूक्ष्म स्वरूप तक पहुँच जाना, योग-साधना की चरम सीमा है।

भक्ति संगीत की यह धारा वैदिक काल के बाद 'रामायण', 'महाभारत' तथा पुराणों से होती हुई आधुनिक काल तक बराबर पाई जाती है। नारद, तुम्बुरु, वाल्मीकि, व्यास, शुक्राचार्य इसके प्रमुख प्रवक्ता रहे हैं। इसी धारा का निर्देश मतंग तथा शार्ङ्गदेव के ग्रन्थों में 'मार्ग' नाम से पाया जाता है। 'मार्ग' वह प्रणाली है, जिसका अनुसरण सिद्ध, मुनि तथा भक्तों द्वारा किया जाता रहा है, जिसका ध्येय जन-रंजन न होकर देव-रंजन है तथा जिसकी शैली संयत, नियमित एवं गुरु गंभीर है। स्वच्छन्दता या स्वराचारिता के लिए वहाँ स्वल्प भी गुंजाइश नहीं। इस धारा का विकास मठों, मन्दिरों एवं धर्मस्थलों पर होता रहा। इसके अधिकारी वही थे, जो ईश्वर-साक्षात्कार के लिए इच्छुक हों और जिन्होंने वित्तैषणा, लोकैषणा और पुत्रैषणा का सर्वथा त्याग किया हो। कंचन तथा कामिनी के मोह को जिसने सर्वथा त्याग दिया, प्रपंच को निःसार समझकर जिसने आत्म-साक्षात्कार ही अपना एकमेव उद्देश्य बना लिया, ऐसा ही व्यक्ति भक्ति-संगीत पाने का अधिकारी रहा है। 'रामायण' में उल्लेख है कि महर्षि वाल्मीकि

ने लव-कुश को रामायण-गान करते समय निष्काम तथा निरिच्छ रहने का आदेश दिया था। तानसेन की अपेक्षा स्वामी हरिदास का संगीत अकबर के लिए अधिक प्रभावशाली हुआ इसका कारण यही निःस्पृहता रही। जो गायक निःसंग है, जिसके लिए केवल परमात्मा ही सर्वस्व है और जो समस्त प्राणियों में परमात्मा के दर्शन करता है, ऐसे गायक की कला में जो निष्ठा व तन्मयता पाई जा सकती है, वह अन्यत्र नहीं।

भक्ति नवविध कही गई है—श्रवण, कीर्तन, स्मरण, पाद-सेवन, अर्चन, वन्दन, दास्य, सख्य, और आत्म-निवेदन। इसमें सर्वसुलभ व सुगम मार्ग 'कीर्तन' कहा गया है। भक्ति संगीत में कीर्तन का अत्यधिक महत्वपूर्ण स्थान है। भगवान् के नाम, गुण तथा कर्मों का स्वर तथा लय के साथ उच्च स्वर से गायन करना कीर्तन के अन्तर्गत आता है। वीणा, मृदंग, झाँझ, करताल इसके संगति-वाद्य होते हैं। कीर्तन व्यक्तिगत होता है, अर्थात् एक ही गायक के द्वारा किया जाता है और संकीर्तन सामूहिक होता है। कीर्तन के आदि प्रवर्तक देवर्षि नारद हैं, जो अपनी महती वीणा के सहारे सदैव भगवान् की गुण-गाथा का गान करते रहे हैं। संकीर्तन का प्रवर्तन करने का श्रेय ब्रज की गोपियों को है, जिन्होंने सारे संसार से निःसंग होकर लोक-लाज और कुल-मर्यादा छोड़कर श्रीकृष्ण के नाम-संकीर्तन से सारी ब्रज-भूमि को अप्लावित किया। सामूहिक गान तथा सामूहिक नृत्य का प्रथम आदर्श गोपियों ने प्रस्तुत किया है। गोपियों का रास-नृत्य अपनी विलक्षणता रखता है और भारतीय नृत्य की विशिष्ट शैली के रूप में प्रतिष्ठित है।

यही संगीत-धारा पुष्टिमार्ग-प्रवर्तक श्री बल्लभाचार्य की परम्परा में पुष्ट हुई है। भक्ति-रस का काव्य तो भारतवर्ष के प्रत्येक साहित्य में किसी-न-किसी कोटि का पाया जाता है। राधा-कृष्ण की लीला को लेकर हरएक प्रदेश ने भक्ति-संगीत का सृजन किया है। बल्लभाचार्य और उनका अष्टछाप-संप्रदाय अपने कीर्तन-संगीत के लिए सुतरां प्रसिद्ध है। सूरदास, परमानन्ददास, कुंभनदास, कृष्णदास, नन्ददास, चतुर्भुजदास, गोविन्दस्वामी तथा छीतस्वामी, ये आठ कवि इसी अष्टछाप के अन्तर्गत आते हैं। इन सभी ने नये-नये पदों की रचना की है और तत्कालीन राग-रागिनियों में उन्हें निबद्ध किया है। भारतीय संगीत की ध्रुवपद-शैली को साहित्य से समृद्ध करने का श्रेय इन्हीं पदावलियों को है। भक्ति-रस से सराबोर ये पद शताब्दियों से भारतीय जनमानस को रस-सिक्त करते रहे हैं। मथुरा-वृन्दावन में भक्तों की ये ध्रुवपद-रचनाएँ परम्परागत रूप से आज भी उन्हीं रागों व तालों में गाई जाती हैं। इस अष्टछाप-संप्रदाय का साहित्य संगीत की अनेकों राग-रागिनियों का अमूल्य कोष है और भारतीय राग-परम्परा के इतिहास में महत्त्वपूर्ण काल-खंड का प्रतिनिधित्व करता है। उदाहरणार्थ, सारंग राग इस काल में अत्यन्त प्रचलित रहा है। हिन्दी के साथ ही समकालीन मराठी सन्तों की रचनाओं में भी इस राग का प्रचुर मात्रा में प्रयोग पाया जाता है। इस राग का आधुनिक नाम 'बिन्द्राबनी सारंग' वृंदावन या ब्रज-भूमि के कारण पड़ा हो, ऐसी यथार्थ कल्पना की जा सकती है।

भक्ति-संगीत के अन्तर्गत कीर्तन, संकीर्तन, भजन, हरिकथा, कालक्षेप इत्यादि का अन्तर्भाव होता है। भारत के विभिन्न प्रदेशों में प्रादेशिक भाषाओं के सहारे इनका गायन

होता है। इनमें स्वरों के साथ शब्दों का महत्त्व होता है और आलाप-तानों का उपयोग अत्यल्प होता है। पद मुख्यत: प्रमुख कीर्तनकार के द्वारा गाया जाता है, परन्तु उसको सस्वर दुहराने के लिए कुछ साथी-गण भी होते हैं। भजन तथा संकीर्तन में तो समस्त जनता साथ देती है। 'रघुपति राघव राजा राम' भजन हमारी राष्ट्रीय स्वतन्त्रता का घोष-मंत्र रहा है। स्वामी समर्थ रामदास जी के द्वारा प्रवर्तित यह भजन विगत सदियों में संतप्त मनों को शान्ति तथा सांत्वना देता आया है और महात्मा गाँधी द्वारा स्फूर्ति और प्रेरणा के स्रोत के रूप में प्रसारित हुआ है।

भारत में भक्ति-संगीत का प्रवाह सभी प्रदेशों में प्रवाहित होता रहा है। स्थान-भेद से भाषा-भेद भले ही हो, परन्तु संगीत की मूलगत भक्ति-भावना सभी प्रदेशों में व्याप्त रही है और जनता को एकता के सूत्र में आबद्ध करती रही है। उत्तर-प्रदेश में तुलसी, राजस्थान में मीरा, बंगाल में चैतन्य, बिहार में जयदेव, महाराष्ट्र में समर्थ रामदास, गुजरात में नरसी, कर्नाटक में त्यागराज इसी परम्परा के अनन्य गायक तथा प्रसारक रहे हैं। बल्लभाचार्य के समकालीन श्री चैतन्य महाप्रभु (ई० १४८५–१५३३) ने अपने रसमय कीर्तनों से समस्त बंग देश को भक्ति-विभोर बना दिया था। संगीत में भक्ति-रस की प्रतिष्ठा सर्वप्रथम इन्हीं के द्वारा हुई। श्रृङ्गार, वीर, करुण आदि नव-रसों के अतिरिक्त भक्ति को स्वतन्त्र रस के रूप में प्रतिष्ठापित करने का श्रेय इनको है। इस परम्परा के अन्तिम प्रवक्ता स्व० गायनाचार्य पं० विष्णुदिगंबर जी हैं, जिन्होंने संगीत का सुरुचिपूर्ण काव्य से गहरा संबंध स्थापित कर उसको कामिनी के नयन, कुच, नितम्ब इत्यादि से अलग कर दिया। मध्यकालीन दरबारी गायकों के द्वारा केवल श्रृंगार-प्रधान और यदा-कदा निरर्थक गीतों का प्रचार किया गया था। उसके स्थान पर पंडित जी ने सूर, तुलसी, मीरा इत्यादि भक्तों के भजनों को विभिन्न रागों में बाँधकर नए खयालों का सृजन किया और शास्त्रीय संगीत को पावन दिशा में मोड़ दिया। उनके सुपुत्र स्व० पं० डी. बी. पलुस्कर के 'ठुमक चलत रामचन्द्र' आदि भजनों की ध्वनि-मुद्रिकाएँ किस हृदय को रस-विभोर नहीं बनातीं! पं० विष्णुदिगंबर जी के शिष्यों में स्व० पं० ओंकारनाथ अपने रसमय भजनों के लिए सुप्रसिद्ध रहे। उनका 'जोगी मत जा' भैरवी का भजन कारुण्य और भक्ति का अपूर्व संगम रहा है और संगीत न जानने वाले श्रोताओं को भी रस-मुग्ध करता रहा है।

पिछले कुछ समय से गीत-रामायणों की रचना भक्ति-संगीत की अन्तिम कड़ी मानी जा सकती है। □□□

संगीत से समाधि तक

☐ मनोहर हरकरे

गीत साधारणतया हर्ष का पर्याय माना जाता है। साधारण मानव हर्ष होने पर अथवा हर्ष-प्राप्ति के लिए गीत-नृत्य आदि का आयोजन करता या कराता है। यह प्रवृत्ति पशुओं में भी देखी जाती है। हर्षातिरेक में पशु भी नाचते-चिल्लाते हैं। दुःख या विरह के समय पशुओं में कोई खास प्रतिक्रिया नहीं दृष्टिगोचर होती, वे प्रायः उसे सहते जाते हैं और बाद में भूल भी जाते हैं। बुद्धि प्रधान होने के कारण मानवों के संस्कार अधिक तीव्र और दीर्घकालिक होते हैं, इसलिए दुःख-विरहादिक भावनाओं के निराकरणार्थ मानव संगीत का आश्रय लेता है। दुःख अथवा क्लेश के समय वैराग्यशील गीत-वाद्य के श्रवण से भावनाओं का उन्नयन होकर वे सह्य हो जाती हैं। यह सर्वसाधारण अनुभव है। भारतीय मानस-शास्त्र का यह सिद्धाँत है कि जिस प्रकार की भी भावनाएँ हों, उनका उन्नयन करते हुए पराकाष्ठा तक ले जाएँ तो वे शांत होती हैं और साथ ही मन भी। यह सिद्धांत हमारी नाट्य-नृत्य-कला आदि में स्पष्टतया प्रचलित है।

मानव की इन्द्रिय-शक्ति मर्यादित है। मर्यादा से अधिक संवेदनाएँ मानवीय इन्द्रियाँ कदापि ग्रहण नहीं कर सकतीं। मन भी एक इन्द्रिय ही है और अन्य इन्द्रियों के समान साधारण मानवीय मन भावनाओं के सीमित आवेग ही सह सकता है। आवेग अधिक होने पर मन थक जाता है और उसे एक प्रकार की ग्लानि अनुभव होती है। इस ग्लानि का अर्थ अहंकार का परास्त होना है। अहंकार जब परास्त हो जाता है, तब चित्त और बुद्धि निर्विकार हो, आत्म-साक्षात्कार करने-योग्य होती है। आत्म-साक्षात्कार का माध्यम है, समाधि। इस प्रकार भारतीय संगीत का संचलन समाधि की ओर रहता है।

अपने पर स्नेह, दया अथवा सहानुभूति प्रदर्शित करने वाले से जिस प्रकार हम सरलता से एकरूप हो जाते हैं, उसी प्रकार भावनाओं के अनुकूल गीत सुनने से मन सरलतापूर्वक उसमें लीन होने लगता है। भारतीय संगीत ने इस सत्य को आत्मसात् किया है। पाश्चात्य संगीत सुनने से मन अधिक उत्तेजित होता है। सैनिक वाद्यवृन्द, ऑपेरा और जाज-जैसे संगीत-वाद्य वृद्धों को भी चेतना देते हैं। इनके श्रवण से दुःखी तथा कातर व्यक्तियों को भी थोड़ी देर के लिए ऐसा आभास होता है कि उनका कष्ट दूर हो गया; किंतु यह सब-कुछ क्षणिक ही होता है। उस गीत-वाद्य का मन पर सीधा आक्रमण होने के कारण मन की बन्दी-जैसी स्थिति बन जाती है। आक्रमण समाप्त होते ही वह मन पूर्व-भावना के आवेग में और अधिक वृद्धि अनुभव करने लगता है, फलतः आवेग से द्रोह कर उठता है। ऐसी स्थिति में मन या तो स्वयं को हानि पहुँचाता है अथवा दूसरों को। मानव-मन पर होने वाली इस प्रतिक्रिया का ठीक-ठीक आकलन न होने के कारण आजकल अधिकांश मानव-समाज में विद्रोह और आतंक फैल रहा है। भावनाओं के उद्रेक को सखी भावनाओं का पोषण मिलने से मन अपने-आप शांत होने लगता है। भारतीय संगीत-शास्त्र ने इसे ठीक से देखा समझा है, इसलिए येन-केन-प्रकारेण मन को शांत करना ही उसका सनातन प्रयत्न रहा है। भारतीय संगीत, शास्त्र भी है और कला भी। उसके जो लक्ष्य और सिद्धांत हैं, उनकी ओर स्वयं को तथा श्रोताओं को क्रमशः ले जाना संगीत-शास्त्र के साधकों की

कला है। भारतीय संगीत-शास्त्र का आधार है योग-शास्त्र जो कि समस्त भारतीय शास्त्र-कलाओं का मूलाधार मान्य है। अतः योग-शास्त्र के अनुभवों की ओर ले जाना भारतीय संगीत का एकमेव लक्ष्य है। लक्ष्य उदात्त होने पर भी भारतीय संगीत ने व्यावहारिक उपलब्धियों की ओर दुर्लक्ष्य नहीं किया। भारतीय संगीत का वहन-तत्त्व 'आप' माना है। 'आप' का अर्थ है प्राप्त करना; अर्थात् 'आप' तत्त्व के द्वारा सब-कुछ प्राप्त हो सकता है।

भारतीय संगीत के सप्त स्वरों के सप्त वर्ण भी हैं। यह कल्पना किसी भी संगीत-प्रणाली में नहीं है। कापण, उन्होंने जगत्-व्यवहार के अन्यान्य सत्यों का अनुभव नहीं किया। ये सत्यानुभव योग-शास्त्र द्वारा ही प्राप्त हो सकते हैं, अथवा विज्ञान की प्रगत अवस्था से। पाश्चात्य शास्त्र एक-दूसरे से विलग रहने के कारण, साधारणतः एक शास्त्र के सिद्धांतों का लाभ दूसरे शास्त्र के रीति-मार्ग पर कम होता है। भारतीय शास्त्र एक ही योग-शास्त्र के पृष्ठ होने के कारण उनमें अधिकाधिक सामंजस्य रहता है। "नाद के अर्थ हैं कप और कंप जब लहरों में प्रवर्तित होता है, तब उससे प्रकाश प्राप्त होता है", यह प्रख्यात वैज्ञानिक आइंस्टाइन का कथन है। इसके अनुसार, जहाँ नाद है, वहाँ प्रकाश भी होना चाहिए। प्रकाश-किरणों का विग्रह माने रंग है; इसलिए प्रत्येक नाद का एक विशिष्ट रंग भी होना चाहिए। भारतीय स्वरों की संख्या सात और वर्ण भी सात ही हैं। नाद और वर्ण का अन्योन्याश्रित संबध है। प्रथम स्वर षड्ज का अर्थ है, छह स्वरों का जन्मदाता। जिस प्रकार षड्ज छह स्वरों का जन्मदाता है, उसी प्रकार षड्ज का वर्ण श्वेत होने से वह अन्य वर्णों का भी जन्मदाता है। सप्तक के न्यास, विन्यास, संचलन, आघात, पुनरावृत्ति आदि के कारण वर्णों (रंगों) का एक साकार स्वरूप निर्मित हो जाता है। इसीलिए भारतीय संगीत में राग-रागिनियों के भिन्न-भिन्न स्वरूप बताए गए हैं। विदेशी इसको कल्पना का विलास मानते हैं, परन्तु यह कल्पना-विलास नहीं है। हाँ, इसका दर्शन करना सामान्य इंद्रिय-धारणा के वश की बात नहीं। इसके लिए इंद्रियों की शक्ति को अधिक कार्यक्षम बनाने की आवश्यकता है। इसलिए संगीत-शास्त्र को 'गान-योग' और संगीत कला के साधक को 'गान-योगी' कहा है। इस कला के साधक को सर्वप्रथम स्वर-साधना द्वारा नाड़ी-शुद्धि आवश्यक थी। स्वर-साधना से स्वरों के वर्ण दीख पड़ते थे। नाड़ी-शुद्धि के लिए प्रथम मूलाधार-स्थित कुंडलिनी जाग्रत करना परम आवश्यक था। उससे स्वरों के स्थान प्राप्त हो जाते थे और गायक संगीत-शास्त्र की साधना के सुयोग्य बन जाता था।

पुराणों में भारतीय संगीत की अनेक सुरस कथाएँ हैं। मार्गी संगीत के गायक गंधर्व माने गए हैं। गंधर्वों के शरीर में सुगन्ध आती थी, ऐसा वर्णन है। गंध, गंधर्व और गांधार ग्राम, यह शब्द-योजना निरर्थक नहीं है। गध का लौकिक अर्थ हम सभी जानते हैं। गंध पृथ्वी तत्त्व का गुण है। पृथ्वी-तत्त्व के गंध का अर्थ व्यक्तिगत धारणा है। उन धारणाओं को सँभालकर रखने वाला गांधार-गंधर्वों के सगीत का ग्राम था। किन्नर भी अच्छे गायक समझे जाते थे, परन्तु उनका ग्राम कौनसा था, इसका स्पष्ट निर्देश नहीं है। नारद भी मार्गी संगीत के महान् उपासक थे। उनकी ब्रह्मवीणा अनाहत नाद पर झंकारती थी। भगवन्नाम स्मरण ही उनका गान था। रावण भी एक महान् गान-योगी थे। केवल गायन से उन्होंने भगवान् शिव को प्रसन्न कर वरदान प्राप्त किया था।

और, एक शास्त्रीय विवेचन करना यहाँ समीचीन होगा। सभी स्वरों का जनक षड्ज है, जिसका बर्ण है शुभ्र। पंचतत्त्वों का दूसरा तत्त्व है 'आप', उसका बर्ण भी शुभ्र है। जैसा कि पूर्व बताया गया है, 'आप' का अर्थ है 'प्राप्त करना'। गान-योग द्वारा इस तत्त्व में गमन करके मनोवांछित प्राप्ति की जा सकती है। आप तत्त्व के देवता भगवान् शिव का बर्ण भी शुभ्र है। भगवान् शिव संगीत के भी बरद देवता माने गए हैं। बेदों ने इस आप-तत्त्व का और आप-देवताओं का अत्यन्त विश्वस्त और सुन्दर बर्णन किया है—"आपोहिष्टा मयोभुवः तान ऊर्जे दधातन महेरणाय चक्षसे यो बः शिवत्तमो रसः तस्य भाजयते नः उशितीरिब मातरः तस्मा अरंगमाम बः यस्य क्षयाय जिन्वथ आपो जनयथा च नः।" इन ऋचाओं का अर्थ भी अत्यन्त गूढ़ है। लौकिक सुख और भोग प्राप्त कर पारलौकिक जीवन पर दृष्टि रखनेवाले आर्य आप-देवता की आराधना करके सब-कुछ प्राप्त करते थे। आप-तत्त्व को उन्होंने 'शिबोत्तम रसः' कहा है। वे उस का गाय के दूध-जैसा दोहन करते थे व यथेच्छ पान करते थे।।

अब समय आ गया है, जबकि स्थान-स्थान पर गान-योग के सत्यों की चर्चा होनी चाहिए। 'बादे-बादे जायते तत्त्वबोधः' के अनुसार भारतीय संगीत पुनः एक बार अपने गरिमा-पूर्ण वैभव में स्थित होकर संसार को नई दृष्टि प्रदान कर सकता है। □□□

हमारा भक्ति-संगीत : विभिन्न दृष्टिकोण-(एक)

तुलसीराम देवांगन

भक्ति-संगीत का क्षेत्र बहुत विस्तृत है। वर्तमान समय में भक्त कवियों के गीतों को सरल तालों और धुनों में निबद्ध करके गाने को ही 'भक्ति-संगीत' कहा जाता है। परन्तु भक्ति-संगीत का क्षेत्र इतना संकुचित नहीं, अपितु बहुत विस्तृत है।

भक्ति और संगीत, इन दो शब्दों के मेल से 'भक्ति-संगीत' बना है। इसलिए इन दोनों शब्दों के भावार्थ व परिभाषा को ठीक से समझने की सर्वप्रथम आवश्यकता है।

भक्ति क्या है ?

भक्ति आर्य-संस्कृति का मूल है। वैदिक काल से लेकर आज तक इस पर विस्तृत रूप से विचार हुआ है। यह कभी साहित्यिक और कभी आध्यात्मिक दृष्टि से विद्वानों की आलोचना-प्रत्यालोचना का विषय रही है। साहित्यिक क्षेत्र में तो भक्ति से सम्बन्धित अनेक मतमतान्तर हैं, परन्तु आध्यात्मिक क्षेत्र में इसकी श्रेष्ठता और महत्ता निर्विवाद है। वरन् आध्यात्मिक क्षेत्र की महत्त्वपूर्ण उपलब्धियाँ ही साहित्यिकों के लिए भी आकर्षण-केन्द्र बनीं और अन्त में रस-शास्त्र में इन्हें महत्त्वपूर्ण स्थान प्राप्त हुआ।

अथातो भक्ति व्याख्या स्यामः ॥१॥ सा त्वस्मिन् परमप्रेमरूपा ॥२॥ (नारदीय भक्ति-सूत्र)

अर्थात्—भक्ति परम प्रेम-रूप है।

अथातो भक्ति जिज्ञासा ॥१॥ सापरानुरक्तिरीश्वरे ॥२॥ (शांडिल्य भक्ति-सूत्र)

अर्थात्—ईश्वर में अनुरक्ति ही भक्ति है।

इन दोनों भक्ति-सूत्रों के अनुसार ईश्वर में प्रेम और अनुरक्ति ही भक्ति है।

रस-शास्त्र में भक्ति का स्थायी भाव रति माना है। शृंगार का भी स्थायी भाव रति है। परन्तु इन दोनों में अन्तर इतना ही है कि जहाँ कान्ता-विषयक रति शृंगार की जननी होती है, वहाँ भगवद्विषयक रक्ति भक्ति के लिए स्थायी भाव बन जाती है। संक्षेप में इसे भक्ति-मर्मज्ञों ने कहा है कि स्त्री, पुत्र, धन आदि में जिस प्रकार आसक्ति—मोह—ममता होती है, वही यदि भगवान् में हो जाए तो भक्ति बन जाती है। इसी दृष्टि से भक्त-शिरोमणि प्रातःस्मरणीय गोस्वामी जी 'रामचरित-मानस' के अन्त में कहते हैं :—

कामिहि नारि पियारि जिमि, लोभहि प्रिय जिमि दाम।
तिमि रघुनाथ निरन्तर, प्रिय लागहु मोहि राम॥

भक्ति में 'वैधी' और 'रागानुगा' दो भेद होते हैं। वैधी भक्ति वह है, जो शास्त्रानुमोदित रीति से की जाती है। रागानुगा भक्ति में राग की प्रधानता होती है। भगवान् के प्रति गहरी

आसक्ति, उत्कट मोह और विशेष आकर्षण रागानुगा भक्ति के अन्तर्गत आते हैं। गोपियों की भक्ति रागानुगा थी और नारद, विदुर, भीष्म आदि भक्तों की भक्ति वैधी थी।

अन्य उपासना-पद्धति की तुलना में भक्ति मनोविज्ञान के अधिक अनुकूल है। प्रायः राग, आसक्ति एवं मोह की भावना प्राणियों में स्वाभाविक रूप से होती है। वैराग्य उतना स्वाभाविक और व्यापक नहीं है, जितनी कि आसक्ति। अच्छी वस्तुओं के लिए मोह अथवा आकर्षण होना प्राणियों का सहज स्वभाव है। इस प्रकार मानव-मन का सहज प्रवाह भक्ति के मूल राग की ओर दिखता है। परिवर्तन केवल इतना ही करना पड़ता है कि राग सांसारिक वस्तुओं के लिए न होकर भगवान् के लिए हो। बस यही भक्ति है—सभी प्राणियों के लिए सहज और स्वाभाविक। भक्ति की यही स्वाभाविकता और सरलता सम्पूर्ण प्राणियों को सहज ही आकर्षित करती है। आप्तकाम पूर्ण ज्ञानी शुकदेव तथा सनकादिक से लेकर किरात, कोल, केवट, यवन, श्वपच, वेश्या आदि सबका उद्धार करनेवाली और सम्पूर्ण प्राणियों को विश्राम प्रदान करनेवाली यह भक्ति अनुपम है। इन सब बातों पर विचार करने के पश्चात् यही विदित होता है कि भक्ति भगवान् के प्रति अर्पित की हुई एक भावना है। इस भावना के वशीभूत होकर मनुष्य सब-कुछ उस विराट्, सगुण, निर्गुण, भक्तवत्सल भगवान् के चरणों में अर्पित कर देता है। इसी दृष्टि से भक्ति के नौ प्रकार कहे गए हैं—श्रवण, कीर्तन, स्मरण, पाद-सेवन, अर्चन, वन्दन, दास्य, सख्य और आत्म निवेदन। क्रमशः भावों की उत्कृष्टता इन भक्ति के प्रकारों में परिलक्षित होती है। आत्म-निवेदन अन्तिम स्थिति है। सब-कुछ प्रियतम परमात्मा के चरणों में अर्पित करते हुए अपने व्यक्तित्व व अहंकार को भूल जाना ही आत्म-निवेदन है। इस स्थिति में साधक का अपना कुछ शेष नहीं रह जाता, सब भगवान् का हो जाता है और भगवान् उसके। इसी लिए तो भक्ति के सभी अधिकारी हैं। स्त्री, पुरुष, नपुंसक, बाल, वृद्ध, ब्राह्मण, क्षत्रिय, वैश्य, शूद्र, अन्त्यज, यवन आदि सबको भक्ति-मार्ग से प्रियतम का दर्शन प्राप्त हो जाता है। केवल चाहिए लगन, सरलता और छल-छिद्र से रहित पवित्र मन।

संगीत क्या है ?

'संगीत' बाद में प्रचलित शब्द है। प्राचीन काल में संगीत के स्थान पर 'गान्धर्व' शब्द का प्रयोग मिलता है। वाल्मीकीय 'रामायण' में लव-कुश के रामायण-गान के लिए 'गान्धर्व' शब्द का प्रयोग मिलता है, जो गीत और वाद्य के लिए ही है। भरत मुनि ने भी 'गान्धर्व' शब्द का प्रयोग गीत और वाद्य के लिए ही किया है। आज भी 'संगीत' शब्द का प्रयोग प्रायः गीत और वाद्य के लिए ही होता है। 'नारदीय शिक्षा' में 'गान्धर्व' शब्द का अर्थ दिया है :—

गेति गेयं विदुः प्राज्ञाधेतिकारुप्रवादनम्। वेति वाद्यस्य संज्ञेन गान्धर्वस्य विरोचनमिति ।।

अर्थात्—'गान्धर्व' शब्द में 'ग' गेय का प्रतीक है, 'ध' वादन का प्रतीक है और 'व' वाद्ययन्त्रों का प्रतीक है।

आज यदि किसी समारोह में गीत, वाद्य और नृत्य के कार्यक्रम होते हैं, तो उन्हें 'संगीत और नृत्य-समारोह' कहा जाता है। स्पष्ट है कि 'संगीत' से तात्पर्य यहाँ गीत और वाद्य से है।

'संगीत' की आज जो परिभाषा शास्त्रीय दृष्टि से प्रचलित है, वह 'संगीत-रत्नाकर' के 'गीतं वाद्यं तथा नृत्यं त्रयं संगीतमुच्यते' इस उद्धरण से अधिक प्रचलित हुई है। 'संगीत-रत्नाकर' के बाद के अन्य ग्रन्थों--'संगीत-दर्पण', 'संगीत-मकरन्द', 'संगीत-पारिजात' आदि में 'रत्नाकर' से प्रभावित परिभाषाएँ ही उपलब्ध हैं।

उदाहरणार्थ—**गीतं वाद्यं नर्तनञ्च त्रयं संगीतमुच्यते ।** (संगीत-दर्पण, १–३)

गीतवादित्रनृत्यानां त्रयं संगीतमुच्यते । गानस्याऽत्र प्रधानत्वात्तच्छङ्गीतमितीरितम् ॥
(सगीत-पारिजात, श्लोक २०)

गीतं वाद्यं च नृत्यं च त्रयं सङ्गीतमुच्यते । नारदेन कृतं शास्त्रं मकरन्दाख्यमुत्तमम् ॥
(संगीत-मकरन्द, प्रथम पाद, श्लोक ३)

उपर्युक्त प्रमाणों को देखने के पश्चात् ऐसा प्रतीत होता है कि संगीत की सीमा में गान, वाद्य और नृत्य, तीनों को मानने के पश्चात् भी प्राय: 'संगीत' शब्द का प्रयोग गान और वाद्य तक ही सीमित रहा। इसका कारण यह भी हो सकता है कि गीत और वाद्य के कार्यक्रम आयोजित करने में नृत्य के कार्यक्रम की अपेक्षा अधिक सरलता होती है और इसी लिए नृत्य की अपेक्षा गीत तथा वाद्य के कार्यक्रम अधिक होते हैं। फलस्वरूप संगीत का अधिकांश तात्पर्य गान और वादन से ही है।

भक्ति-संगीत क्या है ?

उपर्युक्त तथ्यों पर विचार करने के पश्चात् यह निष्कर्ष निकलता है कि भगवत्प्रेम की प्राप्ति के लिए या भगवान् के गुणानुवाद के द्वारा अपने मानसिक विकारों को शमन करने के लिए जो गीत या वाद्य बजाए जाते हैं, वह 'भक्ति-संगीत' है। यहाँ यह शंका हो सकती है कि केवल वाद्य-वादन को 'भक्ति-संगीत' कैसे कहा जा सकता है। उसके लिए यह समाधान है कि प्राकृत लोगों के मनोरंजनार्थ जिस प्रकार वादन किया जाता है, उसी प्रकार भगवान् की प्रसन्नता के लिए भगवान् के चरणों में अपनी कला को समर्पित करने की भावना से यदि वाद्य बजाए जाएँ, तो उसे 'भक्ति-संगीत' अवश्य कहा जा सकता है। सांसारिक राग अथवा आसक्ति ही जिस प्रकार भगवत्प्रेम के रूप में परिवर्तित होकर 'भक्ति' कहलाते हैं, उसी प्रकार लौकिक मनोरजनार्थ न होकर भगवन्मनोरंजनार्थ वादन हो, तो वह 'भक्ति-संगीत' क्यों नहीं होगा ! इसी भाव को 'याज्ञवल्क्य-स्मृति' में कहा गया है :—

वीणावादनतत्त्वज्ञः श्रुतिजातिविशारदः । तालज्ञश्चाप्रयासेन मोक्षमार्गं नियच्छति ॥
(यतिधर्म-प्रकरण, श्लोक ११५)

अर्थात्—वीणा-वादन के तत्त्व का ज्ञाता, श्रुतियों तथा जातियों का मर्मज्ञ और ताल के स्वरूप का ज्ञाता पुरुष स्वरों में अनुविद्ध ब्रह्म की उपासना द्वारा थोड़े परिश्रम से ही मोक्षमार्ग को प्राप्त होता है।

गीतज्ञो यदि योगे न माप्नोति परमं पदम् । रुद्रस्यानुचरो भूत्वा ते नैवसहमोदते ॥
(यतिधर्म-प्रकरण, श्लोक ११६)

अर्थात्—यदि गीत का ज्ञाता किसी प्रकार से योग के द्वारा परम पद को प्राप्त न हो, तो अगले जन्म में रुद्र का अनुचर होकर रुद्र के संग क्रीड़ा करता है।

इस उद्धरण में गीत, वाद्य और नृत्य का समान फल माना गया है। 'वीणा-वादन' से वादन, 'श्रुतिजातिविशारद' से गान-कुशल और 'तालज्ञ' से नृत्यज्ञ का तात्पर्य प्रतीत होता है।

यदि विस्तृत रूप से विचार किया जाए, तो भगवत्गीति की भावना से किए गए नृत्य भी भक्ति-संगीत के अन्तर्गत आ जाते हैं। गीताधारित नृत्त में गीत के भावों को विभिन्न मुद्राओं व आंगिक चेष्टाओं द्वारा अभिव्यक्त किया जाता है। भक्तिमय पदों को नृत्य की भाव-भंगिमाओं द्वारा अभिव्यक्त करते हुए भगवत्समर्पित-भावना से किए गए नृत्य भक्ति-संगीत से भिन्न नहीं हैं। इस दृष्टि से 'संगीत-रत्नाकर' की संगीत-परिभाषा की भी सार्थकता हो जाती है। निष्कर्ष यह है कि भगवत्प्रेम से किए गए गान-वादन और नर्तन के सभी प्रकार भक्ति-संगीत के अन्तर्गत आ जाते हैं। भक्ति-संगीत जितना व्यापक है उतना शास्त्रीय संगीत, लोक-संगीत, नाट्य-संगीत आदि कोई संगीत नहीं।

भक्ति-संगीत की भारतीय परम्परा

भारत में भक्ति-संगीत की परम्परा बहुत प्राचीन काल से चली आ रही है। वैदिक युग में यज्ञादि धार्मिक अनुष्ठानों समय के विभिन्न देवी-देवताओं के लिए जो सस्वर मन्त्र गाए जाते थे, वे भक्ति-संगीत का सबसे प्राचीन रूप हैं। 'ऋग्वेद' के मन्त्र ही जब सस्वर गाए गए, तब उन्हें 'सामवेद' कहा गया। 'सामवेद' संगीतमय और भक्तिमय है।

पुराणों में प्राप्त अनेक स्तोत्र भक्ति-संगीत के ही रूप हैं। स्तोत्रों को सस्वर गाने की विधि भी परम्परा-प्राप्त है। मानसिक जप उत्तम माना गया है और स्तोत्र का सस्वर गान करने के नियम बनाए गए हैं। भगवत्पाद शंकराचार्य द्वारा रचे हुए अनेक स्तोत्रों में संगीत के पर्याप्त तत्त्व प्राप्त होते हैं, जिनके सस्वर गान से मानसिक शांति मिलती है। रावण द्वारा रचित 'शिवतांडव-स्तोत्र', गोस्वामी तुलसीदास द्वारा रचित रुद्राष्टक तथा 'विनयपत्रिका' व 'रामचरित-मानस' के स्तोत्र संगीतात्मक हैं। 'शिवमहिम्नस्तोत्र' को सस्वर गान करने की परिपाटी आज भी अत्यन्त प्रचलित है।

'सामवेद' के समान जाति-गान भी बहुत पवित्र माना जाता था। 'संगीत-रत्नाकर' में जाति के सम्बन्ध में कहा गया है :—

अपि ब्रह्महणं पापाज्जातयः प्रपुन्त्यमूः। ऋचो यजूंषि सामानि क्रियन्ते नान्यथा यथा।
तथा सामसमुद्भूता जातयो, वेदसम्मिताः ॥ (संगीत-रत्नाकर, अड्यार संस्करण, स्वराध्याय)

अर्थात्—जातियाँ ब्रह्म-हत्या के पातक से भी मुक्ति दिलानेवाली हैं। जिस प्रकार ऋक्, यजुः, साम में परिवर्तन नहीं किया जा सकता, उसी प्रकार साम से उद्भूत जातियों में भी परिवर्तन नहीं किया जा सकता।

उक्त उद्धरण से प्रतीत होता है कि जातिगान एक पवित्र गान था, जिसके द्वारा भगवत्स्तुति की जाती थी। जाति में प्रयुक्त पदों से भी यही विदित होता है। यद्यपि जाति के अपने कुछ

नियम थे। ग्रह; अंश, न्यास, तार, मन्द्र, अपन्यास, अलत्व, बहुत्व, षाडव और औडुवित, ये दस लक्षण थे। दूसरे शब्दों में कहा जाए तो जाति-गान शास्त्रीय संगीत का विकसित रूप था, जिसके आधार पर ही आज के रागों का विकास हुआ। जाति में प्रयुक्त पदों को 'ब्रह्मप्रोक्त' कहा गया है। ब्रह्मप्रोक्त का तात्पर्य है, ब्रह्मा द्वारा कथित व निर्मित। उसमें भगवान् शंकर की स्तुति की गई है। उदाहरणार्थ प्रस्तुत है :—

त भवललाटनयनाम्बुजाधिकं, नग सुनूप्रणयकेलिसमुद्भवम् ।
सरसकृततिलकपंकानुलेपनं, प्रणमामि कामदेहेन्धनानलम् ।।

एतं रजनिबधूमुखविभ्रमदं निशामय वरोरु,
तवमुखविलासवपुश्चारुमममलमृदुकिरणममृतभवम् ।
रजतगिरिशिखरमणिशकलशंखवरयुवतिदन्त
पंक्तिनिभं प्रणमाम प्रणयरतिकलहरवनुदं शशिनम् ।।

ये दोनों पद क्रमशः षाड्जी और गान्धारी जाति में निबद्ध हैं। प्रबन्ध-युग का सर्वश्रेष्ठ उदाहरण 'गीतगोविंद' के पद हैं। माधुर्यभाव के उपासक 'गीतगोविंद' के पदों को बहुत श्रद्धा-भक्ति से गाते हैं। यद्यपि जिन रागों और तालों में ये पद लिखे गए हैं, वह परम्परा लुप्त हो गई है या अनुसन्धान का विषय है; तथापि उसकी सरस पदावली, संगीतात्मक शब्दों का चयन किसी भी साहित्य और संगीत के मर्मज्ञ को आकर्षित करने के लिए पर्याप्त हैं। जगन्नाथपुरी के मन्दिर में अभी भी देवदासियाँ 'गीतगोविंद' के पदों का गान भगवान् की शयन-आरती के पश्चात् करती हैं। यह उल्लेखनीय है कि 'गीतगोविंद' के रचयिता जयदेव का अधिकांश जीवन पुरी में ही व्यतीत हुआ है। इस दृष्टि से वहाँ की गान-परम्परा का विशिष्ट महत्त्व प्रतीत होता है।

प्रबन्ध-गान के पश्चात् ध्रुवपद का युग प्रारम्भ होता है। ध्रुवपद की रचना भी प्रबन्ध के अंगों के आधार पर की गई है। ध्रुवपद का विषय विष्णु, शिव, राम, कृष्ण आदि की भक्ति और चरित्र-चित्रण भी रहा है। तानसेन, बैजू, रामदास, स्वामी हरिदास, गोविंद स्वामी आदि महान् ध्रुवपद-गायकों की रचनाएँ भक्ति-भावना से ओत-प्रोत हैं। उनमें भारतीय दर्शन के द्वैत, अद्वैत आदि सिद्धांत पूर्णरूपेण परिलक्षित होते हैं, जिसके आधार पर यह कहा जा सकता है कि ध्रुवपद-गान भक्ति-संगीत की बहुत सबल धारा है। कतिपय ध्रुवपद उदाहरणार्थ यहाँ प्रस्तुत हैं।

तानसेन-कृत इस ध्रुवपद में अद्वैत-सिद्धांत का प्रतिपादन है :—

राग सारंग (शूल ताल)

तुम रब, तुम साहेब, तुम ही करतार, घट-घट पूरन जल-थल भर भार।
तुम ही रहीम, तुम ही करीम, गावत गुनी गन्धर्व-सुर-नर-मुरलार ।।
तुम ही पूरन ब्रह्म, तुम ही अचल खम्भ, तुम ही जगत-गुरु, तुम ही सरदार।
कहे 'मियाँ तानसेन', तुम ही आप रूप, तुम ही करत सकल जग को भव-पार ।।

इन ध्रुवपद में अद्वैत और भक्ति का समन्वय है :—

राग मालकौंस (चौताल)

तेरी गति अति अगाध, बरनी न जात मोसों, निरंजन निराकार नारायण।
तुही सूर्य, चन्द्र, तुही पवन, तुही पानी, तुही गगन, तुही सकल नारायण॥
तुही ब्रह्मा, तुही शिव, तुही अगम, तुही निगम, तुही स्वर्ग, तुही पाताल, तुही धरा धारायण।
'तानसेन' के प्रभु, तारबे को तुही एक, सुमिर-सुमिर भज ले मन पारायण॥

सूरदास जी-कृत यह अप्रचलित ध्रुवपद भक्तिरस-परिपूर्ण है :—

राग केदार (चौताल)

चक्र के धरनहार, गरुण के असवार, नन्द के कुमार, मेरो संकट निवारो।
यमलार्जुन कूँ तार्‌यो, गज ग्राह से निस्तार्‌यो, काली के नथनहार विपद निवारो॥
गिरिगोवर्धन कर पै धारयो, इन्द्र हूँ को गर्व गार्‌यो, ब्रज के रखनहार, मोहूँ को उबारो।
द्रुपद-सुता की बेर, नेक हूँ न कीनी देर, अब क्यों अबेर, 'सूर' सेवक तिहारो॥

ध्रुवपद के ही युग में अष्टछाप के अन्य कवि, गोस्वामी तुलसीदास जी, मीराबाई, संत कबीर आदि अनेक भक्त कवियों और महात्माओं का आविर्भाव हुआ। इनके द्वारा भक्ति-संगीत की परम्परा को नवीन जीवन प्राप्त हुआ। संस्कृत-साहित्य से अनभिज्ञ जन-साधारण इन महान् सन्तों के भक्ति-संगीत के द्वारा अपने प्रियतम परम प्रेमी परमात्मा की आराधना करके अपने जीवन को धन्य करते रहे। चैतन्य महाप्रभु, विद्यापति, चंडीदास आदि भक्त कवियों के गीत भी भक्ति-संगीत की शृंखला में आते हैं।

खयाल-गायकी के युग में सदारंग-अदारंग जैसे महान् खयाल-रचयिताओं की अनेक रचनाएँ भक्ति-संगीत के अन्तर्गत आती हैं। निष्कर्ष यही है कि खयाल, टप्पा, ठुमरी, कजरी, चैती आदि शास्त्रीय संगीत और लोक-संगीत की सभी परंपराओं में मदनमोहन, श्यामसुन्दर, भगवान् भोलानाथ, रघुनंदन, राघव के प्रति प्रेम की भावना व्यक्त करनेवाली अनेक रचनाएँ आज भी प्राप्य हैं। प्राचीन काल से लेकर आज तक भक्ति-संगीत की अमृतमयी धारा लाखों-करोड़ों अतृप्त और त्रसित जनों को दिव्य जीवन प्रदान करती हुई चली आ रही है। यदि यह कहा जाए कि संगीत का आविष्कार ही भक्ति-संगीत के रूप में हुआ, तो यह अतिशयोक्ति नहीं है। भारतीय साहित्य, कला, संगीत तथा नृत्य का सदा से यह वैशिष्ट्य और अन्तिम लक्ष्य रहा कि कला की साधना तभी सार्थक बनती है, जब उसके द्वारा प्रभु का सान्निध्य प्राप्त हो, उनका अनुग्रह प्राप्त हो। इसलिए भक्त-कलाकारों के द्वारा जिन कलाकृतियों का निर्माण हुआ, उनकी समता लौकिक मनोरंजन के लिए निर्मित की गई कलाकृतियाँ कभी नहीं कर पाईं। इसका एक मात्र कारण यही है कि भक्त जब अपना सब-कुछ भगवच्चरणों में अर्पण कर देता है, तब उस स्थिति में उद्भूत रचनाएँ लोक-रिझौवल या निम्नस्तरीय तत्त्वों से एकदम असम्पृक्त रहती हैं। भक्ति-संगीत ऐसे ही भक्तों का संगीत होता है। उसमें वे सारे तत्त्व हैं, जिनसे आत्म-कल्याण के

साथ-साथ लोक-कल्याण भी होता है। इसी लिए भक्ति-संगीत को सदा उच्च स्थान प्राप्त हुआ और होता रहेगा। किसी भी देश, काल का वातावरण या समाज का बन्धन इस पर प्रतिबन्ध नहीं लगा सकता। गम्भीर सागर की तरह अनेक उपासना-पद्धति-रूपी पवित्र नदियों के जल को आत्मसात् कर अपनी शान्तिदायक लहरों से साधकों को सदा प्रेरित करता हुआ भक्ति-संगीत सदा भगवान् के इन वाक्यों का स्मरण कराता रहेगा :—

नाहं वसामि बैकुंठे योगिनां हृदये न च। मद्भक्ता यत्र गायन्ति तत्र तिष्ठामि नारदः।
मत्पुराणकथाश्रुत्वा मद्भक्तानां च गायनम्। निन्दन्ति ये नरा मूढ़ास्ते मद्द्वेष्या भवन्ति हि॥

(पद्मपुराण, उ० ९४। २१–२५)

भगवान् विष्णु कहते हैं—"हे नारद, न तो मैं बैकुंठ में रहता हूँ और न योगियों के हृदय में। मेरे भक्त जहाँ गान करते हैं, वहीं मैं निवास करता हूँ। जो मूढ़ मानव मेरी पुराणकथा और मेरे भक्तों का गान सुनकर निन्दा करते हैं, वे मेरे द्वेष के पात्र होते हैं।"

□□□

दो

डॉ० गोबिन्दप्रसाद शर्मा

किसी देश या समाज की संस्कृति के प्रधान परिचायक उसके साहित्य ही होते हैं; क्योंकि साहित्य से, सम्बन्धित व्यक्तियों के रहन-सहन, आहार-विहार तथा आचार-व्यवहारों का हमें ज्ञान होता है।

'वेद' हमारे भारत के ही क्यों, संपूर्ण संसार के प्राचीनतम भारतीय साहित्य हैं। सबसे पहले रचे हुए 'ऋग्वेद' का अधिक भाग विभिन्न देवों के स्तुति-गानों से ही भरा हुआ है। वेदोच्चार करनेवाले को 'उदगाता' अर्थात् उच्च स्वर से गानेवाला कहते हैं। 'वेद' इस प्रकार अधिकतर भक्ति-गान की ही वस्तुएँ हैं; और चूँकि हमारे वेदों को अनादि माना गया है, इसलिए भक्ति-गान या भक्ति-संगीत की स्थिति अनादि काल से सिद्ध हो जाती है।। यों भी संगीत-शास्त्र 'सामवेद' में अन्तर्भूत है। अतः इस प्रकार भी उसकी अनादिता प्रमाणित होती है। 'सोऽयं वेदः शाश्वतो निर्दिश्यते भावस्वभावनित्यत्वात्'; अर्थात् भाव और स्वभाव के नित्य होने के कारण उनका ज्ञान भी नित्य शाश्वत है। अभिप्राय यह है कि भारत में भक्ति-संगीत की परंपरा चिरकाल से चली आ रही है।

गीता में भगवान् श्रीकृष्ण कहते हैं, 'वेदानाँ सामवेदोऽस्मि'; अर्थात् वेदों में संगीताधिकारी 'सामवेद' मेरा ही स्वरूप है। 'नादं ब्रह्म'; अर्थात् नाद ब्रह्म का ही एक निराकार स्वरूप है। ब्रह्म-साक्षात्कार के पूर्व योगी और भक्तजन अनहद नाद अर्थात् ब्रह्म-संगीत ही सुनते हैं।

कुछ देव-देवीगण संगीत के विशिष्ट मार्गों के प्रवर्तक हैं। ब्रह्मा की पुत्री सरस्वती तो संगीत की अधिष्ठात्री देवी ही हैं। भगवान् शंकर और पार्वती माता का 'तांडव' तथा 'लास्य' प्रेम और उनके कैलास-निवास के संगीत-समारोहों में सभी प्रमुख देव-देवियों का सक्रिय भाग लेना प्रसिद्ध ही है। श्रीकृष्ण भगवान्, श्री गणेश, भक्त हनुमान और देवर्षि नारद भिन्न-भिन्न संगीत-पद्धतियों के प्रवर्तक आचार्य हैं।

इस संसार की प्रत्येक वस्तु नश्वर है, अतः उसके सुख भी क्षणिक और नाशवान् है। जगत् के सुख-दुःख, राग-द्वेष, लाभ-हानि, मान-अपमान आदि द्वंद्वों के कारण मन सदा चंचल, विक्षिप्त और विभ्रांत रहता है। अतः मनुष्य अपने सांसारिक कार्यों में भी सफल और सुखी नहीं बन सकता। आत्मिक तथा स्थायी सुख-शांति के लिए तो मन को अधिक स्थिर और एकाग्र बनाने की आवश्यकता है। क्योंकि मन की उद्विग्नता के कारण भगवान् का ध्यान-भजन भी नहीं बन पड़ता। अतः सच्चा आध्यात्मिक सुख तो और अधिक दुर्लभ हो जाता है।

मन की चंचलता दूर कर उसे स्थिर-शांत बनाने वाली श्रेष्ठतम विद्या योग और श्रेष्ठतम ललित कला संगीत है।

योग के निरन्तर नियमित साधनों द्वारा दीर्घकालीन अभ्यास से ही मन को स्थिर-शान्त बनाया जा सकता है। अतः लाखों में कोई एक ही सिद्ध योगी बनकर स्थिर-शान्त मनवाला बना रह सकता है। किन्तु संगीत की थोड़ी ही साधना और स्वर के मधुर होने पर गानेवाले का चंचल एवं अशान्त और उद्विग्न मन प्रसन्न और शान्त बन जाता है। वह स्वतः तो अपने दुःखों को भूलकर आनन्द-समुद्र में डुबकियाँ लगाने ही लगता है, साथ-साथ श्रोताओं को भी मन्त्रमुग्ध सा विभोर कर देता है। श्रेष्ठतम संगीत-साधक तो मानव ही नहीं, पशु-पक्षी, मदमस्त हाथी, चंचल वन-मृग और भयंकर विषधर सर्प तक को स्थिर-शान्त, आनन्द-विभोर एवं वशीभूत कर देता है। निर्जीव वस्तुओं पर भी संगीत का आश्चर्यजनक प्रभाव होता है। पत्थर भी पिघल जाता है। अपने-आप कोल्हू चलने लगता है, झूला-झूलने लगता है और पानी बरसने लगता है। इसी लिए ये उक्तियाँ प्रसिद्ध हो गई हैं—'सद्यः फलति गान्धारी'; अर्थात् संगीत का तुरन्त, अचूक प्रभाव होता है। 'नाद रीझ सब देत मृग तन-धन हेत समेत।' 'तन्त्री-नाद, कवित्त रस, सरस राग रति-रंग; अनबूड़े बूड़े, तिरे जे बूड़े सब अंग।' इत्यादि।

संगीत ललित कलाओं की आत्मा और आत्मा का सरस भोजन है। यदि इस संगीत-कला में सरस साहित्य का सुयोग हो जाए, तो मणि-काँचन-संयोग बन जाता है। सरस साहित्य-मय संगीत बड़ा हृदयग्राही और मर्मस्पर्शी होता है। किसी कवि की भावमयी कविता या गीत यदि मधुर स्वरों में गाया जाता है, तो श्रोता मुग्ध हो जाते हैं। जब ये गीत किसी भक्त या सन्त कवि द्वारा भगवान् की स्तुति या कीर्तिगान के लिए भावभीने पदों में हों और कोकिल-कंठवाले गायक-गायिका द्वारा गाए जाएँ, तो सोने में सुगन्ध हो जाती है। श्रोता झूम उठते हैं और कीर्तनवाले तो उसी एक ध्वनि में समूची रात बिता देते हैं। समय का भान ही नहीं होने पाता।

हमारे भाग्यवान् देश भारत में इस विषय के अनेक उदाहरण हैं। वीणा के साथ भगवान् का गुण-गान करते फिरनेवाले नारद, महात्मा सूरदास, तुलसीदास, सन्त कबीरदास, भक्तिमयी

मीरा, भक्त रामदास, सन्त ज्ञानेश्वर, तुकाराम, नामदेव, चैतन्य महाप्रभु, नरसिंह मेहता, दादू दयाल, गुरु नानक, नन्ददास, हरिदास, रविदास, मलूकदास, सहजोबाई, युगलप्रिया, नारायण स्वामी आदि भक्तों ने भगवान् की आराधना एवं पुकार की सफलता के लिए भक्ति-संगीत को ही अपना श्रेष्ठतम साधन पाया और उसी के सहारे उन सबने भगवान की पूर्ण कृपा एवं अमोघ भक्ति प्राप्त की। वे अपनी अक्षय कीर्ति द्वारा अमर हो गए और संसार को भी अपना अमृतमय मार्ग दिखा गए। इन लोगों ने न तो कोई वेद-शास्त्र पढ़ा, न योग-साधना की, न तपस्या ही की। केवल भक्ति-भाव-भरे स्तुति-गान द्वारा ही इन सबने भगवान् को प्रसन्न किया और स्वत भी सदा आनन्दमग्न बने रहे तथा जीवन्मुक्त हो गए।

भगवान् कृपा-सागर हैं और सुख-निधान भी। उनका स्वरूप ही अव्यय शास्वत है; अतः उनसे मिलनेवाला सुख भी शाश्वत है—सदा एकरस, स्थिर रहनेवाला। अतः चिरस्थायी सुख-शान्ति के लिए भक्तिमय संगीत की साधना और उसी के सहारे भगवान् की आराधना परम कल्याणमय मार्ग है।

देवर्षि नारद ने वीणायुक्त भक्ति-संगीत के द्वारा ही तीनों लोकों में भक्ति प्रचार करने का अपना वचन पूरा करने में सफलता प्राप्त की थी, ऐसी कथा 'श्रीमद्भागवत' में है।

भक्ति-संगीत नाद-योग का ही एक स्वरूप है। संगीत में 'आहत', 'अनाहत', दोनों प्रकार के नाद हैं। नाद से बढ़कर मुग्ध तथा वशीभूत करनेवाला दूसरा उपाय नहीं। किसी रससिद्ध कवि की उक्ति है :—

नास्ति नादात्परो मंत्रः न देवः स्वात्मनः परः। नानुसन्धेः परापूजा नहि तृप्तेः परं सुखम्॥

अर्थात्—नाद के समान परम श्रेष्ठ दूसरा मन्त्र नहीं, अपनी आत्मा से बढ़कर कोई देव नहीं, नादानुसन्धान से बढ़कर दूसरी उत्तम पूजा नहीं और तृप्ति से बढ़कर कोई सुख नहीं।

ईश्वर-आराधना में शीघ्र सफलता के लिए भक्ति-संगीत से बढ़कर दूसरा साधन ही नहीं इस बात के प्रत्यक्ष अनुभव का शास्त्र में प्रमाण है :—

पूजाकोटि गुण स्तोत्रं, स्तोत्रात्कोटिगुणो जपः। जपात्कोटिगुण गान गानात्परतरं नहि॥

अर्थात्—पूजा की अपेक्षा करोड़ गुना अधिक प्रभावकारी स्तोत्र-पाठ है। स्तोत्रपाठ से करोड़ गुना अधिक महत्त्वपूर्ण मन्त्रों का जप है और जप से भी करोड़ गुना अधिक प्रभावकारी एवं शीघ्र अनुकूल परिणाम देनेवाला भक्ति-संगीत है, भक्ति-संगीत से बढ़कर तो कुछ भी नहीं।

भक्ति-संगीत के द्वारा जब परमात्मा स्वयं प्रभावित और प्रसन्न हो जाते हैं, तो उनकी अनुकूलता से संसार का ही नहीं, स्वर्ग और बैकुंठ का भी सब-कुछ मिल सकता है।

अन्य देवगण तो भक्ति-संगीत में आनन्दमग्न रहते ही हैं :—

गणेश श्रीहनूमांश्च तुम्बुरुः नारदस्तथा। दैत्यसंहारिणी दुर्गा संगीतेऽभिरताः सदा॥
सामगीतरतो ब्रह्मा वीणासक्ता सरस्वती। गोपीपतिरनन्तोहि वंशीध्वनिवंशगतः॥

अर्थात्-भगवान् श्री गणेश, श्री हनुमान, गन्धर्व, तुम्बुरु, देवर्षि नारद, दैत्यों का संहार करनेवाली दुर्गादेवी—ये सब सदा संगीत के आनन्द में मग्न रहते हैं। साम-गीत में सृष्टिकर्ता ब्रह्मा वीणा में संगीताधिष्ठात्री देवी सरस्वती और वंशी की ध्वनि में भगवान् श्रीकृष्ण—इस प्रकार सभी सदा संगीत-रस-भाव में विभोर रहते हैं।

भक्ति-संगीत में लीन होने पर सहृदय मानव को शीघ्र ही भाव-समाधि का अवर्णनीय अलौकिक आनन्द-रस प्राप्त होता है। वह सुख केवल उसी व्यक्ति के अनुभव की वस्तु है, शब्दों द्वारा अभिव्यक्ति का विषय नहीं।

भक्ति-संगीत के द्वारा हम संगीत के आनन्द के साथ भक्ति-भावना का भी लाभ उठा सकते हैं। इन दोनों के सम्बन्ध से शोक-सन्ताप दूर होकर ईश्वर के निकट शान्त चित्त से पहुँचने में शीघ्र सफलता मिलेगी। ऐहिक-लौकिक आनन्द तथा पारमार्थिक सिद्धि का यह सुन्दर संयोग सहज ही सिद्ध हो जाएगा।

□□

तीन

विजय श्रीवास्तव

'तैत्तिरीय उपनिषद्' में भृगुवल्ली वरुण के पुत्र भृगु की एक अत्यन्त मनोरंजक कथा आती है। एक बार भृगु ने वरुण से जाकर कहा कि 'हे भगवान्, मैं ब्रह्म को जानना चाहता हूँ।' पिता ने भृगु को तप करने की आज्ञा दी। भृगु ने तपस्या की और पाया कि अन्न ही ब्रह्म है। वरुण ने भृगु को पुन: तपस्या करने की आज्ञा दी। भृगु इस बार कुछ गहराई में गए, तो उन्होंने पाया कि प्राण ही ब्रह्म हैं। वरुण को इससे सन्तोष न हुआ। भृगु ने फिर तप किया और पाया कि मन ही ब्रह्म है। वरुण इस बार भी असन्तुष्ट रहे। इस बार भृगु ने अनन्त काल तक तप किया और पाया कि विज्ञान ही ब्रह्म हैं। पर वरुण इस पर भी असन्तुष्ट रहे। भृगु ने फिर कठोर तप किया और अनुभव किया कि आनन्द ही ब्रह्म हैं—यही चरम सत्य था।

गीता के एक श्लोक में भी कहा गया है :—

इन्द्रियाणि पराण्याहुरिन्द्रियेभ्य: परं मन:। मनसस्तु परा बुद्धिर्यो बुद्धे परतस्तु स:॥

अर्थात्—जो वस्तु केवल इन्द्रियों को सन्तुष्ट कर सके, वह बहुत महत्त्वपूर्ण नहीं। जो वस्तु मन को सन्तुष्ट कर सके, अर्थात् हमारे भावावेगों को सन्तोष दे सके, वह पहली से सूक्ष्म तो है, पर इतनी नहीं। जो बात बुद्धि को सन्तोष दे सके, वह इन सबसे सूक्ष्म तो है, पर यह भी बाह्य है। जो वस्तु बुद्धि से भी परे है, वही वास्तविकता है। इस वास्तविकता का अनुभव जिस मनुष्य को हो जाता है, वह उस ईश्वर का साक्षात्कार कर लेता है। इस साक्षात्कार के अन्तर में आत्म-समर्पण की भावना निहित रहती है। आत्म-समर्पण का चरम लक्ष्य मानव का अपनी समस्त जीवन-शक्तियों एवं हृदय की वृत्तियों का केन्द्रीयकरण है। मानव जब स्थिरता एवं गम्भी-

रता के साथ अपनी समस्त जीवन-शक्तियों एवं हृदय की वृत्तियों को एकाग्र करके अपने आराध्य के चरणों में अभिनियोजित कर देता है, तब वह उस वास्तविकता का दर्शन कर पाता है । यही भक्ति का सच्चा रूप है ।

स्थिरता एवं गंभीरता लाने के लिए आवश्यक है कि भक्ति में तन्मयता हो, और तन्मयता लाने के लिए सबसे सुलभ एवं उचित साधन 'संगीत' है । स्वरों में गति होती है । यह गति सुसंयत श्रृंखलाबद्ध होती है । इससे हृदय की तल्लीनता के परिवर्द्धन में विशेष सहायता मिलती है । संगीत के माध्यम से मानव का मन अक्षुण्ण बना रहता है । वह आस पास के संघर्ष और कोलाहलपूर्ण वातावरण द्वारा विश्रृंखल नहीं होने पाता और सहज में अपने ध्येय को प्राप्त कर लेता है ।

हमारी भारतीय संस्कृति के प्राचीन एवं सुप्रसिद्ध ग्रन्थों के अनुसार, परमेश्वर की प्राप्ति नाद-योग से शीघ्र और सुगमता से हो सकती है । इसी लिए इसको 'पाँचवाँ वेद' अर्थात् 'सामवेद' का 'उपदेव' या 'गान्धर्व वेद' कहते हैं ।

संगीत को भक्ति का उपादान माना गया है । यह केवल भारतीय संस्कृति के द्वारा ही मान्य नहीं, वरन् समस्त विश्व की विभिन्न जातियों एवं धर्मों ने संगीत को भक्ति का उपादान माना है । गिरजाघरों में घंटा-नाद, मस्जिदों में अजान इत्यादि इसके प्रत्यक्ष उदाहरण हैं । मन्दिरों में घन्टे लगाने से तात्पर्य यही है कि उनकी ध्वनि से मनुष्य का मन एकाग्र हो जाए, वह मन्दिर के प्रांगण में आने के पश्चात् अपनी समस्त चेष्टाओं एव धारणाओं को ईश्वर की प्रतिमा में केन्द्रित कर ले ।

भक्ति एवं संगीत का अटट सम्बन्ध है । हमारे यहाँ तो कहना चाहिए कि संगीत भक्ति के लिए ही है । संगीत एवं भक्ति के मूल में भावनाओं का एक बहुत सुन्दर मन्दिर है । इस मन्दिर में अपने आराध्य की दिव्य प्रतिमा को स्थापित कर साधक उस सत्ता का शीघ्रता एवं सुगमता से दर्शन कर लेता है ।

नाद आकाश का गुण है, पृथ्वी का नहीं । जिस प्रकार आकाश अनन्त है, सर्वत्र व्याप्त है, उसी प्रकार संगीत भी सर्वत्र व्याप्त है । इसी लिए इस आधार पर यह कहना भी कि 'स्वर ईश्वर है' अत्यन्त उपयुक्त एवं सार्थक है । ईश्वर की व्यापकता के गुण के अनुसार स्वर भी व्यापक है, समस्त ब्रह्मांड में व्याप्त है । इस प्रकार स्वर एवं ईश्वर, दो समान शक्तियाँ हैं । जहाँ जहाँ इन दोनों महान् शक्तियों का मेल हो जाता है, वहाँ आनन्द का स्रोत उमड़ पड़ता है । यही मानव का परम लक्ष्य होता है, यही वास्तविक आनन्द की स्थिति है और सीधे-सादे शब्दों में यही भक्ति का वास्तविक रूप है ।

स्व० राजेन्द्र बाबू के शब्दों में संगीत का महान् गुण है कि वह चित्त-वृत्तियों को शान्त तथा एकाग्र करके श्रोताओं को तन्मय कर देता है । इसीलिए जप, तप और ध्यान से भी अधिक

महत्त्व भजन तथा कीर्तन का माना गया है। यदि मानव के जीवन में कोई वस्तु है, जो मानव को विनाशकारी चंगुल से छुड़ाकर अमरता प्रदान करती है और उसे इस चिन्ताकुल जगत् के झगड़ों से ऊपर उठाकर ऐसे लोक में पहुँचा देती है, जहाँ न कोई मलिनता है, न द्वेष; न कोई स्पर्धा है, न संघर्ष; तो वह भक्ति का आधार मात्र संगीत ही है।

□

चार

● संतोष व्यास

प्राण संगीत है, यह उपनिषद्-वचन है। ज्ञान-विज्ञान के प्रणेता वेदों के संगायनकर्ता मुनियों ने इसलिए संगीत को ही वेद का आधार बनाया। चूँकि बिना श्रद्धा के किसी भी 'तत्त्व' का उपार्जन सम्भव नहीं, अतः भक्ति को संगीत का आधार बनाया गया। यह अत्यन्त प्राचीन विधान है। यदि वेदों का आधार संगीत न होता, तो विज्ञान आज बहुत पीछे होता। वेद-वेदांगों में जो संगीत निहित है, वह पूर्ण 'भक्ति' है, जिसका वेदकार ऋषि-मुनियों के आश्रम में, अपने आचार्य उपाध्यायों के सान्निध्य में अन्तेवासी (आश्रम के जिज्ञासु शिष्य) 'ॐ सहनानवतु....' आदि मन्त्र के रूप में संगायन करते थे।

अतः प्राच्य काल में विज्ञान के उपार्जन के लिए भक्ति एवं निष्ठा प्रथम नियम था। बिना एकनिष्ठ भक्ति के ज्ञान-विज्ञान एवं प्रगति कदापि सम्भव नहीं। इसीलिए प्रत्येक शिष्य को प्रथमतः भक्तिभावमय होना अपरिहार्य होता था। उसी भक्ति ने काव्य को एवं काव्य ने अपने अन्तर्भूत संगीत को जगत् में प्रकीर्ण किया।

यदि भक्ति संगीतस्वरूपा न होती, तो वैदिक मन्त्रों का 'उद्गीथ' न होता; छन्द, मात्रा और लय में उनका सृजन न होता। उसी प्रकार आर्य-ग्रन्थ गेय शैली में न सृजे जाते। यदि आदि-काव्य 'रामायण' (महर्षि वाल्मीकि-कृत) सांगीतिक न होता, तो राम भक्ति-रस के आदि-अवतार का पद न पाते।

जिस प्रकार शरीर का स्पन्दन प्राण है, उसी प्रकार संगीत का स्पन्दन भक्ति है और भक्ति का संगीत।

त्रिदेवों में महादेव रौद्र रूप होते हुए भी संगीत के प्रणेता मान्य हैं। यह शास्त्र-सम्मत बात है। डमरु उनका वाद्य है। मुनियों में महामुनि नारद पुराण-कथाओं में 'आदि-भक्त' के पद पर शोभित हैं और उनकी भक्ति का माध्यम संगीत है। उनके एक हाथ में करताल और दूसरे में वीणा सदैव शोभायमान है।

जैसे कि पूर्व-उल्लिखित है कि बिना भक्ति के कोई भी तत्त्व पूर्णत्व नहीं पाता, इस तथ्य को दृष्टिगत रखते हुए विश्व के सम्पूर्ण साहित्य का अवलोकन किए जाने पर विदित

होता है कि जो-कुछ भी अमर साहित्य (Classic) है, उसकी बुनियाद भक्ति है और अमरत्व संगीत । संगीत साहित्य को जन्म देता है और उसका प्राण 'भक्ति' में निहित होता है।

इसी प्रकाश में अगर हम भारतीय वाङ्मय को उठाते हैं, तो उसका भक्तिकाल अपनी परिपूर्णता के दर्शन देता है। हिन्दी-साहित्य में भक्तियुगीन साहित्य-धारा स्वर्णिम अक्षरों से लिखी जाती है। यह मात्र इसी लिए कि उसमें सगीत का शाश्वत स्वर संचित है । इस प्रकार हम पाते हैं कि समस्त सचराचर जगत् को भक्ति और संगीत आबद्ध किए हुए हैं । ज्ञान-गंगा का उद्गम भक्ति है और उसका प्रवाह संगीत, संक्षेप में हम यही कह सकते हैं।

□□

भारतीय संगीत-साहित्य में भक्ति-संगीत का योगदान

□ मनोहर विनायकराव भागवत

अपि चेत्सुदुराचारो भजते मामनन्यभाक् । साधुरेव स मन्तव्यः सम्यग्व्यवसितो हि सः ॥

(श्रीमद्भगवद्गीता, अध्याय ९ श्लोक ३०)

भावार्थ—यदि कोई अतिशय दुराचारी भी अनन्य भाव से भक्त हो मुझे निरंतर भजता हो, तो वह साधु ही मानने-योग्य है; क्योंकि वह यथार्थ निश्चयवाला है, अर्थात् उसने भली प्रकार निश्चय कर लिया है कि परमेश्वर के समान अन्य कुछ भी नहीं है ।

नाऽहं बसामि बैकुंठे योगिनां हृदये न च । मद्भक्ता यत्र गायन्ति तत्र तिष्ठामि नारद ॥

भावार्थ—भगवान् विष्णु नारद जी से कहते हैं कि 'हे नारद, न तो मैं बैकुंठ में रहता हूँ और न योगियों के हृदय में, अपितु मेरे भक्त जहाँ गायन करते हैं, मैं वहीं निवास करता हूँ ।'

उपर्युक्त श्लोकों से सिद्ध होता है कि परमेश्वर को वही भक्त प्रिय है, जो भक्ति-संगीत द्वारा उसे भजता है ।

भक्ति-संगीत पर विचार करने से पूर्व यह जानना आवश्यक है कि भक्ति क्या है ।

'भक्ति-सूत्र' में नारद जी कहते हैं, "किसी भी पदार्थ से प्रगाढ़ प्रेम रखने को 'भक्ति' कहते हैं ।"[1] 'शांडिल्य भक्ति-सूत्र' में कहा है, "सा परानुरक्तिरीश्वरे"[2] अर्थात् ईश्वर में पराकाष्ठा की अनुरक्ति ही भक्ति है । 'भक्तिरसात्मकसिन्धु' में कहा है, "हमारे इष्ट पदार्थों की ओर जो हमारा आन्तरिक प्रेम रहता है, उसी उत्साह-पूर्ण प्रेम को 'भक्ति' कहते हैं ।"[3] 'श्रीमद्भागवत' में एक स्थान पर लिखा है, "अहैतुकी अव्यवहिता या भक्तिः पुरुषोत्तमे ।"; अर्थात् भगवान् में हेतु-रहित, निष्काम, एकनिष्ठा-युक्त अनवरत प्रेम होना ही भक्ति है ।"[4]

अर्जुन को भगवान् श्री कृष्ण ने दो प्रकार की निष्ठा या दो साधन-मार्ग बताए थे— एक ज्ञान-योग द्वारा सांख्यों का और दूसरा कर्म-योग द्वारा योगियों का :—

लोकेऽस्मिन् द्विविधा निष्ठा पुरा प्रोक्ता मयानघ । ज्ञानयोगेन सांख्यानां कर्मयोगेन योगिनाम् ॥

(श्रीमद्भगवद्गीता, अध्याय ३, श्लोक ३)

गीता भक्ति योग को पृथक् नहीं करती । वह ज्ञान (स्तुति) और कर्म (प्रार्थना) में ही इसका समावेश करती है । अर्थात् साधन भक्ति कर्म के अन्तर्गत एवं साध्य भक्ति ज्ञान के अन्तर्गत आ जाती है ।

---

१. भक्ति-योग, पृष्ठ ७

२. भारतीय साधना और सूर-साहित्य, पृष्ठ ३७

३. भक्ति-योग, पृष्ठ ७

४. भारतीय साधना और सूर-साहित्य, पृष्ठ ३७

'श्रीमद्‌भागवत' में त्रिविध साधन पथ का वर्णन है। भगवान् उद्धव से कहते हैं :—

योगास्त्रयो मया प्रोक्ता नृणां श्रेयो विधित्सया।
ज्ञानं कर्म च भक्तिश्च नोपायोऽन्यो स्ति कुत्रचित्॥ (११।२०।६)

'श्रीमद्‌भागवत' के अनुसार, मानव के कल्याणार्थ केवल तीन ही उपाय—ज्ञान, कर्म और भक्ति—हैं। इनमें भक्ति-योग को ही अधिक महत्त्व दिया गया है, जिसकी पुष्टि निम्नलिखित श्लोक से होती है :—

स वै पुंसां परो धर्मो यतो भक्तिरधोक्षजे। अहैतुक्या प्रतिहता ययाऽऽत्मासम्प्रसीदति॥ (१।२।६)

भागवत धर्म की यह भक्ति ज्ञान और कर्म, दोनों से ऊपर है। वैसे, 'श्रीमद्‌भागवत' में नवधा भक्ति का भी उल्लेख है :—

श्रवणं कीर्तनं विष्णोः स्मरणं पादसेवनम्। अर्चनं वन्दनं दास्यं सख्यमात्मनिवेदनम्॥ (७-५-२३)

नवधा भक्ति-योग का अन्तिम उपदेश ईश्वर-प्राप्ति या ब्रह्म में विलीन होना ही है, किन्तु भगवत्-भजन, स्तुति-गायन ही सबसे सरल मार्ग है। तुलसीदास कृत 'रामचरितमानस' के अरण्यकांड के दोहे एवं 'दासबोध' के दोहों का अवलोकन करने पर निष्कर्ष निकलता है कि नौ भक्तियों में भगवान् का कीर्तन ही सर्वश्रेष्ठ भक्ति है :—

बचन कर्म मन मोरि गति, भजन करें निष्काम। तिन्हके हृदयकमल महँ, करौं सदा बिश्राम॥१६॥
ताल मृदंग हरिकीर्तन। संगीत नृत्य तानमान। नाना कथानुसन्धान। तुटोंचि नेदावें॥११॥
करुणा कीर्तनाच्या लोटें। कथा करावी घडघडाटें। श्रोतयाँची श्रवणपुटें आनन्दें भरावीं॥१२॥
कम्प रोमांच स्फुराणें। प्रेमाश्रु सहित गाणें। देवद्वारीं लोटांगणें। नमस्कार घालावे॥१३॥
पदें दोहडे श्लोक प्रबन्द। धाटी मुद्रा अनेक छन्द। वीरभाटींव विनोद। प्रसंगे करावे॥१४॥
नाना नवरसिक श्रृंगारिक। गद्यपद्याचें कौतुक। नाना वचनें प्रस्ताविक।
शास्त्राधारें बोलावीं॥१५॥[1]

प्राचीन तथा अर्वाचीन श्लोक एवं दोहों का निष्कर्ष यही निकलता है कि ईश्वर तक पहुँचने के लिए या ईश्वर को अपना सर्वस्व अर्पण करने के लिए इष्टदेव का कीर्तन, जो कि संगीत स्वर-युक्त हो, करना ही सर्वश्रेष्ठ है।

इस देश की विशालता एवं प्राचीनता की ओर दृष्टि करने पर, साथ ही युग-युग से लिखे गए अनेक प्राचीन ग्रन्थों का अवलोकन करने पर ऐसे प्रश्न उपस्थित होते हैं कि क्या सारा प्राचीन संगीत, या वह संगीत, जो प्राचीनता का सिरमौर है, केवल ईश्वर-स्तुति-गायन या भक्ति-संगीत के लिए ही आविष्कृत किया गया था? क्या मानव ने मनोरंजन-हेतु या सामाजिक जीवन में कुछ उत्साह, आनंद, सुख-शांति-हेतु लौकिक संगीत का गायन नहीं किया? क्या भारत में कला का निर्माण मानव विलासिता के लिए न होकर ईश्वर-भजन या मोक्ष-प्राप्ति के लिए ही किया गया

१. दासबोध, पृष्ठ १०५

था ? इसी प्रकार अन्य प्रश्न भी उपस्थित हो सकते हैं, किन्तु अतीत काल का संगीत-विषयक गहन अध्ययन करने पर हमें विदित होता है कि भारत ही वह देश है, जहाँ सर्वप्रथम संगीत का आविष्कार हुआ था और संगीत का प्रयोग ईश्वर के भक्तिगायनार्थ ही होता था । इस संबंध में कुछ तर्क निम्नांकित हैं:—

द्रविड़-काल के सम्बन्ध में जेन कोक्स ने अपनी पुस्तक 'दी हैल्थ एंड म्यूजिक' में लिखा है, "ये लोग अपना थोड़ा बहुत समय निकालकर ईश्वर की आराधना या स्तुति में व्यतीत करते थे। कारण, ईश्वर ही उनका सर्वेसर्वा था और यही उनका धर्म भी था। संगीत को धार्मिक रूप भी इसी युग में प्राप्त हुआ है।"[1] विख्यात इतिहासकार कीडियल शोम्स ने अपनी पुस्तक 'दी राइज एंड फॉल आफ इंडियन म्यूजिक' में संगीत के संबंध में लिखा है, "उसमें आध्यात्मिक पृष्ठ को उभारा गया, जिससे उनका संगीत नैतिक रूप से सुन्दर और पवित्र हो गया। उनके संगीत में कोई भी शृंगारिक भावना की मुद्रा नहीं पनपी ।"[2] जोनमान्स केली ने 'दी फ्लो आफ इंडियन म्यूजिक' पुस्तक में लिखा है, "इस काल में गीतों का विकास हो चुका था। अनेक छन्द बन चुके थे, जोकि सांगीतिक रूप से गाए जाते थे । खुदाई में एक ऐसी आकृति भी मिली है, जिसमें एक नारी गाती हुई मुद्रा में चित्रित है।"[3] हड़प्पा और मोहन-जोदड़ो आदि स्थानों की खुदाई में प्राप्त गाती हुई नारी, नृत्य करती हुई नारी, तांडव नृत्य एवं अर्धनारीनटेश्वर आदि मूर्तियों का अवलोकन करने पर ज्ञात होता है कि शिव-पूजन भक्ति-संगीत द्वारा होता था।

वैदिक काल में संगीत का प्रतिनिधित्व 'सामवेद' करता है। यह उपासना-कांड का वेद है। साम-गान विशेषतः यज्ञ के ही अवसरों पर तथा सूर्य, अग्नि, वरुण आदि देवताओं के स्तुति-रूप में किया जाता था। नियमानुसार साम-गान द्वारा विशिष्ट देवता की स्तुति करने पर भगवान् प्रसन्न होते थे तथा इच्छा-पूर्ति होती थी, जिसकी पुष्टि इस प्रकार की गई है:—

"अथाय सामगायेति। साम ब्रह्मेति वा गायेति त्वेव ब्रू याद् गायन्ति हि साम तद्यत्साम गायति नेदिमान्बहिर्द्धा यज्ञाच्छरीरान्नाष्ट्रा रक्षांसि हि न सन्निति साम हि⋯ अग्निय्याडगायति। अग्निर्हि रक्षसामवहन्ताऽतिच्छ दसिगायत्येषा वै सर्व्वाणिच्छन्दांसि यदतिच्छन्दस्तस्मादतिच्छन्दसि⋯ तद्रक्षा स्यतोऽपहन्ति ।"[4]

वैदिक साहित्य का अन्वेषण करने से ज्ञात होता है कि इसी काल में संगीत की दो धाराएँ, एक साम-संगीत एवं दूसरी सामेतर संगीत प्रवाहित होने लगी थीं। सामगान धार्मिक, ईश-स्तुति या भक्ति-संगीत एवं सामेतर संगीत सर्वसाधारण जनता के लिए गायन-योग्य प्रशस्तियाँ थीं, जोकि यज्ञोपवीत के समय गाई जाती थीं। आठवीं सदी ई० पू० से चौथी सदी ई० पू० तक के काल में एक तीसरी धारा, जिसे 'लौकिक संगीत' कहा गया, प्रवाहित होने लगी थी। लौकिक के

१. भारतीय संगीत का इतिहास, पृष्ठ ६५
२. भारतीय संगीत का इतिहास, पृष्ठ ६३–६४
३. भारतीय संगीत का इतिहास, पृष्ठ ६४
४. प्राचीन भारत में संगीत, पृष्ठ २–३

अन्तर्गत लोक-प्रचलित गान-शैलियों, लोक-काव्य के विभिन्न प्रकारों अथवा लोक-गायन की विविध परिपाटियों की अनुकृति कह सकते हैं। अतः लौकिक संगीत को लोक-गीत की श्रेणी में रख सकते हैं या ऐसा भी कह सकते हैं कि वह संगीत, जो संगीत के जटिल शास्त्र-नियमों से जकड़ा नहीं। 'जातक' एवं 'सूत्र-साहित्य' से, जो कि इस काल में प्रसिद्ध थे, ज्ञात होता है कि यज्ञ कर्मकाण्डों के समय साम-गान होता था, साथ ही समाज का प्रत्येक वर्ग संगीत द्वारा अपनी-अपनी इच्छानुरूप ईश्वर का भजन-कीर्तन करता था।

पौराणिक युग के अत्यन्त प्रसिद्ध ग्रंथ 'रामायण' एवं 'महाभारत' पर विचार करने से ज्ञात होता है कि इस युग में भक्ति-संगीत का अत्यन्त प्रचार था। स्वयं रावण विद्वान् संगीतज्ञ था। इसकी पुष्टि श्रीपाद वल्लभ नरहरि के शिष्य नामधारक द्वारा लिखित 'श्रीगुरुचरित्र' के अध्याय ६, श्लोक १५ से ४२ तक होती है। वृत्तान्त है कि रावण की माता कैकया प्रतिदिन शिवलिंग की पूजा करने के उपरांत ही अन्न ग्रहण करती थी। एक दिन रावण ने अपनी माता को मिट्टी के शिवलिंग की पूजा करते देखा, तो वह अत्यन्त क्रुद्ध हुआ। कारण, संपूर्ण विश्व रावण के अधीन हो गया था। अपनी माता से शिवलिंग का रहस्य पूछकर वह शीघ्र ही कैलास पर्वत को लेने गया। उसने कैलास को उठाना चाहा, किंतु शिवजी के वामहस्त के दवाब से स्वयं रावण ही दब गया। पुनः रावण ने स्तुति-गायन प्रारंभ किया। स्वरवीणा-रूप अपने दस सिरों को छेद कर उनमें नस-रूपी तंतु लगाए एवं सामवेद-गायन किया। रावण ने शिव-स्तुति साम-स्तोत्रों द्वारा की थी, जिसकी पुष्टि 'रामायण, ग्रन्थ से भी होती है :—

सामभिविविधैः स्तोत्रैः प्रणम्य स दशाननः। [1]

पुत्र-प्राप्ति-हेतु राजा दशरथ ने अग्नि देवता का स्तुति-गायन किया था, जिसकी पुष्टि बालकांड की चौपाई ५-६,-दोहा १८८ से होती है :—

सृंगी रिषिहि बसिष्ठ बोलावा। पुत्रकाम सुभ जग्य करावा ॥५॥
भगति-सहित मुनि आहुति दीन्हे। प्रगटे अगिन चरू कर लीन्हे ॥६॥

महाभारत-काल में संगीत की प्रचलित तीनों धाराओं—साम, सामेतर एवं लौकिक संगीत—का प्रचार था। अर्जुन स्वयं विद्वान् संगीतज्ञ थे। पाणिनि ने वासुदेव, अर्जुन आदि का नाम लेते हुए बतलाया है कि वासुदेव के भक्तों को 'वसुदेवक' कहते हैं।[2] 'वायुपुराण' तथा 'विष्णुपुराण' में ईशस्तुति के साथ ही यज्ञ आदि का समायोग होता था। अतः पुराणों में भी भगवद्भक्ति-गायन की परिपाटी थी।

ईसा के पूर्व चतुर्थ शताब्दी में मेगस्थनीज ने भी शौरसेनी यादवों द्वारा हरि-कृष्ण की पूजा का उल्लेख किया है।[3]

जैन, बौद्ध एवं सिद्धों ने अपने धर्म-प्रचारार्थ भक्ति-संगीत को माध्यम बनाया था। जैन धर्म के अनुयायियों ने ग्रीक प्रभाव में आकर अपने तीर्थंकरों की नग्न मूर्तियाँ मंदिरों में स्थापित कीं।

---

१. प्राचीन भारत में संगीत, पृष्ठ ८६

२. सूफीमत और हिन्दी-साहित्य, पृष्ठ ६३

३. वही, पृष्ठ ६३

की उपासना का एक मार्ग निकाला। बौद्धों ने भी बाद में बुद्ध की मूर्ति बनाकर पूजा करना आरम्भ किया।"[1] मन्दिरों की स्थापना के सम्बन्ध में 'नगरी' के शिलालेख में संकर्षण और वासुदेव की मूर्ति-पूजा के निमित्त मन्दिर-निर्माण का उल्लेख मिलता है।[2] जैन-साहित्य के अनुसार भिक्षुओं के लिए संगीत निषिद्ध था, किन्तु महावीर की स्तुति गीत-वाद्य के साथ की जाती थी, जिसकी पुष्टि 'कल्पसूत्र' पृष्ठ १३४ का अवलोकन करने पर होती है। बुद्ध के निर्वाण के उपरान्त कुशीनारा के मल्लों ने कई दिन तक संगीत प्रस्तुत किया था। पूजा के समय प्रदक्षिणा करते समय भी संगीत का विधान था। पदाक्खिणानच्चगीतवादिते। अचिक्कतेत्वं नरनाहि पुच्छिताति। (विमानवत्थु, ३२–३–४–४)

वैदिक काल से संस्कृत-भाषा में प्रवाहित होनेवाला भक्ति-संगीत भरत के समय तक अपना अस्तित्व सँभाले हुए था। किन्तु इसके उपरान्त अपभ्रंश या देशी भाषा के विकास के सम्बन्ध में दंडी एवं मतंग को भी विचार करना पड़ा। मतंग ने अपने संगीत-ग्रन्थ 'बृहद्देशी' में देशी संगीत का वर्गीकरण भी कर दिया है। इस भाषा का रूप-निर्माण सिद्धों के पदों से हुआ, ऐसा कहा जाता है। बौद्धों, सिद्धों और नाथों के चर्या-पद तथा ब्रज-गीत राग-रागिनियों से युक्त मिलते हैं। 'सरहपाद, भुसुकपाद, लुइपाद और कह्नपाद' आदि के पद विभिन्न राग-रागिनियों के आधार पर लिखे गए हैं। इन पदों के साथ राग गूजरी, राग भैरवी, राग कामोद, राग मल्लारी, राग गौंड आदि का निर्देश है।[3] "बँगला-साहित्य के प्रारम्भ काल में दो रचनाएँ हुई हैं। इनमें एक बँगला के बौद्ध-युग की कृति मानी जा सकती है। यह है 'चर्याचर्यविनिश्चय' अथवा 'बौद्ध गान ओ दोहा'।"[4] "गोरखवाणी भी संगीत के स्वरों से आबद्ध है। उनके सम्प्रदाय और संगीत को साथ लेकर वह दक्षिण पहुँची और वे ही बोल तथा ध्वनियाँ ज्ञानदेव, नामदेव, एकनाथ आदि के पदों में सुनाई दीं।"[5]

ईसा की आठवीं नवीं शताब्दी में उत्तर-भारत में वैष्णव-सम्प्रदाय का जो ह्रास हो गया था, उसे पुनः प्रचलित करने का श्रेय दक्षिण के श्री रामानुजाचार्य (११-वीं सदी) को दिया जाता है। बौद्ध सिद्धों के बाद गेय पदों की परम्परा का जो विकास १२-वीं शताब्दी में हुआ, उसका श्रेय 'गीतगोविन्द' के प्रणेता जयदेव को है। विद्यापति के गेय पद तुक, ताल, लय और टेक आदि सभी दृष्टियों से श्रेष्ठ हैं। इनके पदों में सन्त-काव्य और कृष्ण-काव्य का गुण-गान किया हुआ मिलता है। कृष्ण-भक्त कवि चैतन्य महाप्रभु ने भी भारतीय संगीत को महान् शक्ति प्रदान की।

विक्रम की १५ से १७-वीं शताब्दी तक का काल सगुण-निर्गुण नाम की दो धाराओं के अन्तर्गत प्रवाहित था। निर्गुण-भक्ति को दो उपधाराओं में विभाजित किया गया—१. ज्ञानमार्गी सन्तों की, २. प्रेममार्गी सूफियों की। ज्ञानमार्गी भक्ति के प्रतिनिधि कबीरदास एवं प्रेममार्गी भक्ति

---

१. भारतीय साधना और सूर-साहित्य, पृष्ठ ३२

२. मध्यकालीन भारतीय संस्कृति, पृष्ठ १६

३. हिन्दी-भक्ति-साहित्य में लोक-तत्त्व, पृष्ठ १७६

४. बँगला-साहित्य का संक्षिप्त इतिहास, पृ० ५

५. मध्यदेशीय भाषा, पृष्ठ ७०

के प्रतिनिधि मलिक मुहम्मद जायसी थे। सगुण-भक्ति की दो उपधाराएँ—१. राम-भक्ति और २. कृष्ण भक्ति थीं। राम-भक्ति के प्रतिनिधि गो० तुलसीदास एवं कृष्ण-भक्ति के प्रतिनिधि कविरांज सूरदास सर्वमान्य हैं।

निर्गुण भक्तों के अर्थात् कबीर-पन्थी एवं सूफियों ने अपने धर्म-प्रचारार्थ भारतीय राग-रागिनियों का प्रचुर मात्रा में प्रयोग किया था। उसी प्रकार सगुण-भक्तों के समस्त पद ईश्वर के लीला-गान से ओत प्रोत होने के साथ ही लय-ताल तथा राग-रागिनियों से भी सम्बन्धित थे। सूर-पूर्व भजन शैली के गायकों में अमीर खुसरो एवं गोपाल नायक का नाम आदरपूर्वक लिया जा सकता है। दोनों भक्त भक्ति-संगीत की सगुण निर्गुण धारा के प्रतिनिधि माने जाते हैं। वैष्णव धर्म के सभी भक्तों ने भक्तिपदों का गायन कर जनता को परात्पर शक्ति की ओर आकृष्ट किया, जिसमें रामानुज के पश्चात् मध्व भट्ट, निम्बार्क, रामानन्द, विष्णु स्वामी, वल्लभ स्वामी आदि आते हैं। वल्लभ-सम्प्रदाय के आठ कवियों ने, जिनमें सूरदास, नन्ददास, गोविन्द स्वामी प्रसिद्ध हैं तथा स्वामी हरिदास, मेघनाथ, मानिक कवि, रामदास, आसकरण, बैजनाथ. तानसेन आदि संगीतज्ञ कवियों ने अपने भक्ति-संगीत के कारण जन-मानस के साथ-साथ राजा डूँगरेन्द्रसिंह कुम्भा, मानसिंह तोमर, रामचन्द्र बघेला, अकबर आदि नरेशों के हृदय में भी स्थान प्राप्त कर लिया था।

आज भी यह भक्ति-संगीत की पावन धारा सन्तों के पावन मुख से उत्पन्न होकर 'गीता' एवं 'भागवत' में उल्लिखित भक्ति-योग का मार्ग प्रशस्त कर रही है।

भक्ति और संगीत का पारस्परिक सम्बन्ध

□ ब्रजरानी वर्मा

हृदय की समस्त वृत्तियों को अपने जीवनाराध्य के पुनीत चरणों में समर्पित करना ही 'भक्ति' कहलाता है। दो हृदयों के एकीकरण को 'भक्ति' कह सकते है, किन्तु भक्ति में एकरूपता, एकरसता होते हुए भी भक्त की भगवान् के प्रति श्रद्धेय तथा पूजनीय भावना होती है। यही कारण है कि भक्ति में गम्भीरता और तन्मयता होती है। भक्ति में इस तन्मयता को बनाए रखने का एकमात्र साधन है संगीत। संगीत में एक सुनियोजित श्रृंखलाबद्ध लय होती है; स्वरों में एक गति होती है, जिससे अबाधित रस-प्रवाह सम्भव हो पाता है। इससे हृदय की तल्लीनता में विशेष सहायता मिलती है। भक्त के साधना-काल में हृदय-तन्त्री से जो मधुर भावनाएँ निकलती हैं, वे यदि आस-पास के कोलाहल द्वारा बीच में ही विश्रृंखल हो जाएँ; तो साधक की एकरसता में बाधा पड़ती है तथा ध्यान के टूट जाने पर पुनः नियोजित करने में समय भी लगता है और इस प्रकार चित्तवृत्ति अस्थिर हो जाने से अत्यन्त कठिनाई होती है। किन्तु संगीत का समाश्रय पाने से ऐसा नहीं होता, क्योंकि हम संगीत की सुनिश्चित, सुसम्बद्ध स्वर-लहरियों में हृदय का गान एकीभूत कर देते हैं और इस प्रकार व्यवधानों से बचकर अपने देवाराध्य में एकरस हो जाते हैं--अपने आपको भूल बैठते हैं। हमारे मानस-पट पर एकमात्र चित्रित रहती है, अपने प्रेमाराध्य की मंजुल मूर्ति।

इन्हीं गुणों के कारण संगीत को सभी ने भक्ति का श्रेष्ठतम उपादान माना है। विश्व की विभिन्न जातियों के विभिन्न धर्मों में संगीत को उपासना का प्रधान अंग माना गया है। गिरिजाघरों में उपासना के समय जो घन्टा-नाद एक विशाल जन-समूह को एकत्रित कर लेता है, उसमें संगीत ही तो है। उच्च स्वर से होने वाली मस्जिदों की अज़ानों में भी यही संगीत काम कर रहा है। अपने अमर कल्याण के लिए प्रार्थना करते समय मन्दिरों में नाना प्रकार के वाद्यों के साथ सुबह से शाम तक कीर्तन-भजन आदि का जो कार्यक्रम चलता है,उसमें संगीत ही एकमात्र आधार होता है। बल्कि यों कहा जाय कि हमारी आर्य-संस्कृति में तो भक्ति और संगीत का प्रणय-बन्धन सुदृढ़ व अटूट है, तो अतिशयोक्ति न होगी। दूसरे शब्दों में यह भी कह सकते हैं कि सगीत भक्ति के लिए ही है।

अनादि काल में विप्र-समाज ने वैदिक मन्त्रों का पाठ दिग्दिगन्त-व्यापी उच्चारण द्वारा देवताओं के आवाहन के लिए किया। यही नहीं; समस्त देवताओं के साथ संगीत का सम्बन्ध चोली-दामन जैसा रहा है। बिना संगीत के देवताओं की कल्पना ही निराधार है। कैलासपति भोले बाबा शंकर द्वारा डमरू-घोष के साथ तांडव नृत्य और पार्वती जी का लास्य नृत्य तो जगत् प्रसिद्ध है ही! देवर्षि नारद के इकतारे की झंकार अभी तक झंकृत है। विद्या की अधिष्ठात्री माँ सरस्वती की कल्पना तो उनकी वीणा के बिना अधूरी ही है। विश्वमोहिनी वंशी के जादूगर कन्हैया

की तान क्या कोई भूल पाया है ! जब अपने आराध्य को ही संगीतमय देखा, तो भूला भक्त कैसे इस जादू-भरे संगीत को छोड़ अपने भगवान् को रिझाने के लिए किसी अन्य वस्तु का सहारा लेता !

म्लेच्छों के क्रूर आक्रमण एवं अमानुषिक अत्याचारों से जनता में निराशा का अन्धकार छा गया था । दासता से मुक्त होने के लिए बहुत हाथ-पैर मारे. परन्तु सभी प्रयत्न असफल हुए; एकमात्र सहारा था, तो भगवान् का । इसी समय भारत के चारों ओर से भिन्न-भिन्न धाराओं का जन्म हुआ और 'हरि को भजे सो हरि का होई' विचाराधारा देश के कोने-कोने में तीव्र गति से प्रवाहित होने लगी । विशेषता तो यह थी कि उन सभी धाराओं ने, चाहे वे निर्गुण के कबीर दादू, तुकाराम हों या सगुण के सूर, तुलसी, मीरा या चैतन्य महाप्रभु आदि; सभी ने संगीत को किसी-न-किसी रूप में अपनाया । भक्ति और संगीत की सुप्त मादक कल्लोलिनियाँ एक साथ जाग उठीं और संगीत एवं भक्ति की सम्मिलित अन्तःस्वर-लहरी से भक्ति-विभोर हो एक अजस्र माधुर्यधारा बहने लगी । उनके लहराते, उमड़ते भक्ति-काव्य-सिन्धु में निमग्न होने पर जगत् अपने को विस्मृत कर बैठता है । आज भी हमारे कानों में भक्ति-प्रवर सूर के इकतारे, तुलसी के मँजीरे, चैतन्य की खोल-करताल, मीरा के नूपुर, स्वामी हरिदास के तम्बूरे और तुकाराम की खंजरियों के भक्तिवर्द्धक मंजुल गान गूँज रहे हैं । इसी प्रकार अन्यान्य भक्तों ने अपने प्रेमाराध्य के चरण-कमलों पर संगीत भरी पुष्पांजलियाँ अर्पित कीं । भक्ति-संगीत से आसुरी वृत्तियों का दमन हुआ और सात्त्विक भावनाओं को जन्म मिला ।

आज के यान्त्रिक युग में भी, जबकि व्यक्ति की व्यस्त दिनचर्या तक ने एक यंत्र का रूप ले लिया हैं, हमें भक्ति और संगीत के सुसम्बद्ध एवं सुगठित रूप के दर्शन होते रहते हैं । आज भी ब्रज के रास में कृष्ण की भक्ति के साथ-साथ संगीत के तीनों अंगों—गायन, वादन तथा नृत्य के दर्शन होते हैं । पंडित डी० वी० पलुस्कर द्वारा गाए गए अनेक पद, जो भक्ति के साथ-साथ पूर्ण शास्त्रीय संगीत में निबद्ध हैं, किसका मन नहीं मोह लेते ! पं० ओंकारनाथ ठाकुर द्वारा गाया गया सूर का पद 'मैया मोरी, मैं नहिं माखन खायो' तथा मीरा का 'गिरधर आगे नाचूँगी' पद आलाप-तानों द्वारा शाब्दिक भावनाओं को साकार रूप प्रदान कर देते है । इस प्रकार हमारी भारतीय संस्कृति में भक्ति और संगीत का पारस्परिक सम्बन्ध चिरकालिक, सनातन और शाश्वत हो गया है ।

□□□

ईश्वर-प्राप्ति का अमोघ साधन नाद-योग

□ रामविट्ठलदास

परमेश्वर की प्राप्ति नाद-योग से शीघ्र और सुगमता से हो सकती है। इसी लिए इसको पाँचवाँ वेद ('सामवेद' का उपवेद या 'गान्धर्ववेद) कहते हैं। साहित्य का भाग 'ऋग्वेद', स्वरों का 'सामवेद', तालाभिनय 'यजुर्वेद' और रस (राग) 'अथर्ववेद' से लेकर चारों वेदों का सार 'भरत' शास्त्र (अर्थात्,भाव रस व ताल) बनाया गया, जिसे आजकल 'संगीत' कहते हैं।

योग में अभ्यास-योग और ज्ञान-योग, ऐसे दो भेद हैं। अभ्यास-योग की शाखा मन्त्र-योग और मन्त्र योग की शाखा, स्मरणमन्त्र-योग अर्थात् राग, ताल, गीत, नृत्य, वाद्य इत्यादि से देवता का ध्यान करना है।

स्मरण तीन प्रकार का होता है—सात्विक, राजसिक और तामसिक। सत्त्वगुणात्मक स्मरण सुख-दुःख प्रेरक और स्वार्थसाधक होता है। रजोगुणात्मक स्मरण (माता-पिता, देव, ऋषि, राजा इत्यादि की स्तुति) मनुष्य स्वार्थ-दृष्टि से करता है। तमोगुणात्मक स्मरण मोह-माया और अज्ञान-मूलक होता है। तमोगुण-प्रधान मनुष्य डर, भक्ति, प्रेम, मोह, माया, कपट, अज्ञान और अल्प सुख की इच्छा से माता-पिता, देव-गुरु आदि का स्मरण करता है।

संगीत तीन प्रकार का होता है—सुपरिणामात्मक और सामान्य शरीर तथा मन को प्रोत्साहन देने वाला। वीर, शृंगार, भक्ति और हास्यरस-प्रेरक संगीत सुपरिणामात्मक होता है। जिससे शरीर और मन को विफलता और व्याधि-उपाधि प्राप्त हो, वह संगीत दुष्परिणामात्मक होता है। भय, बीभत्स और दैन्य-रस-प्रेरक संगीत भी दुष्परिणामात्मक है। शरीर और मन पर जिसका प्रभाव न हो, ऐसा नीरस संगीत सामान्य है। दुर्व्यसनों को उत्तेजना देनेवाला तथा ब्रह्मचर्य और गृहस्थाश्रम का नाश करनेवाला संगीत अमंगल और देश-विघातक है।

संगीत मानवी धर्मों का नाशक नहीं, किंतु पोषक है। शारीरिक और मानसिक धर्मों की रक्षा जितनी संगीत से होती है, उतनी अन्य कार्यों से नहीं। योग्य और नियमित संगीताभ्यास से सहसा रोग प्रवेश नहीं करता। दीर्घ स्वर-उच्चार से कुम्भक स्वयं बढ़ जाता है; मन शांत और चित्तवृत्ति का निरोध हो जाता है। संगीत के अभ्यास का साधक एक ही आसन पर बहुत समय तक बैठता है, यहाँ तक कि उठते समय उसे पैर जकड़े हुए मालूम पड़ते है। इसका कारण यह है कि उसका मन संगीत में तल्लीन हो जाता है और उसे शरीर के कष्ट मालूम नहीं पड़ते। इसी कारण भार ढोनेवाले जानवरों, जैसे बैल, घोड़े इत्यादि के गले में घंटी बाँधी जाती है, ताकि उनका मन घंटी के नाद में तल्लीन रहे और वे भार का अनुभव न करें या कम करें।

इसी विद्या का उपयोग किसी-न-किसी रूप में प्रायः सभी जगह, सब कार्यों में होता है। वाङ्मय-शास्त्र, आयुर्वेद, युद्ध-कला, मन्त्र-शास्त्र, काव्य, नाटक, इतिहास इत्यादि में इसका उपयोग स्पष्ट दिखाई देता है। गायन के अभ्यास से प्राण रुकने लगता है और पूरक, कुम्भक तथा रेचक बलवान् बनते हैं। जिसका कुम्भक अधिक हो, वही जग में बलवान् होता है। प्राणायाम के कठिन प्रयोग में न पड़कर कुम्भक का अभ्यास बढ़ाने के लिए गायन से बढ़कर दूसरा साधन नहीं है। इसलिए साधु जन विशेष रूप से कीर्तन करते हैं। बहुत ठंड में मनुष्य जोर से गाए, तो उसके

शरीर में उष्णता बढ़ती है और ठंड की बाधा नहीं होती । अँधेरे या घोर वन में जब मनुष्य जाता है और जोर से गाता है, तब उसका भय निकल जाता है । व्यवहार में जन्म से मरण तक संगीत का उपयोग सभी विशेष प्रसंगों में होता है ।

इस कला के अभ्यास से रक्त का संचालन जोर से होकर नाक, कान, आँख इत्यादि के मल इन्द्रिय-द्वारों तक पहुँच जाते हैं । प्रातः उठते ही प्रभातीय गाने गाना, संगीताभ्यास करना इत्यादि शरीर और मन के आरोग्य के लिए ही हैं । संगीत से स्वास्थ्य और दीर्घायु भी सहज ही प्राप्त होती है । यह गृहस्थाश्रमी लोगों के लिए ही विशेषकर उपयोगी है—दुर्व्यसनी, दुष्कामी इत्यादि नीच लोगों के लिए नहीं । यह कला भारत में बहुत पूज्य रही है । शंकर जी के हाथ में डमरू, सरस्वती के हाथ में वीणा, भगवान् श्री कृष्ण के हाथ में मुरली इत्यादि इस कला का उच्च स्थान स्पष्टतया बतलाते हैं । इस समय संगीत प्रायः अरिषड्वर्ग, सप्त व्यसन और आठ मद इत्यादि में वास कर रहा है । वह जबतक ब्रह्मचारी तथा विद्यार्थी मार्ग से गृहस्थाश्रमियों में न आएगा, देश को सुख की प्राप्ति की सम्भावना नहीं ।

विद्यार्थी का गायनाभ्यास ज्ञानदायक, शारीरिक और मानसिक धर्मों का पोषक, आयु-वर्धक, वीर्य-स्तम्भक, धैर्य-बल-बुद्धिदायक, रोगनाशक, आरोग्यदायक और विद्याभ्यासोत्तेजक होता है । विद्यार्थियों को वीर, अद्भुत और भक्ति रस-बोधक संगीत-साहित्य सिखाना उचित है ।

गृहस्थों का गायन व्यवहार-धर्म-रक्षक, आरोग्य-वंश-शुभ विचार-धर्मवर्धक, इह पर- सुख-दायी, ज्ञानविज्ञान-दायक, मानवीय धर्मरक्षक और वीर, अद्भुत, रौद्र, करुण, शान्त इत्यादि रसों के योग्य उपयोगी बना रहता है ।

वानप्रस्थों का गायन लोक-कल्याणकारक, आत्मानुसन्धानक, शास्त्रीय, तात्त्विक, चतुर्वेद-पुरुषार्थक और संशोधक होता है । ऐसे विद्वानों के ग्रन्थ लोककल्याणकारक होते हैं ।

संन्यासियों का गायन पारमार्थिक और लोककल्याणकारी होता है ।

गायन के प्रवृत्तिपरक और निवृत्तिपरक ऐसे दो भेद हैं । जिस संगीत से व्यवहार के लिए प्रोत्साहन मिलता है, वह प्रवृत्तिपरक गायन है । इसका उपयोग जन्म, दीक्षा, लग्न, सभा, पूजा, अर्चना, यज्ञ और युद्ध आदि भिन्न-भिन्न कार्यों में भी होता है । निवृत्तिपरक गायन शान्ति, स्थिरता, निःसत्त्वता, व्यवहार-उत्साह-भंग, वैराग्य इत्यादि उत्पन्न करता है ।

प्रवृत्ति-गायन ताल-प्रधान और निवृत्ति-गायन स्वर-प्रधान होता है ।

इस प्रकार नादोपासना से इह-पर-सुख की और ईश्वर की भी प्राप्ति हो सकती है । श्री आद्य शंकराचार्य ने नाद की प्रशंसा में कहा है :—

नादानुसन्धान नमोस्तु तुभ्यं, त्वां साधनं तत्वपदस्य जाने ।
भवत्प्रसादात् पवनेन साकं, विलीयते विष्णुपदे मनो मे ।।

अर्थात्—हे नादानुसंधान ! तुम्हें नमस्कार है, (क्योंकि) तुम्हें मैं तत्त्व-पद की प्राप्ति के लिए एक उत्तम साधन जान गया हूँ । तुम्हारे प्रसाद से मेरा मन, पवन (प्राणों) सहित, विष्णुपद [तत्त्व-पद] में विलीन हो जाता है ।

□□□

मन्त्रद्रष्टा-संगीत

□ राजेन्द्र मिश्र 'बंसी'

भारतीय विश्वासों के अनुसार ब्रह्मा जी द्वारा संगीत को 'सामवेद' के रूप में जन्म प्राप्त हुआ। 'ऋग्वेद' की ही अधिकांश ऋचाओं का समावेश 'सामवेद' में है। सामवेद' की मौलिक ऋचाएँ अपेक्षाकृत न्यून मात्रा में हैं। वेदों की ऋचाओं का प्रयोग देवताओं की आराधना तथा शक्तियों के आह्वान के रूपों में ऋषियों-मुनियों द्वारा किया गया। आर्य वास्तव में तत्त्व-पूजक रहे। तत्त्वों की महानता का दिग्दर्शन हमें ऋचाओं से प्राप्त होता है, जो आर्यों द्वारा अपने अन्तरिक्ष, आकाश एवं पृथ्वी के देवताओं की स्तुति में उच्च रित हुईं।

द्यौ, वरुण, सूर्य, सविता, पूषा, विष्णु और उषः आकाश के देवता हैं। इन्द्र, मरुत् एवं पर्जन्य अन्तरिक्ष के देवता हैं। अग्नि और सोम पृथ्वी के देवता हैं। शान्ति के समय में 'वरुण' देवता की महत्ता सर्वाधिक रही, परन्तु बाद में युद्ध के देवता 'इन्द्र' का महत्त्व सर्वोपरि हो गया।

इन देवताओं की स्तुतियों में रचे गए मन्त्रों का संकलन ही 'सामवेद' में परिलक्षित होता है। विश्व का प्राचीनतम साहित्य (वेद) ही हमें 'पाठ्य' तथा 'गेय'-रूप में मिलता है। प्रत्येक की स्थान-विशेष के अनुसार मान्यता थी। 'आर्षसंगीत' के अन्तर्गत तो 'आरण्यक संगीत, का भी विधान था। कुछ विशेष ऋचाओं का प्रयोग अरण्यों में स्वयं की आत्मा के परिष्कार-हेतु किया जाता था। जनसाधारण के सम्मुख इन ऋचाओं के प्रस्तुतीकरण का निषेध था। चारों वेदों के पाठ की अपनी विशेष प्रणालियों का व्यवहार निश्चित था। 'ऋग्वेद' का पाठक 'ऋत्विक', 'सामवेद' का 'उद्गाता', 'यजुर्वेद' का अध्वर्य' तथा 'अथर्ववेद' का 'ब्रह्मा' कहलाता था। सामवेद-गायन की अपनी गेय-विधि थी, जिसके लिए उदात्त, अनुदात्त तथा स्वरित जैसे शब्दों का प्रयोग मिलता है। संगीत में विश्व के प्राचीनतम एवं श्रेष्ठतम काव्य का प्रयोग ऋषि-मुनियों ने साम-गान के रूप में किया। बेदों की यह धारा ब्राह्मण युग तक पहुँची। ब्राह्मण ग्रन्थ गद्य में ही उपलब्ध होते हैं तथा उनमें अधिकतर यज्ञ की विधियों को शास्त्रबद्ध ही करते मिलते हैं। तत्पश्चात् उपनिषदों की रचना हुई जो गद्य एवं पद्य, दोनों रूपों में लिखे गए। उपनिषदों की भाषा बड़ी काव्यमयी है। 'उपनिषद्' ब्राह्मण-ग्रन्थों का अन्तिम भाग हैं।

इस गेय काव्य को कालीदास, जयदेव, चैतन्य महाप्रभु, अष्टछाप के कवि नरसी मेहता, स्वामी हरिदास, तुलसी, मीरा, आदि ने समृद्ध किया। १३वीं शताब्दी के आरम्भ तक संगीत उत्कृष्ट गेय काव्य से समृद्ध रहा तथा बाद में इसमें ब्रजभाषा का सरल लालित्य और समाविष्ट हो गया, जो उत्तर दिशा की ओर आ गया। दूसरी धारा दक्षिणी अथवा कर्नाटक-संगीत के रूप में दक्षिण की ओर निकल गई। अलाउद्दीन खिलजी के दरबार में पदार्पण तक इसका रूप पर्याप्त शुद्ध मिलता है। यहीं से भारतीय संगीत की शुद्धता को ग्रहण लगा। जो संगीत मोक्ष का श्रेष्ठतम-सरलतम साधन,आत्मा के परिष्कार का माध्यम, आत्मा के सत्यं, शिवं, सुन्दरम् तत्त्व का पोषक रहा, वही अब विलास के साधन-रूप में प्रयुक्त होने लगा। संगीत की सौम्यता एवं गम्भीरता का स्थान अब कला-चातुर्य ने लेना आरम्भ कर दिया। फलस्वरूप संगीत का

कला-पक्ष निखरने लगा और यवन-गायकों की भाषा-अनभिज्ञता के कारण काव्य की उपेक्षा होने लगी। इस प्रकार सांगीतिक काव्य भ्रष्ट हो गया। शुद्धतम गायक के रूप में हमें अन्तिम नाम गोपाल नायक का प्राप्त होता है। इन्हीं के साथ गायन की प्रबन्धशैली का भी अन्त हो जाता है। संगीत का आध्यात्मिक तत्त्व एक बार पुनः राजा मानसिंह तोमर द्वारा उभारा हुआ मिलता है। तत्कालीन गायक तानसेन, बैजू, बाबा हरिदास, गोपाल (अमीर खुसरो के प्रतिद्वन्द्वी नहीं) आदि की रचनाओं में इन आध्यात्मिक रहस्यों के संकेत मिलते हैं। सूरदास तथा अन्य अष्टछाप के कवियों एवं मीरा, तुलसी आदि ने समाज को आध्यात्मिक गेय काव्य दिया। इस समय तक भी ध्रुवपद-गायकी का ही प्राधान्य दृष्टिगत होता है। तत्पश्चात् खयाल-गायन का उदय होता दीख पड़ता है। खयाल-गायकी के प्रवर्तक, अन्तिम मुगल बादशाह मुहम्मदशाह 'रँगीले' के दरबार में राज-गायक के रूप में अदारंग- सदारंग का नाम आता है। इन गायकों ने सैकड़ों खयालों की रचना की, परन्तु इन्होंने स्वयं नहीं गाया। स्वयं ध्रुवपद ही गाते रहे।

इस प्रकार वर्तमान संगीत को परम्परा के रूप में तानसेन तथा अदारंग-सदारग की रचनाएँ ही प्राप्त हुई। यहाँ से संगीत, घरानों में बँटा हुआ मिलता है। प्रत्येक घराने की एक शैली विशेष हो गई। इन घरानेदार विशेषताओं को अपनाते समय उनके अपनानेवालों ने उनका काव्य भी अपनाया और हठवादिता में उन्होंने उसके अशुद्ध काव्य के दूषित एवं खडित रूप को भी जैसे-का-तैसा अपनाया। यही अगभंग काव्य वर्तमान पीढ़ी को घरानों से अपने पुराने आग्रह के साथ मिला है।

देश के कतिपय विद्वानों का मत है कि संगीत स्वर-प्रधान है, अतः संगीत में काव्य का कोई विशेष महत्त्व नहीं है। काव्य कैसा भी हो, रागदारी-संगीत के अन्तर्गत स्वर-विलास द्वारा उसे नगण्य सिद्ध किया जा सकता है। यह मत किसी हद तक संगत नहीं लगता। संगीत के ठेठ शास्त्रीय आधार पर भी इसका औचित्य सिद्ध नहीं होता। प्रथमतः संगीत स्वर तथा वर्ण से विभूषित होना चाहिए। इसके अतिरिक्त उत्तम वाग्गेयकार को लोक-रुचि का ज्ञाता, प्रचलित काव्य-रुचि का ज्ञाता और व्याकरण का ज्ञाता होना अनिवार्य है। इस प्रकार तो रचनाकार को भाषाविज्ञ होना अपेक्षित है। यदि रागदारी-संगीत में काव्य का महत्व नहीं, तो वाग्गेयकार को उपर्युक्त लक्षणों से युक्त होना अनिवार्य क्यों है?

व्यावहारिक मनोवैज्ञानिक दृष्टिकोण से भी यह मत असंगत जान पड़ता है। संगीत को मानवीय अनुभूतियों की अभिव्यंजना का श्रेष्ठतम माध्यम माना जाता है। सुन्दर अभिव्यक्ति के लिए माध्यम भी सुन्दर ही होना चाहिए। शब्दों के माध्यम से राग के सुन्दर रूप का एक आकार स्थापित होता है। इस आकार में स्वरों के माध्यम से रंग भरे जाते हैं तथा स्वरों के रंग, राग की आत्मा में अपने-अपने प्रभाव भरते हैं। आध्यात्मिक विज्ञान के अनुसार आत्मा में स्थित अग्नि इन रस-रंगों को आत्मसात् करती है। इस शरीर में भी अग्नि के चार स्थान माने गए हैं। कमर का हिस्सा (कामाग्नि), पेट (जठराग्नि), हृदय तथा मस्तक। हमारी सांगीतिक क्रियाएँ शब्द तथा स्वर के माध्यम से इन अग्नियों को उद्दीप्त करती हैं। शब्दों के गर्भ में उनका ध्वन्यात्मक रहस्य गर्भित है। इसी रहस्य के कारण 'ॐ' शब्द की महिमा है। जिन स्वरों के माध्यम से, जिन विशेष ध्वनियों को सबल बनाया जाता है, वे विभिन्न अग्नि स्थानों को प्रज्ज्वलित

करती हैं। शरीर में सत्त्वगुण, रजोगुण एवं तमोगुण का निवास है। इन विभिन्न अग्नियों के सम्पर्क से यह त्रयीवृत्ति आन्दोलित होती है। अतः माध्यम के रूप में शब्द पर्याप्त सशक्त है। 'बृहदारण्यक' के तीसरे अध्याय में याज्ञवल्क्य ने गार्गी को अमरत्व का रहस्य बताते हुए सब-कुछ 'अक्षर' में ही ओत-प्रोत बताया है। इस अक्षर को जब स्वर का बल मिल जाता है, तो इसकी शक्ति कई गुना बढ़ जाती है।

अक्षर की शक्ति के इस रहस्य (नादब्रह्मरहस्य) से आध्यात्मिक एवं भक्त संगीतज्ञ परिचित थे। उनकी रचनाओं में यह रहस्य गर्भित रहता था। उनकी रचनाएँ स्वर के माध्यम से सशक्त होकर हृदयस्थ अग्नि को उद्दीप्त करती थीं। इस हृदयस्थ अग्नि की लपटें मस्तक की अग्नि को जगाती थीं। योगियों ने मस्तक में चार प्रकार की बुद्धि मानी है—बुद्धि, मेधा, प्रज्ञा, तथा ऋतम्भरा। स्वरों की पहुँच बुद्धि की अन्तिम स्थिति तक है, परन्तु वह शब्द-निहित है।

पूजाकोटिगुणं श्रोतं, श्रोतं कोटिगुणो जपः।
जपात्कोटिगुणं गानं, गानं परतरः न हि॥

वर्तमान रागदारी-संगीत इन ध्वन्यात्मक रहस्यों से ओत-प्रोत अक्षर की अनभिज्ञता के कारण केवल बुद्धि को ही छू पाता है। प्राचीन संगीतज्ञ आहत नाद के माध्यम से अनाहत (अनहद) नाद की प्राप्ति कर लिया करते थे। साकार से निराकार की ओर ले जानेवाले अक्षर निहित संगीत के माध्यम को उन्होंने माध्यम के रूप में अपनाकर मोक्ष-प्राप्ति की। इसी के सहारे वे आत्मा की उच्चतम स्थिति [सत्-चित्-आनन्द] तक पहुँचने में समर्थ रहे।

संगीत से यह प्रभावकारी तत्त्व आज भी लुप्त नहीं हुआ है। चित्त की वृत्तित्रयी आज भी आन्दोलित होती है। संगीत की अभिव्यक्ति आज भी आत्मा की विभिन्न प्रवृत्तियों के पोषण में समर्थ है। आज भी हरिण मोहित हो सकता है, परन्तु हरिण प्रीति करता है 'नाद' से। 'नाद' गर्भित है 'स्वर' में और 'स्वर' की आत्मा के लिए माध्यम-रूप है 'अक्षर'। इसी 'अक्षर' रूपी शरीर में 'स्वर' रूपी आत्मा का निवास होता है।

भक्त संगीतज्ञों को इस रहस्य का ज्ञान था, परन्तु वर्तमान संगीतज्ञ कोरा बुद्धिवादी है। यही कारण है कि वह संगीत के इस कल्याणकारी मन्त्र का द्रष्टा नहीं है।

□□

सुख, शान्ति व शक्ति का राज-मार्ग भक्ति-संगीत

□ सरला खंडेलवाल

कला एक अखंड अभिव्यक्ति है। प्रत्येक कलाकार अपनी कला द्वारा अपनी भावनाओं का व्यक्तीकरण ही तो करता है! वैसे तो अपने स्थान पर सभी कलाओं का महत्त्व है, परंतु संगीत-कला का सर्वोच्च स्थान माना जाता है। क्योंकि कला का मूर्ताधार जितना सूक्ष्म होगा, कला उत्तरोत्तर उतनी ही श्रेष्ठ होती चली जाएगी। अन्य कलाओं की अपेक्षा संगीत का मूर्ताधार अधिक सूक्ष्म है। 'सा रे, गा, मा, पा, धा, नी', इन सप्त स्वरों के सूक्ष्म माध्यम से ही संगीत-कला में भावनाओं का व्यक्तीकरण होता है।

अन्य विद्याओं की तरह संगीत को भी सात्त्विक, राजस और तामस, इन तीन भागों में बाँटा जा सकता है। भक्ति-संगीत की गणना सात्त्विक संगीत में की जाती है। यह चित्तवृत्तियों का निरोध करने के लिए नादोपासना करनेवाले मीरा, त्यागराज, सूरदास आदि भक्तों का कठहार है। भक्ति व विरक्ति-भावों की प्रधानता ही इसकी विशेषता है।

भक्ति-संगीत के भी कई प्रकार हैं, जो आज के जन-जीवन में व्यक्तिगत व सामाजिक रूप से छाए हुए हैं। आदि काल से चली आ रही इस परम्परा का प्रमाण हमारे प्राचीन ग्रन्थों में भी उपलब्ध है। 'सामवेद' भक्ति-संगीत का प्राचीन संस्करण है। साम-गान धार्मिक उत्सवों में किया जाता था। प्राचीन समय का संगीत काव्य-छन्द, नाटकादिकों में गाए जानेवाले ध्रुवा गीत, आर्या गीत, प्रबन्ध, वस्तु, रूपक, अष्टपदियाँ, मंचपुष्पांजलियाँ, देवता-स्तोत्र, आरतियाँ, मंगलाष्टकादि गीत इत्यादि के रुप में प्रचलित था। इनकी एक क्रमबद्ध प्रणाली बन गई, जिसे 'मार्ग-संगीत' कहा गया तथा इसे वेदों के समान अपौरुषेय, अनादि एवं मोक्ष-प्राप्ति का साधन माना जाता था।

भक्ति-संगीत भजन, प्रार्थना, कीर्तन तथा स्तुति के रूप में प्रचलित है। काव्य-पक्ष से अधिक इनमें भाव-पक्ष का बाहुल्य रहता है। प्रत्येक का अपना विशिष्ट स्थान है। किसी में भावों की उच्चता, विचारों की गहनता तथा जीवन की गहन अनुभूति और उसका विश्लेषण विद्यमान रहता है, कोई जीवन व जगत् के बीच बहुत ही सुन्दर सामंजस्य पैदा करता है; किसी में सम्पूर्ण समर्पण, तो किसी में मनुष्य-मात्र के लिए प्रेरणादायक अपरिमित शक्ति छिपी हुई है।

भजन की परम्परा सभी समाजों में प्रचलित है। भजन व्यक्तिगत रूप से भी गाए जाते हैं और सामूहिक रूप से भी। इनकी व्यवस्था पारिवारिक, वैयक्तिक तथा सामुदायिक स्तर पर होती है। बहुत-से भजन उस युग के लिखे हुए हैं, जो हिन्दी-साहित्य का स्वर्ण-युग कहलाता है। मीरा, सूर, तुलसी इत्यादि के मानस से प्रसूत यह दिव्य वाणी शत-शत

नर-नारियों को भक्ति से आप्लावित करने में पूर्णतया समर्थ है। आज भी मीरा के भाव-प्रवण पदों में प्रेमविह्वल हो 'मेरे तो गिरधर गोपाल, दूसरा न कोई' की धुन में भक्तों के पैर थिरक उठते हैं और सूरदास जी की कृष्ण-बाल-लीलाओं के रस से सराबोर होकर अपूर्व आनन्द से आप्लावित हो जाते हैं।

भजन भूले-भटकों के मार्ग-प्रदर्शक हैं। इनमें समस्त जीवन का सार रहता है और आध्यात्मिक आनन्द की अनुभूति रहती है। ये भजन अपने मौलिक विचार व तात्त्विक सामग्री के कारण राष्ट्र व अध्यात्म की अमर धरोहर बन जाते हैं। कबीर, तुलसी, सूरदास, मीरा आदि के ऐसे सैकड़ों गीत सामाजिक कसौटी पर चढ़कर अपनी मधुर धुनों के कारण लोकप्रिय बन गए हैं। इन भजनों की मूल धुनें अत्यन्त ही प्राथमिक व एकांगी होती हैं, परन्तु जनता के कंठ में पहुँचकर उनमें अपूर्व रंग खिल उठते हैं। सहस्रों कंठों द्वारा गाए जानेवाले इन भजनों को सुनकर आशा व उत्साह का सागर लहराने लगता है।

कीर्तन का भी आज के जीवन में विशिष्ट स्थान है। देवी-देवताओं के विषय में लघु गेय पदों में रचित ये भजन ईश्वरोपासना की मान्यताएँ लिए हुए हर प्रदेश की हर जाति में व्याप्त हैं। ये व्यक्तिगत रूप से कम व सामूहिक रूप से अधिक गाए जाते हैं। सभी उपस्थित जन इन्हें गाते हैं तथा गाते समय इनकी स्वर लहरी का इतना समाँ बँधता है कि सब भावमग्न हो, आनन्द-विह्वल हो जाते हैं।

राष्ट्रपिता महात्मा गाँधी ने अपने प्रवचन में भक्ति-संगीत को एक महत्त्वपूर्ण स्थान दिया था। उन्हें प्रार्थना के कुछ भजन बहुत ही प्रिय थे, जिनमें नरसी मेहता का 'वैष्णव जन तो तेने कहिए, जे पीर पराई जाणे रे', सूरदास जी का 'वृक्षण से मत ले, तू वृक्षण से मत ले' मुख्य है। उनकी सर्वप्रिय राम-धुन 'रघुपति राघव राजा राम' तो रात-दिन ही उनके मुख पर रहती थी। 'Lead kindly light' वाला क्रिश्चियन भजन भी उन्हें प्रिय था। वे संगीत के अनन्य प्रेमी थे। उनकी प्रार्थना में हर भाषा के भजनों को स्थान प्राप्त था। उनका कहना था कि जब स्वर-ताल-सहित भजनों का गान होता है, उस समय स्वर, ताल तथा भाव, तीनों का संयोग माधुर्य तथा ओज की वर्णनातीत अपूर्व स्थिति उत्पन्न कर देता है। वे निःसंकोच कहते थे कि मेरे सामने आनेवाले राष्ट्रीय, सामाजिक और राजनीतिक विकट प्रश्नों की गुत्थी का सुलझाव बुद्धि की अपेक्षा प्रार्थना के द्वारा अधिक स्पष्टता व शीघ्रता से मिल जाता है। बापू की सरस एवं प्राणवान् प्रार्थना में सम्मिलित होकर असंख्य जन मुग्ध एवं ईश्वर-ध्यान में लवलीन हो जाते थे। विश्व के महान्-से-महान् व्यक्तियों ने भी प्रार्थना को जीवन का सम्बल बताया है।

भक्ति-संगीत आज के व्यस्त एवं उद्वेगपूर्ण जीवन-पथ पर चलते हुए पथिकों के लिए विश्राम-स्थल है, जहाँ प्रार्थना व भजन द्वारा वे मन की समस्त चिन्ताओं व पीड़ाओं को भूल जाते है। यह निर्बल व दुःखी हृदय का एक मात्र आधार है। कितना ही व्यथित हृदय हो, एक बार भक्तिभाव-रस से पूर्ण प्रार्थना व भजन उसके लिए एक ऐसी शक्ति व तेजपूर्ण केन्द्र है, जो रोगग्रस्त तन व शोक-सन्तप्त मन में अपूर्व शान्ति व शीतलता का संचार है।

□□

पुष्टि-मार्ग और हमारी संगीत-परम्परा

□ एन० एन० शुक्ल

महाप्रभु श्री वल्लभाचार्य जी द्वारा प्रेरित पुष्टिमार्गीय वैष्णव-सम्प्रदाय में भगवान् के बालकृष्ण रूप को ही ईश्वर-स्वरूप माना गया है। श्री महाप्रभु ने भक्ति का अवलम्बन प्रेमलक्षणा भक्ति के रूप में, वह भी सख्य भाव से, स्वीकृत किया। अन्य मन्दिरों में भगवान् की मूर्ति होती है, जिसकी पूजा -अर्चना, आह्वान इत्यादि की व्यवस्था है। पुष्टि-मार्ग में ईश्वर का कोई प्रतीक नहीं है; बालप्रभु साक्षात् हैं। इस सम्प्रदाय में भगवान् का कोई मन्दिर नहीं, अपितु निवास-स्थान, जहाँ बालप्रभु रहते हैं, 'हवेली' कहलाता है।। इस हवेली में नित्य-लीला के पद गाए जाते है। पुष्टि-सम्प्रदाय में हवेली-संगीत की परम्परा श्री महाप्रभु के पुत्र श्री विट्ठलनाथ जी गुसाँई के समय से प्रारम्भ हुई, ऐसी धारणा है। इस संगीत में श्री महाप्रभु जी तथा गुसाँई जी महाराज के परिकर के अष्टछाप-शिष्य सूरदास, कुम्भनदास, नन्ददास, कृष्णदास, चतुर्भुजदास, परमानन्ददास, छीत स्वामी और गोविन्द स्वामी की अद्भुत और प्रचुर देन है। इनके पद महत्त्व पूर्ण हैं, परन्तु इनके अतिरिक्त पुष्टि-सम्प्रदाय में स्वामी हरिदास, हितहरिवंश, मीराबाई, तानसेन, विटठल, गिरधारिन, रसखानी, पुरुषोत्तम भगवान् आदि अनेक वैष्णव-भक्तों के पद बड़ी संख्या में हैं और वे भिन्न-भिन्न रीतियों से गाए जाते हैं। गाने की शैली मुख्यतः ध्रुवपद-धमार की है। 'विष्णु-पद' नाम की एक अलग शैली है, जो वस्तुतः भिन्न ही है—और वह शैली इन मंदिरों में नहीं गाई जाती। इस सत्य से अपरिचित विद्वान् तथा संगीतज्ञ हवेली-संगीत की इस विशिष्ट प्रकार की ध्रुवपद-धमार शैली को ही विष्णुपद-शैली मानते हैं। यह एक प्रकार की भ्रान्ति ही है।

हवेली-संगीत की मार्गीय गान-शैली में दो प्रमुख सम्प्रदाय हैं—एक श्रीनाथजी-सम्प्रदाय अथवा काँकरोली-सम्प्रदाय और दूसरा मथुरा या ब्रज-सम्प्रदाय।

हवेली-संगीत का प्रचार पुष्टिमार्गीय सम्प्रदाय के ब्रज, राजस्थान, मालवा, गुजरात, सौराष्ट्र तथा कच्छ में विशेष रूप से है। इस सम्प्रदाय के मन्दिर मुख्यतः इन्हीं प्रदेशों में अधिक मात्रा में पाए जाते हैं। ब्रज तथा श्रीनाथ जी और काँकरोली के मन्दिरों के अतिरिक्त जयपुर, भरतपुर, कोटा, इन्दौर, झाबुआ, धौलपुर, काशी आदि मंदिरों को पहले राजाश्रय विपुल प्रमाण में प्राप्त था तथा उच्च कोटि के गायक भगवान् की सेवा में रखे जाते थे। अभी हाल तक गुजरात, सौराष्ट्र, कच्छ में भी यही प्रबन्ध था और जामनगर, मुसलमानी रिसायत होते हुए भी जूनागढ़, मोरवी, ध्रांगध्रा, पोरबंदर, भावनगर आदि जगहों पर भी उत्तम कोटि के कलाकार मन्दिरों में कीर्तन-गायन-हेतु नियुक्ति होते थे। इसी दौरान कोटा (राजस्थान) की एक अपनी विशिष्ट परम्परा हवेली-संगीत में बनी। हवेली-संगीत में एक और चौथी शैली के निर्माण में सौराष्ट्र के आदितराम जी का प्रमुख योगदान रहा। आदितराम जी की शैली को उस जमाने के संगीतज्ञों की मान्यता प्राप्त थी और इस शैली को जूनागढ़, पोरबन्दर, जामनगर, ध्रांगध्रा, मोरवी आदि स्थानों के गुसाँई-बालकों ने भी अपने-अपने मन्दिरों में स्थान दिया। वैष्णव-मदिरों

में गाये जाने वाले मार्गीय गीतों को गाने की केवल एक ही शैली है, ऐसी धारणा रखना गलत है।

मार्गीय संगीत में रागों के गाने का निश्चत समय होता है और इस सम्बन्ध में यहाँ नियमबद्ध आग्रह हैं। यह आग्रह वैष्णव पुष्टिमार्गीय सम्प्रदाय तथा उसका अनुसरण करनेवाले अन्य मन्दिरों को छोड़कर और कहीं भी दिखाई नहीं देता। नित्य-लीला के पद समयानुकूलित राग में ही नियुक्त हैं। प्रसंग-प्रसंग के पदों अथवा ऋतु-संबंधी गीतों--जैसे कि घटा, शीत-काल, उष्ण-काल, वर्षा-काल या वसन्त---में समय-सम्बन्धी नियम का विशेष पालन किया जाता है।

हवेली-संगीत में जो राग गाए जाते हैं, क्या वे प्राचीन राग हैं? रागों के स्वरूप में काल के अनुसार परिवर्तन होते रहते हैं, परन्तु हवेली-संगीत में १६-वीं अथवा १७-वीं शताब्दी में राग जिस स्वरूप में थे, वे सब उसी स्वरूप में आज तक सुरक्षित पाए जाते हैं। इतना ही नहीं, बल्कि पुराने ग्रन्थों में जिनका उल्लेख है,वे मालव, मारू,सूहा बिलावल,रायसा-कान्हड़ा नूर-सारंग, कृष्णमत-भैरव, ब्रह्म-भैरव, कृष्णमत-वसन्त और गौरी-प्रकार इत्यादि अनेक राग हवेली-संगीत के बाहर कहीं भी सुनने में नहीं आते। यहाँ यह कहना अनुचित न होगा कि वैष्णव मन्दिरों में गाया जानेवाला वसन्त राग पुराने प्रकार का ही है और आजकल कितने ही कीर्तन-कार गायक हवेली में इस जमाने का वसन्त गाते हैं, जो कि परम्परा को हानि पहुँचाता है।

बहुत-से सज्जन मानते हैं कि धमार पक्की होरी है और होरी अथवा वसन्त-सम्बन्धी साहित्य ही धमार के लिए उपयुक्त है तथा धमार केवल एक ही प्रकार का हो सकता है, जिसकी चौदह मात्राएँ हैं और बोल 'क धि ट धि ट धा ऽ त कि ट कि ट ता ऽ' हैं। धमार के कितने प्रकार हैं और होरी के अतिरिक्त किन-किन प्रसंगों पर इनका प्रयोग होता है, यह केवल अनुमान-प्रमाण पर आधारित तार्किकों को हवेली-संगीत के अवलोकन से ज्ञात हो सकेगा। इसी प्रकार से कुछ लोगों की मान्यता है कि हवेली के मार्ग संगीत में केवल ध्रुवपद और धमार, ये दो ही प्रकार हैं। हवेली में गाए जानेवाले झूमरा आदि तालों में आजकल के खयाल से मिलते हुए पद इन्होंने सुने नहीं हैं। हवेली में ध्रुवपद गाने की शैली भी अलग ही है। पहले के गायक इस शैली को 'गोबरहारी बानी' कहते थे। इसके अतिरिक्त चाचर, होरी, रसिया आदि अन्य कई प्रकार भी हवेली-संगीत की परम्परा में हैं। इनके अतिरिक्त अष्टपदीय प्रबन्ध इत्यादि भी गाए जाते हैं। इस जमाने में प्रबन्ध और उसके प्रकार हवेली के बाहर और कहीं सुनने में नहीं आते।

हवेली-संगीत में देशी संगीत का भी कोई स्थान है? पुष्टि-मार्ग के वैष्णव-सम्प्रदाय में देशी गीतों का भी अपना विशिष्ट स्थान है। इस देशी संगीत में धवल-गीत या छोल को बहुत उच्च स्थान दिया जाता है। इसमें सूरदास, मीराबाई, नरसी, मेहता, दयाराम, कृष्णदास इत्यादि कई भक्तों का अमूल्य योगदान है। 'वैष्णव जन तो तेने कहिए' यह प्रभात-गान भी एक प्रकार का धवल-गीत ही है। 'श्रीमदभागवत' के उच्चतम पंचगीत—जैसे भ्रमर-गीत, युगल-गीत, वेणु-गीत, गोपी-संगीत और वेद-स्तुति की भाषाओं में गेय अनुवाद भी कहीं-कहीं गाए जाते हैं; जैसे ब्रज, मालवा, राजस्थान, गुजरात और अन्य प्रदेशों के वैष्णव-मन्दिरों में। गुजरात के वैष्णव-मन्दिरों के देशी संगीत के एक प्रकार 'धवल-गीत' का भी गुजरात के संगीत पर प्रचुर

प्रभाव है; उसी प्रकार यह निःसंकोच कह सकते हैं कि ब्रज, मालवा, राजस्थान वगैरह के लोक-गीतों की धुनों और चालों पर वैष्णव-संगीत का गहरा प्रभाव है। इसी प्रकार रास भी हवेली-संगीत की ही देन है। रास का गूढ़ अर्थ तो दूसरा ही है और वह जीवात्मा तथा परमात्मा को अनुबन्धित करता है, परन्तु लोक-जीवन में रास बालकृष्ण के नितान्त मधुर जीवन-प्रसंगों को गुम्फित करके रची गई एक उत्कृष्ट कला है। वैष्णव-सम्प्रदाय के अनुसार बालकृष्ण ने अपनी ग्यारह वर्ष और बावन दिन की आयु में गोकुल से मथुरा जा कर कंस को मारा, वहाँ तक उनका ईश्वरी रूप माना जाता है। इस तथ्य को जानने के पश्चात् ही वैष्णव-मन्दिरों में गाए जानेवाले गीत और पदों तथा इस सम्प्रदाय के आश्रय में उत्पन्न रास इत्यादि दूसरे प्रकारों का शुद्ध रूप से रसास्वादन किया जा सकता है। ठुमरी वगैरह मार्ग-संगीत के प्रकारों तथा कथक नृत्य पर वैष्णव-गीत एव रास का व्यापक प्रभाव है।

पुष्टि-मार्ग के संगीत-ग्रन्थों का अवलोकन करने से वीणा, स्वरमण्डल, वेणु, डफ, मंजीरा, करताल, पखावज, जलतरंग, सारंगी वगैरह वाद्यों का उल्लेख मिलता है। इसके अतिरिक्त रबाब, तथा सरोद के भी नाम पाए जाते हैं।

वैष्णव-मार्गीय कीर्तन ध्रुवपद, धमार, प्रबन्ध और खयाल से मिलते हुए झूमरा आदि तालों में मुख्यतः गाए जाते हैं। राग के गान समय की भी परम्परा आग्रहपूर्वक रखी जाती है।

'श्रीमद्भागवत' के पंचगीत—रास, रसिया, धवल-गीत वगैरह—देशी कीर्तन के अन्तर्गत माने जा सकते हैं।

वैष्णव-पद ही आज के पिछले तीन-चार-सौ साल पुराने उत्तरी हिन्दुस्तानी संगीत के प्रेरणा-स्रोत हैं और उन्हें यथासम्भव शुद्ध दशा में रखना प्रत्येक संगीत-प्रेमी का ध्येय होना चाहिए।

□□

प्रबन्ध के इतिहास में 'गीतगोविन्द' का स्थान

□ सुभद्रा चौधरी

सगुण-भक्ति-परम्परा में नवधा भक्ति के अंगों में 'श्रवण' और 'कीर्तन' का स्थान सर्वप्रथम और अत्यन्त महत्त्वपूर्ण है। प्रतीकबद्ध शास्त्र या किसी व्यक्ति के द्वारा उच्चारित-इनमें से किसी भी रूप में ईश्वर के बारे में जो-कुछ जाना जाता है, वह सभी श्रवण में आता है, क्योंकि पढ़ना या बोलना—यह सारा वाणी-व्यापार श्रव्य ही है। श्रवण के बाद उसे अन्य को सुनाना 'कीर्तन' है। केवल ढोलक, मँजीरा या चिमटा लेकर कीर्तन करना—यह इस शब्द का अभिप्रेत अर्थ नहीं है। आराध्य के गुणों को बार-बार कहना, सुनाना ही 'कीर्तन' है, जिसे भक्ति-परम्परा में 'गुण-गान', 'गुण-कीर्तन' आदि शब्दों से अभिहित किया गया है। यह केवल बोलकर या गाकर, किसी भी प्रकार किया जा सकता हे। ईश्वर के गुणों का गान वेदों से लेकर आज तक भक्ति-साहित्य में सदा से होता चला आया है; यथा—'तद्य इमे वीणायां गायन्त्येतं ते गायन्ति तस्मात्ते धनसनयः (छान्दोग्योपनिषद् १।७।६)—अर्थात् 'अतः जो लोग वीणा में गान करते हैं, वे उसी (परमात्मा) का गान करते हैं। इसी से वे धनवान् होते हैं।' वास्तव में ईश्वर के बारे में कोई नवीन उद्भावना नहीं की जाती, सभी-कुछ पहले से जाना हुआ होता है। इस जाने या कहे हुए को ही भक्त विविध रूप में बार-बार दुहराता है, इसीलिए कीर्तन को गुणानुवाद' भी कहा जाता है (अनु—बार-बार; वाद—कहना)। शब्दों के द्वारा या गेय रूप में यानी वर्णात्मिका अथवा नादात्मिका वाणी के द्वारा ईश्वर के बारे में कुछ जानना, कहना, सुनना, सुनाना—यह सगुण भक्ति की विशिष्टता है।

श्रवण और कीर्तन का मूल लोक-जीवन में है। मनुष्य अपने प्रिय व्यक्ति या वस्तु के बारे में जानने और सुनने के लिए सदा उत्सुक रहता है। जिसकी चाह होती है, उसका नाम सुनते ही कान खड़े हो जाते हैं; लेकिन जिसके प्रति कोई लगाव नहीं होता, उसके सम्बन्ध में लाउडस्पीकर की घोषणा भी कान में नहीं पड़ती। ईश्वर का जो रूप भक्त को प्रिय है, उसी रूप में वह आराधना करता है और भगवान् भी भक्त की भावना की रक्षा करने के लिए नितनवीन रूप धारण करते हैं। इसी लिए मुरलीधारी भगवान् कृष्ण की मूर्ति नेतुल सीदास जी के लिए तत्काल धनुर्धर राम-रूप धारण कर लिया। भक्त और भगवान् के बीच यह सम्बन्ध हमारे यहाँ सदा से माना गया है।

हृदय का आवेग शब्द की अपेक्षा स्वर के रूप में अधिक स्वाभाविक और तीव्र रूप में फूटता है। हर्ष, शोक, क्रोध, भय आदि बिभिन्न चित्तवृत्तियों को मूलतः शब्द नहीं, स्वर ही व्यक्त करते हैं। 'शोक का सागर उमड़ पड़ा', 'हर्ष की सीमा न रही,' 'क्रोध में उबलने लगा,' 'भय से पीला पड़ गया' आदि शब्द या वाक्य कहने पर भी इनमें निहित भावों की अभिव्यक्ति या अनुभूति नहीं होती। लेकिन उपयुक्त स्वरों का प्रयोग होने पर शब्दों के बिना भी, यानी केवल ध्वनि से, उन भावों की अभिव्यक्ति सहज रूप में होती है। इसीलिए वर्णात्मिका वाक् के स्थान

पर विशुद्ध नादात्मिका वाक् की भावाभिव्यक्ति में पूरी तरह सक्षम मानी जाती है और दोनों का योग सोने में सुगन्ध का प्रभाव उत्पन्न करता है। फिर भी क्रम की दृष्टि से यह कहा जा सकता है कि स्वर पहले फूटता है, शब्द बाद में।

स्वर की उत्पत्ति के मूल में काल है। नियमित और निचित् गति से निरन्तर होनेवाले कम्पन ही स्वर को उत्पन्न करते हैं, इसलिए स्वर के साथ लय अभिन्न रूप से सम्बद्ध मानी जाती है। लय में आवृत्ति की कल्पना से संगीत में ताल की उद्‌भावना होती है। आवृत्ति यानी क्रम का पुनरावर्तन सृष्टि में भी नित्य चलता रहता है, जिसका सबसे बड़ा उदाहरण दिन-रात का आवागमन है। बाल्य-यौवन-जरा, जन्म-मृत्यु, दिन-रात, ऋतुओं का क्रम—इनमें कभी विपर्यास नहीं होता, क्योंकि लय पर ही सृष्टि टिकी है।

स्वर और लय के साथ शब्द का योग होने पर ही गीत की सृष्टि होती है। इसी लिए भारतीय संगीत-शास्त्र के आद्य आचार्य महर्षि भरत का विधान है—'गान्धर्वं त्रिविध विद्यात् स्वरतालपदात्मकम्'। यही 'गान्धर्व' बाद में 'संगीत' कहलाया, जिसमें स्वर और ताल (लय) के साथ-साथ शब्द का योग अनिवार्य माना गया, अन्यथा वह 'निर्गीत' की संज्ञा पाता है। गीत के द्वारा अपने प्रिय या आराध्य के गुणों का गान करना 'कीर्तन' है। इस रूप में कीर्तन और संगीत का अविच्छेद्य सम्बन्ध है। गीत को निश्चित् आकार और परिष्कृत रूप देने पर 'प्रबन्ध' की रचना होती है। इस रूप में यानी स्वर-ताल-पद इन मुख्य अवयवों के कारण 'कीर्तन', भरत मुनि का 'गान्धर्व' और 'संगीत रत्नाकर' का 'संगीत' लगभग समान कहे जा सकते हैं। 'प्रबन्ध' के भी यही तीन मुख्य तत्त्व हैं, यह आगे स्पष्ट किया जाएगा।

'संगीत-रत्नाकर' में 'गीत' के दो भेद—'गान्धर्व' और 'गान'—कहे गए हैं तथा 'गान्धर्व' को 'मार्ग' के और 'गान' को 'देशी' के समकक्ष रखा गया है। 'गान' दो प्रकार का कहा है, 'निबद्ध' और 'अनिबद्ध'। निबद्ध की परिभाषा इस प्रकार है—'बद्धं धातुभिरङ्गैश्च निबद्धमभिधीयते'; अर्थात् धातु और अंगों से बंधा हुआ 'निबद्ध' कहा जाता है। निबद्ध की तीन संज्ञाएँ हैं—प्रबन्ध, वस्तु और रूपक। इन तीन शब्दों की प्रवृत्ति का निमित्त पार्श्वदेव ने 'संगीतसमयसार' में यह दिया है ;—

चतुर्भिर्धातुभिः षड्भिश्चाङ्गैर्यस्मात्प्रबध्यते। तस्मात्प्रबन्धः कथितो गीतलक्षणकोविदैः॥
रामाद्यारोपणे नेतुः स्यादस्मिन्नूपकाभिधा। उद्ग्राहाद्यास्तु चत्वारि स्वरादीन च षट् तथा॥
वसन्ति यत्र तज्ज्ञेयः प्रबन्धो वस्तुसंज्ञया।

चारों धातुओं और छहों अंगों से बँधा होने के कारण 'प्रबन्ध' (प्र—विशेष रूप से; बन्ध—बँधा हुआ) कहलाता है। राम आदि अनुकार्य (जिसका अनुकरण किया जाए) का नेता (पात्र या अभिनेता) पर आरोप होने के कारण 'रूपक' कहलाता है। 'उद्ग्राह' आदि चार धातुएँ और 'स्वर' आदि छह धातुएँ इसमें रहती हैं (वसन्ति), इसलिए 'वस्तु' संज्ञा होती है।

प्रबन्ध का अवयव 'धातु' है, जो चार प्रकार की होती है—१. उद्ग्राह—प्रथम धातु, जो गीत का ग्रहण कराती है। २. मेलापक—उद्ग्राह और ध्रुव, इन दो धातुओं को मिलाने के

कारण 'मेलापक' कहलाती है । ३. ध्रुव—इसकी परिभाषा 'ध्रुवत्वाच्च ध्रुवः' है, यानी नित्य रहने के कारण 'ध्रुव' कहलाती है । गीत का जो अंश बार बार दुहराया जाता है (जिसे आज की भाषा में 'टेक' कहा जाता है), वही ध्रुव है । ४. आभोग—अन्तिम धातु है जिसका अर्थ परिपूर्णता लानेवाली है। सालगसूड नामक प्रबन्धों में 'अन्तरा' नामक धातु भी होती है । उपर्युक्त चार में से उद्ग्राह और ध्रुव के बिना प्रबन्ध नहीं बनता, शेष दो के लिए विकल्प है। जैसे शरीर के धारण का कारण धातु है, उसी प्रकार 'संगीत-रत्नाकर' में प्रबन्ध-रूपी देह के लिए ये धातुएँ कही गई हैं। दो धातुओं के रहने पर द्विधातुक, तीन होने पर त्रिधातुक और चारों के रहने से चतुर्धातुक प्रबन्ध कहलाता है। आज की 'बन्दिश' को प्रबन्ध के लगभग समान कहा जा सकता है। 'बन्दिश' में आम तौर पर एक 'स्थायी' और एक या अधिक 'अन्तरे' होते हैं। 'स्थायी' की प्रथम पंक्ति हर खण्ड के बाद दुहराई जाती है। यह पंक्ति 'ध्रुव' के समकक्ष मानी ज सकती है। 'अन्तरा' को 'आभोग' के समकक्ष रखा जा सकता है, जो सालगसूड़ों की 'अन्तरा' नामक धातु से भिन्न है; क्योंकि 'अन्तरा' नामक धातु 'ध्रुव' और 'आभोग' के बीच में (अन्तर में) होने के कारण 'अन्तरा' कहलाती है, लेकिन बन्दिश का अन्तरा अन्त में होता है।

जिस प्रकार शरीर में अंग होते हैं, उसी प्रकार प्रबन्ध-रूपी शरीर में छह अंग हैं—स्वर विरुद, पद, तेन, पाट और ताल । शार्ङ्गदेव ने इनमें से 'मंगल अर्थ के प्रकाशक' होने के कारण 'पद' और 'तेन' को नेत्रस्थानीय, हाथों से उद्भव होने के कारण 'पाट' और 'विरुद' को हस्तस्थानीय तथा प्रबन्ध की गति के हेतु होने के कारण 'स्वर' और 'ताल' को पादस्थानीय कहा है । इनमें से स्वर, पद और ताल तो स्पष्ट ही है। वर्ण्य व्यक्ति या देवता आदि के गुण-नाम यानी विशेषण पद 'विरुद' है। ब्रह्म के वाचक 'ओं तत्सत्', 'तत्त्वमसि' आदि पद 'तेन' कहलाते हैं। वाद्यों में उत्पन्न होनेवाले अक्षर 'पाट' कहे जाते हैं। इन छह अंगों में से कम-से-कम दो अंगों का होना प्रबन्ध के लिए आवश्यक है। स्वर और ताल अनिवार्य हैं। उपर्युक्त छह अंगों में 'विरुद', 'तेन' और 'पाट', ये तीन तत्त्व 'पद' के ही विशिष्ट रूप है। इससे प्रकट है कि प्रबन्ध के छह अंगों में भी 'पद' तत्त्व को सबसे अधिक प्रमुखता दी गई है । शेष दो तत्त्व स्वर और ताल हैं ।

प्रबन्ध के इतिहास में जयदेव के 'गीतगोविन्द' का मूल्यांकन करने के लिए प्रबन्ध का यह परिचय आवश्यक समझकर दिया गया है। संगीत की दृष्टि से 'गीतगोविन्द' पर अभी तक विशेष कार्य प्रकाश में नहीं आया है, यद्यपि इस प्रकार का कार्य अपेक्षित है, जो संगीत के लिए अत्यन्त मूल्यवान् सिद्ध हो सकता है। प्रस्तुत लेख में प्रबन्ध की दृष्टि से ही 'गीतगोविन्द' पर विचार करने का अल्प प्रयास किया गया है।

रसिक-शिरोमणि कविवर जयदेव के जन्म-स्थान, जन्म-तिथि, प्रारम्भिक जीवन आदि के बारे में पूर्णतः प्रामाणिक सामग्री के उपलब्ध न होते हुए भी लगभग सभी उनका काल ११-वीं सदी मानते है। साथ ही यह स्वीकार्य है कि उनके जीवन का महत्त्वपूर्ण भाग किन्दुबिल्ब में बीता तथा जगन्नाथपुरी के पास रहते हुए ही पद्मावती से उनका विवाह हुआ और उसके बाद ही उन्होंने 'गीतगोविन्द' की रचना की।

'गीतगोविन्द' बारह सर्गों में विभक्त है। इन सर्गों में कुल मिलाकर चौबीस गीत हैं। प्रत्येक गीत में आठ कड़ियाँ यानी पद हैं। आठ पद होने के कारण ही प्रत्येक गीत 'अष्टपदी' कहलाता है। श्री कृष्ण और राधा की प्रेम-लीला का चित्रण इन गीतों में हुआ है। मुख्य पात्र कृष्ण, राधा और उनकी लीला-सहचरी सखियाँ है। कृष्ण, राधा या राधाकी सखी की उक्तियाँ ही गीतों में निबद्ध हैं। सभी गीत अल्पाधिक मात्रा में एक-दूसरे से सम्बद्ध हैं तथा जहाँ गीतों में सीधे सम्बन्ध नहीं जुड़ता, वहाँ पूरक कड़ी के रूप में कवि ने श्लोक रचकर उस कमी को पूरा कर दिया है। ये श्लोक , जो संख्या में लगभग ९२ हैं, गीतों से पहले हैं। इस प्रकार सम्पूर्ण 'गीतगोविन्द' में कथा-प्रवाह अवश्य है भले ही वह कितना ही शिथिल क्यों न हो। जयदेव संस्कृत में कोमलकांत पदावली की रचना के प्रवर्तक माने जाते हैं। अत्यन्त श्रवण-मधुर ललित पदों का विन्यास और सर्वत्र व्याप्त अनुप्रास की छटा से उत्पन्न ध्वनि-सौंदर्य जैसा 'गीतगोविन्द' में है, सम्भवतः वैसा अन्य किसी कवि के काव्य में नहीं है।

भागवत आदि पुराणों में गूढ़ या प्रकट रूप से वर्णित राधा-कृष्ण की नित्यलीला ही 'गीतगोविन्द' का मुख्य विषय है। लेकिन उसमें जयदेव से पहले से साहित्य में रची आ रही राधा-कृष्ण-लीला का ही व्यवस्थित प्रसार है। राधा-कृष्ण का प्रेम अधिकांश स्थलों पर इतना लौकिक हो गया है कि उनके देवत्व में सन्देह होने लगता है। लौकिक प्रेम के चित्रण में पूर्ववर्ती कवियों ने जो विदग्धता दिखाई, वही जयदेव ने राधा-कृष्ण के अलौकिक व्यक्तित्व का आलम्बन लेकर दिखाई है। राधा के प्रेम में वैसी गंभीरता और उत्कर्ष नहीं है, जो 'गीतगोविन्द' से प्रभावित चंडीदास की राधा में है। फिर भी, चूँकि जयदेव वैष्णव भक्त थे, इसलिए यही माना जाता है कि उन्होंने जो-कुछ भी वर्णन किया, वह सब भक्त की दृष्टि से, राधा-कृष्ण-लीला के दर्शक आस्वादक के रूप में किया है।

'गीतगोविन्द' की रचना से पहले का गेय प्रबन्धों का कोई नमूना आज प्राप्त न होने के कारण प्रबन्ध-गान-परम्परा में इसी को प्राचीनतम माना जाता है। 'बृहद्देशी' के प्रबन्धाध्याय में ४८ प्रकार के प्रबन्धों का निरूपण किया गया है, लेकिन उसके अनुसार गाए जाने वाले प्रबन्धों का कोई उदाहरण नहीं मिलता। उसमें स्वर, पद, पाट, ताल आदि प्रबन्ध के छह अंग तो हैं, लेकिन उद्ग्राह, ध्रुव आदि धातुओं का उल्लेख नहीं है। 'गीतगोविंद' मिश्र-सूडप्रबंध माना जाता है, जिसमें परवर्ती पद-साहित्य की लगभग सभी विशेषताओं का मूल है। गीत के हर खण्ड के बाद दुहराई जाने के कारण 'रत्नाकर' आदि में वर्णित धातु 'ध्रुव' और हिंदी-पदावली-साहित्य में कहलानेवाली 'टेक' का रूप जयदेव की अष्टपदियों में ज्यों-का-त्यों मिलता है। हाँ, 'गीतगोविन्द' में इस टेक से पहले भी छोटा-सा पद रहता है, जो सम्भवतः 'रत्नाकर' की उद्ग्राह धातु-जैसा ही अंश हो। 'गीतगोविंद' के एक-दो प्रसिद्ध उदाहरणों के द्वारा यह स्पष्ट हो जाएगा। प्रथम सर्ग में वसन्त राग और यति ताल में निबद्ध अष्टपदी का प्रथम पद इस प्रकार है :

ललितलवङ्गलतापरिशीलनकोमलमलयसमीरे ।
मधुकरनिकरकरम्बितकोकिलकूजितकुञ्जकुटीरे ।।

विहरति हरिरिह सरसवसन्ते ।
नृत्यति युवतिजनेन समं सखि विरहिजनस्य दुरन्ते ।।

इस पद में दो पंक्तियाँ उद्ग्राह और 'विहरति हरिरिह सरसवसन्ते' पंक्ति ध्रुव कही जा सकती है, क्योंकि यही पंक्ति हर कड़ी के बाद दुहराई जाती है। इसी प्रकार इसी सर्ग में 'जय-जय देव हरे' ध्रुववाली अष्टपदी को भी समझा जा सकता है, जिसमें हर कड़ी के बाद यह अंश दुहराया जाता है।

प्रबन्धों की शेष दो धाराएँ मेलापक और आयोग शास्त्र-ग्रन्थों में कही गई हैं। 'गीतगोविन्द' में मेलापक के समकक्ष कोई तत्त्व प्राप्त नहीं होता; क्योंकि मेलापक का स्थान उद्ग्राह और ध्रुव के बीच में रहता है और अन्त में आभोग होता है। 'गीतगोविन्द' की टेक को ध्रुव और उससे पहले के अंश को उद्ग्राह माना जा सकता है, लेकिन मेलापक नहीं। यों मेलापक के प्रबन्ध में रहने या न रहने के बारे में शास्त्र में भी विकल्प है। अष्टपदी की शेष कड़ियाँ आभोग कही जा सकती हैं। फिर भी विषय में प्रवेश कराने की दृष्टि से जहाँ कवि ने अष्टपदी से पहले कुछ श्लोक भी लिखे हैं, उन स्थलों में श्लोकों, उद्ग्राह तथा इन श्लोकों और टेक के बीच के पदांशों को मेलापक के रूप में समझा जा सकता है। इस प्रकार 'गीतगोविन्द' त्रिधातुक अथवा चतुर्धातुक सूडप्रबन्ध का उत्कृष्ट नमूना कहा जाता है। स्वर, पद और ताल मुख्य रूप से तथा बिरुद गौणरूप से इसके अंग हैं।

ऐसा कहा जाता है कि अपने आराध्य के सम्मुख जयदेव 'गीतगोविन्द' के पदों को गाते थे और उनकी पत्नी पद्मावती साथ में साभिनय नृत्य करती थीं। आज भी उड़ीसा के मन्दिरों में 'गीतगोविन्द' का साभिनय गान उसी प्रकार होता है। यद्यपि यह सम्भव है कि कालांतर से कुछ परिवर्तन गान-शैली में आए हों। दक्षिण-भारत में भी कहीं-कहीं 'गीतगोविन्द' का साभिनय गान वेश-भूषा-सहित होता है। उड़ीसा में इसे पूरा एक साथ गाया जाता है। अंशों का गान अपराध समझा जाता है। यद्यपि संगीत के क्षेत्र में इसके अंशों को गाने की परम्परा भी है। अब्दुल करीम खाँ इसे अत्यन्त भावपूर्ण ढंग से गाते थे। इस प्रकार नाटक न होते हुए भी इसमें नाटकीय तत्त्व होने के कारण इसे प्रबन्ध के साथ-साथ उत्तम श्रेणी का गीति-नाट्य भी माना जाता है तथा साहित्य-रसिकों को यह जितना प्रिय रहा है, उतना ही संगीत-मर्मज्ञों को भी।

'गीतगोविन्द' के सारे गीत अलग-अलग राग और अलग-अलग तालों में गाए जाते हैं। राग-ध्यान-परम्परा के प्रभाव से इनमें प्रयुक्त रागों के राग-ध्यान भी प्रत्येक पद से पहले गाने का प्रचलन है। लेकिन यदि गीतों को गाया न भी जाए, केवल पढ़ा जाए, तो भी उनकी छंदोबद्धता और पदों के अन्त में तुक मिलने के कारण संगीतमयता बनी रहती है। पद-माधुर्य के साथ-साथ ध्वनि-माधुर्य भी इसमें इतना है कि बिना गाए भी संगीत-तत्त्व नष्ट नहीं होता।

'गीतगोविन्द' पर 'संगीतराज' के रचयिता महाराणा कुम्भा ने 'रसिकप्रिया' टीका लिखी थी, जो निर्णय-सागर प्रेस, बम्बई से प्रकाशित हो चुकी है। इसमें 'गीतगोविन्द' के राग, ताल, छन्द आदि पर प्रकाश डाला गया है और संगीत पर विचार करनेवाली एकमात्र टीका मानी जाती है। इस टीका का लिखा जाना 'गीतगोविन्द' के महत्व का परिचायक है। जयदेव के काल में ही उदयन ने एक टीका लिखी थी। श्री वल्लभाचार्य जी के पुत्र गोस्वामी विट्ठलनाथ जी ने

भी प्रथम अष्टपदी पर रसमय टीका लिखी और दशावतार वर्णन का शृंगारपरक अर्थ लगाया।

परवर्ती काल के प्रबधों पर 'गीतगोविंद' का प्रभाव दो रूपों में पड़ा—१. वैष्णव पद-साहित्य की पद-शैली के रूप में और २. 'गीतगोविंद' के ही नमूने पर लिखे गए प्रबंधों के रूप में। ध्रुवपद-साहित्य के अलावा जिस पद-साहित्य का निर्माण हुआ, उसमें विद्यापति, चंडीदास, सूरदास और नन्ददास आदि अष्टछाप के कवियों की तथा अन्य भक्त गायक कवियों की रचनाएँ सम्मिलित की जा सकती हैं, उन-सभी पर 'गीतगोविन्द' का प्रभाव है। एक टेक और अन्त में तुक मिलती हुई कड़ियों से युक्त गीतों या पदों की रचना में 'गीतगोविन्द' का ही रूप मिलता है। संस्कृत के वैष्णव कवियों ने भी संस्कृत में इसी प्रकार के पद लिखे।१५-वीं और १६-वीं सदी में तो ऐसे पदों की बाढ़ ही आ गई। बंगाल के चैतन्य-सम्प्रदाय, ब्रज तथा राजस्थान के वैष्णव-संप्रदाय, दक्षिण के आलवार-संप्रदाय—सभी ने इसी शैली में पदों की रचना की। ध्रुवपद-साहित्य अवश्य इसका अपवाद कहा जा सकता है, क्योंकि इनमें तुक होते हुए भी काव्य की दृष्टि से ये छंदोबद्ध नहीं थे। वे ऐसे गेय पद थे, जिनमें छन्द की कमी को ताल के अनुसार पदों के कर्षण से यानी लंबा करके पूरा कर लिया जाता था।

दूसरे प्रकार के प्रबंध वे थे, जो 'गीतगोविंद' की ही शैली पर लिखे गए। इनमें 'गीत-गिरीश' नामक रचना का उल्लेख किया जाता है। सुन्दर होते हुए भी इसका 'गीतगोविंद' से कोई मुकाबला नहीं। शंकर को लेकर नेजराज कवि ने 'संगीत-गंगाधरम्' की रचना की। इसमें 'गीतगोविंद' के राधा-कृष्ण की तरह शंकर-पार्वती की प्रेम-लीला का वर्णन तो है ही, लेकिन कृष्ण की तरह शंकर भी रसिक रूप में चित्रित किए हैं। किसी भी पुराण-परंपरा के अनुरूप शंकर का प्रेम केवल पार्वती में केन्द्रित न दिखाकर अनेक रमणियों में बँटा हुआ दिखाकर कवि ने औचित्य का उल्लंघन किया है। दक्षिण के श्री नारायणतीर्थ ने 'कृष्णलीला-तरंगिणी' लिखी। किन्तु यह कहा जा सकता है कि इनमें से कोई रचना 'गीतगोविंद'-जैसी ख्याति प्राप्त न कर सकी।

महाराणा कुम्भा ने 'अभिनय गीतगोविन्द' की रचना की थी, जो प्राप्त नहीं होती। लेकिन 'रसिकप्रिया' टीका में कुम्भा के स्वरचित २ प्रबंध उपलब्ध हैं। इनसे ऐसा अनुमान होता है कि 'गीतगोविन्द' के २४ गीतों के आधार पर २४ मिश्र सूडप्रबंधों की कल्पना करके इन सूडप्रबन्धों की रचना की गई है और उन सभी को अलग-अलग नाम दिए गए हैं। इन प्रबंधों के नामों और प्रबंध के विषयों में परस्पर संबंध दिखाई देता है। ये प्रबन्ध-नाम जयदेव-कृत 'गीतगोविन्द' के गीतों के विषय से भी जुड़े हुए लगते हैं। उदाहरणार्थ—कुम्भा कृत 'दशावता-रकीर्तिधवलः' संज्ञक प्रबंध 'गीतगोविन्द' की 'जय जगदीश हरे' अष्टपदी के विषय से, 'हरिवि-जयमंगलाचार' 'जय-जय देव हरे' अष्टपदी से और 'माधवोत्सवकमलाकरः' 'विहरित हरिरिह सरसवसन्ते' अष्टपदी से मिलते-जुलते है; यद्यपि इन प्रबंधों के राग-ताल और उन प्रबंधों से मिलती अष्टपदियों के राग-ताल में काफी अन्तर है। संभवतः 'गीतगोविन्द' के नमूने पर ही 'अभिनव गीतगोविन्द' की रचना हुई होगी।

इन सब दृष्टियों से यह कहा जा सकता है कि राधा-कृष्ण के प्रेम-वर्णन में वासना का उद्दाम वेग और शील का त्याग होते हुए भी पद-लालित्य, पद, स्वर और ताल के अदभुत संगम और प्राचीन प्रबंधों की गान-परंपरा के नमूने के रूप में जयदेव का 'गीतगोविन्द' संस्कृत-साहित्य में सीधे और हिन्दी-साहित्य में भी अपने उत्कट प्रभाव के कारण अनुपम स्थान रखता है। उसके गेयांश का अध्ययन संगीत के अनुसन्धानकर्ता के लिए बड़ा रोचक और संगीत के इतिहास की दृष्टि से अत्यन्त उपयोगी सिद्ध हो सकता है।

□□

सूरदास का संगीत-पक्ष

□ प्रपन्नाचार्य

'श्रीमद्भागत' की प्रेमपयस्विनी, 'गीतगोविन्द' की कोमलकान्त सरस्वती, विद्यापति की सरस पदावली और मीरा की संगीत-मन्दाकिनी के मुखरित होने के समय से लेकर आज तक न जाने कितने कवियों ने गोविंद-गुणगान किया, न जाने कितने प्रेमी सन्तों और संगीतज्ञों ने श्याम-मूर्ति को नयवों में धारण किया; पर सूर के उन सधे हुए संगीत के स्वरों की बात ही कुछ निराली है, जिनके हृदय से वह श्याम मूर्ति छिन-भर भी इधर-उधर नहीं गई—**'चलत चितवत, दिवस जागत, सुपन सोवत रात। हृदे ते वह स्याम मूरति, छिन न इत-उत जात।'** सूरदास भक्ति की पुन्य भूमि पर संगीत की दिव्य साधना कर रहे थे। उन्होंने अपना अस्तित्व हरि-गुण-गान में लीन कर दिया था। 'सोई रसना, जो हरि-गुण गावे' के विश्वासी इसी दिव्य कवि और संगीतज्ञ के लिए 'सौ बातन की एकै बात' यही थी कि उसने अपने पदों के द्वारा 'हरि-हरि-हरि-हरि सुमरिन करौ' के आधार पर सगुण लीला के पदों का गायन किया और इस काव्यमय संगीत को हरि-चरणारबिंदों में अर्पित करके शास्त्रीय संगीत को दिव्य रूप प्रदान किया।

सूरदास भक्त कवि होने के साथ कीर्तनकार भी थे। उन्होंने संगीत-कला को भक्ति के आध्यात्मिक लोक में प्रवेश कराया। कवि वे कीर्तन के अन्तर्गत भगवान् की लीला तथा नाम का कथन अनियमित स्वरों से नहीं किया, वरन् उसे शास्त्रीय संगीत का रूप दिया। संगीत का प्रभाव जीव-मात्र पर समान रूप से पड़ता है। मनुष्य ही नहीं, पशुओं को भी यह अत्यन्त प्रभाबित कर देता है। मन की चंचल वृत्तियाँ संगीत के रस में मग्न होकर केवल श्रवणेन्द्रिय-शक्ति में ही केन्द्रीभूति हो जाया करती हैं मन एकदम अन्य विषयों से हठ कर एक बिचित्र आह्लादिनी स्थिति में तल्लीन हो जाता है। इसी कारण सूरदास ने कीर्तन के रूप में इस मधुर कला को मन का निरोध करने के साधन के रूप में अपनाया। सूरदास ने बारहवीं शताब्दी से चले आ रहे, संस्कृत-कवि जयदेव के कृष्ण-भक्तिपूर्ण संगीत को अपने समय में शुद्ध शास्त्रीय रूप दिया। यही कारण है कि उस काल के एक कवि ने सूरदास के संगीत-ज्ञान के विषय में लिखा है :--

हाथ सितारों सुर करयो, मुख में मधुरा बोल। कान्हरे के रंग में, सूरदास को चोल।।

सूर के संगीत का वह समय था, जबकि अकबर के दरबार में तानसेन, बैजू और बाबा रामदास अपनी अलौकिक प्रतिभा द्वारा संगीत को एक दिव्य और अनुपम कला का रूप प्रदान कर रहे थे। ब्रज में निबास करने के कारण स्वामी हरिदास की स्वर-लहरी और गायन-पद्धति का भी सूरदास जी को अवश्य ज्ञान होगा। एक स्थान पर तो वे अपनी संगीत कला के ज्ञान के कारण तानसेन की तान पर दाद देते हैं :—

विधिना अस जिय जानके सेसहि दिए न कान। धरा-मेरु सब डोलते तानसेन की तान।।

सूरदास ने अपनी रचना में भी स्वयं को एक कवि के साथ ही संगीतज्ञ होना भी स्वीकार किया है। उन्होंने दोहे तथा कवित्त भी राग-रागिनियों में बाँधे हैं। अतः हम कह सकते हैं कि सूरदास काव्य और भक्ति के क्षेत्र में आने से पूर्व अवश्य ही एक अच्छे संगीतज्ञ रहे होंगे।

इस संगीत के तीनों पक्षों को सूरदास ने अपनी रचना में प्रस्तुत किया है। पद में 'नाट्य शास्त्र' के अनुसार नृत्य के बोलों का एक टुकड़ा, जो कि आधुनिक कथक नृत्य-प्रणाली में आता है; अत्यन्त सुन्दरता के साथ प्रयुक्त किया गया है :—

घोष नागरी-मंडल-मध्य नाँचत गिरधारी लाल, लेत गति अनेक भाँत चरन पटकनी।
गिडगिडता गिडगिडता तातातत तातत थेई थेई, बीच-बीच मधुर-मधुर मुरलिका मटकनी॥
भुज सों भुज जोरि-जोरि लेत तान नवकिशोर, गावत श्री राग मिलि ग्रीव लटकनी।
'सूरदास' प्रभु सुजान, नँदनन्दन कुँवर कान्ह, मदनमोहन छबि निरखि काम सटकनी॥

इस पद में मुरली-वादन, नृत्य के बोल और श्री राग के स्वर एक साथ मुखरित हो उठे हैं। सूर ने संगीत के आरोह में सप्त स्वरों की प्रधानता को स्वीकार किया है। पद है :—

नँदनन्दन सुघराई, मोहन वंसी बजाई। स रि ग मा प ध नी सा में सप्त सुरनि गाई।
अतीत-अनागत संगीत बिच तान मिलाई। 'सूर' ताल-नृत्य ध्यायो, पुनि मृदंग बजाई॥

संगीत-शास्त्र के अनुसार षड्ज, ऋषभ, गान्धार, मध्यम, पंचम, धैवत और निषाद, ये सात स्वर हैं। इनमें से पाँच स्वरों (रे, ग, म, ध, नि) को तीव्र और कोमल बनाकर राग-रागिनियों की सर्जना होती है। 'संगीत-पारिजात' में सप्त स्वरों के विषय में विस्तार से लिखा है। निःशंक शार्ङ्गदेव ने लिखा है:—

तेषां संज्ञा: सरिगमपधनीत्यपरा मता।

कृष्ण का वंशी वादन राग की प्रस्तावना थी; स्वरों का आन्दोलन राग का रूप उपस्थित करना था। तदनन्तर ताल-स्वर के साथ जब नृत्य प्रारम्भ हुआ, तब मृदंग-वादन प्रारम्भ हुआ। कवि का यह वर्णन उनके पूर्ण संगीत-ज्ञान का परिचायक है। 'सूरसागर' और रासलीला के अनेक पदों में तथा 'सारावली' के निम्न पद में सूर ने राग और रागिनियों के नाम लिखे हैं :—

ललिता ललित बजाय रिझावत, मधुर बीन कर लीने।
ज्ञान प्रभात राग पंचम पट मालकोस रसभीने॥

एक अन्य पद में छत्तीस प्रधान रागिनियों के नाम कवि ने बड़ी कुशलता के साथ चित्रित किए हैं। 'संगीत-रत्नाकर' के आधार पर सूर ने भी छह राग और छत्तीस रागिनियों को प्रधानता दी है। महारास के समय का निम्नलिखित पद भी सूर के संगीत-ज्ञान का स्पष्टीकरण करता है। इसमें आलाप, मृदंग के बोल, वाद्यों के नाम तथा नृत्य के टुकड़े अत्यन्त स्वाभाविक रूप से चित्रित किए गए हैं :—

(ए, ए, ए, ए, ए, ए) नँदनन्दन नचत सुढंग, नचत सुढंग।
वृन्दावन जमुना-तट, अमित मनमथ मद-बिमरदन,
सघन कुन्जन मन्जु अभिनव जलज सुन्दर अंग॥
(ए) तन दिपत दामिनी द्युतिकारी सुख सुधाकर मानहारी।
भृकुटी कुटिल कटाच्छ-सृजत चपल नैन कुरंग॥
(ए) संग गोपिन बीच राजत, भूषन मनिमय किरन झपकत।
स्रवन कुण्डल गंड-मंडित, सुभग वसन सुरंग॥

भरत के अनुसार वाक्य, वर्ण, गान-क्रिया, अलंकार के यति, वाणी और लय जहाँ ध्रुव-रूप में परस्पर सम्बन्धित रहें, उन गीतों को 'ध्रुवा' कहा गया है। 'ध्रुवा' गीत में गाए

जानेवाले पद बाद में 'ध्रुवपद' कहलाए जाने लगे। अतः सूर के बहुत-से पदों को पद न कहकर 'ध्रुवपद' कहना युक्तियुक्त होगा। इनकी लम्बी शब्द-योजना और यति के विलक्षण प्रकार से स्पष्ट हो जाता है कि ये पढ़ने के लिए नहीं, केवल ध्रुवपद गाने के लिए लिखे गए हैं। ध्रुवपद के गायन में बिना पुनः श्वास लिए जैसा लम्बा स्वर का साधन करना पड़ता हैं, उसके अनुकूल शब्द-योजना के लिए लम्बी-लम्बी पंक्तियाँ अधिक उपयुक्त होती हैं। इनका प्रत्येक भाग, ध्रुवपद-संगीत के शास्त्रीय नियमानुसार स्थायी, अन्तरा, संचारी और आभोग, इन चार खंडों में बँटा रहता है। अतः सूर के कुछ पद पढ़ने में कुछ अटपटे रहते हैं और वे ही किसी ध्रुवपद-गायक के मुख से सुनने में अद्‌भुत शक्ति और प्रवाह से भरे ज्ञात होते हैं। साधारण पाठक को इनकी गमक और नाद-सौन्दर्य का यत्किंचित आभास भी तभी हो सकता है, जब इन्हें ध्रुवपद की लय में पढ़ा जाए। इन शब्दों की इस विलक्षणता के कारण ही इनके लिए 'पद' शब्द का प्रयोग न करके 'ध्रुवपद' शब्द का प्रयोग किया है। इन छन्दों के लिए 'ध्रुवपद' शब्द का प्रयोग पहले कब से प्रचलित था, नहीं कहा जा सकता; किन्तु मानसिंह और अबुलफजल ने ध्रुवपद के विषय में लिखा है। अबुलफजल ने ध्रुवपद को आगरा और ग्वालियर से तथा विष्णुपद को मथुरा से प्रचलित बताया है। ब्रज में ध्रुवपद का प्रयोग बाहर से आनेवाले संगीतज्ञों और महात्माओं द्वारा प्रचलित किया गया; जो कालान्तर में 'विष्णुपद' के नाम से विख्यात हो गया होगा। स्वामी हरिदास की रचनाओं में भी ध्रुवपद के साथ विष्णुपद की चर्चा की गई है। सूरदास जी का यह पद ध्रुवपद के पूर्ण लक्षणों से युक्त है। कीर्तन,पुस्तकों में दिया हुआ यह ध्रुवपद, ताल-स्वर-युक्त पुष्टिमार्गीय मन्दिरों के कीर्तनियों द्वारा सुचारु रूप से गाया जाता है :—

बनी सहज यह लूट हरिकेलि गोपिन के, सुपने यह कृपा कमला न पावै।
निगम निर्धार त्रिपुरारि हूँ विचारि रह्यो, पचि रह्यो शेष नहिं पार पावै॥

यह निर्विवाद सत्य है कि वर्तमान शास्त्रीय संगीत का रूप अनादि काल से चली आती हुई नाद-ब्रह्म की उपासना का रहा है। याज्ञवल्क्य ने कहा है, "स्वर-जाति-प्रमाणज्ञ वीणा-वादन में तत्पर और तालज्ञ व्यक्ति को मोक्ष प्राप्त होता है।" कालान्तर में संगीत आदि ललित कलाओं की उपासना मोक्षार्थी और कामार्थी, दो प्रकार के व्यक्तियों द्वारा होने लगी। मोक्षार्थी व्यक्ति उनके द्वारा एकाग्रता प्राप्त करके ब्रह्म में लीन होने का प्रयत्न करेगा, जबकि कामार्थी व्यक्ति संगीत-साधना द्वारा अपने प्रेम-पात्र की वासनाओं को जगाने में जुट जाएगा। स्पष्ट है कि इन दोनों वर्गों का लक्ष्य भिन्न होने तथा इन दोनों की संगीत-साधना में अन्तर होने के कारण इनमें संगीत के रूप सर्वथा विभिन्न कोटियों के होंगे पहले मार्ग का साधन और साध्य नाद-ब्रह्म है। उसकी उपासना समस्त देवताओं की उपासना है। महात्मा सूरदास का ऐसा ही दिव्य संगीत था आज भी सूर की रचनाएँ एक ओर बड़े-बड़े संगीतज्ञों द्वारा ठुमरी, खयाल, ध्रुवपद और धमार के रूप में गाई जाती हैं, तो दूसरी ओर साधारण सस्वर पाठ करनेवाले व्यक्ति उस स्वर-माधुरी को बड़ी सरलता के साथ आनन्दित होकर गा लेते हैं। अतः हम स्पष्ट रूप से कह सकते हैं कि वर्तमान ब्रज का संगीत मध्यकालीन भक्त कवि संगीतज्ञों की देन है, जो आज तक रासमंडलियों द्वारा तथा कीर्तन के रूप में अपने स्वतन्त्र विशुद्ध रूप को अपनाए हुए है। एक ओर स्वामी हरिदास ने तानसेन-जैसे शिष्य उत्पन्न कर दरबारी संगीत को कला के वैभव से पूर्ण किया, दूसरी ओर

अष्टछाप के भक्त कवियों ने, जिनमें सूरदास प्रधान थे, देवालयों और धार्मिक क्षेत्र को संगीत की अमरावती प्रदान की, जो अपने रूप की अमर कला है। आज भी ब्रज-प्रदेश में सूर के पद की यह मल्हार, रागिनी के शुद्ध स्वरूप को उपस्थित करती हुई, विशुद्ध भावों की सृष्टि करती है :—

बरसे मेहा मन्द-मन्द ।
कुसुमी चोर अंग पै भीजै, निरखि हँसे नन्द-नन्द ।।
मुरि मुसकाय चली फिर सकुची, कर दै आनन्द-चन्द ।
'सूर' स्याम पट पीत उँढ़ावत, पुलकत आनन्द-कन्द ।।

□□

स्वाति तिरुनाल के भक्तिरस-भरे कीर्तन

☐ विद्वान् के० नारायणन्

भारतीय संगीत का सदा ही ईश्वर-भक्ति से गहरा सम्बन्ध रहता आया है। यहाँ अनेक संगीतज्ञ एवं वाग्गेयकार हुए हैं, जिन्होंने संगीत को मात्र एक कला की दृष्टि से नहीं, अपितु ईश्वर-प्राप्ति का भी उत्तम साधन मानकर उसे अपने जीवन का अनिवार्य अंग बना लिया था। सन्त गायक तो ऐसी गहरी भगवत्-भक्ति में सराबोर होकर गाते थे कि उस अवस्था में वे भगवान् से तादात्म्य का अनुभव करते थे। स्वामी हरिदास, मीराबाई, चैतन्य महाप्रभु आदि महाभक्तों की भक्तिमयी वाणी से भारतीय संगीत-साहित्य भरपूर है। तुलसी, सूर आदि के भक्ति-रस में पगे गीतों को गाते-गाते साधारण लोग भी झूम उठते हैं और भक्ति-लहरी में अपनी सुध-बुध खो देते है।

कर्नाटक-संगीत त्यागराज, मुत्तुस्वामी दीक्षितर, श्यामा शास्त्री, पुरन्दरदास, स्वाति तिरुनाल आदि महान् वाग्गेयकारों की भक्तिमय कृतियों से शोभायमान है। श्री स्वाति तिरुनाल का भक्ति-संगीत इस लेख का प्रतिपाद्य विषय है।

श्री स्वाति तिरुनाल ने गणेश, आंजनेय, शिवजी, कार्तिकेय, लक्ष्मी, सरस्वती, पार्वती आदि देवी-देवताओं पर कृतियाँ रची हैं। फिर भी श्री पद्मनाभ के प्रति उनकी भक्ति विशेष रूप से उल्लेखनीय है। उन्होंने अपना सम्पूर्ण जीवन 'पद्मनाभदास' के रूप में बिताया था। उन्होंने अपनी सारी कृतियों में अपने नाम की जगह 'पद्मनाभ' या उसके किसी पर्याय को ही मुद्रा के रूप में रखा है। जैसे तुलसीदास जी राम का गुण-गान करते नहीं अघाते, मीराबाई गिरधर गोपाल की महिमा गाते-गाते उन्हीं के ध्यान में लीन हो जाती हैं, उसी भाँति स्वाति तिरुनाल अपने इष्ट-देवता पद्मनाभ की स्तुति करते-करते आत्म-विभोर हो जाते हैं। 'पन्नगेन्द्रशयन.....' रागमालिका में वे अपने को ही नायिका मानकर नायक पद्मनाभ के अनुग्रह की विनती करते हैं। उनकी 'भक्ति-मंजरी' १०० श्लोकों का संग्रह है, जिसमें गहरा भक्ति-भावना कूट-कूटकर भरा हुआ है।

उनकी 'नवरत्नमालिका' में नवधा भक्ति प्रतिपादित है। श्रवण, कीर्तन, स्मरण, पादसेवन अर्चन, वन्दन, दास्य, सख्य एवं आत्म-निवेदन द्वारा वे पद्मनाभ की भक्ति करते हैं। इन कीर्तनों में भक्ति का प्रवाह कैसे बहता है, यह दर्शाने के लिए इन सभी कीर्तनों का पूरा साहित्य नीचे दिया जाता है। चौथे कीर्तन 'पंकजाक्ष ! तव सेवां.....' के साहित्य के साथ उसकी स्वरलिपि भी दी गई है :—

श्री स्वाति तिरुनाल के नवधाभक्ति-प्रतिपादक 'नवरत्नमालिका'-कीर्तन

१. श्रवणम्

भैरवी राग, आदि ताल

पल्लवि

भवदीयकथाभिनवसुधायां परिमज्जतु मे श्रुतियुगली **(भवदीय)**

अनुपल्लवि
भवसागरतरणपराणां या भवति हि नौका विगलित शोका (भवदीय)
चरण. १
सकलभुवनमान्यो ननु पाराशरमुनिरपि भगवाननुपमितां
शुकमुखमुनिवरनिवहैरिह यां प्रकटमामकरोदपि भुवने (भवदीय)
चरण. २
प्लवगकुलपरिवृढेन परं जाम्बवता गदितां यां किल कलयन्
जवसमुपागतगरुदिह जातः सम्पातिर्विगतरुगपि शौरे ! (भवदीय)
चरण. ३
परमहंसनिवहानां यां पाप महाधरणीधरभिदुरां परमापिबतां तृप्तिरभून्नो पद्मनाभ !
जगदीश ! मुरारे ! (भवदीय)

२. कीर्तनम्

केदारगौल राग, झम्प ताल

पल्लवि
तावकनामानि शुभदानि प्रजपानि (तावक)
अनुपल्लवि
देवदेव ! पतितोऽपि दिव्यतमानि यानि केवलमास्वाद्य याति केशव ! परममृत (तावक)
चरण. १
वाचंयममौलिरपि नूनं यतो हि परं बालिमकिरवाप महिनानं;
श्रीचकोरसुधाकराश्रितकोमलपदजाता सा च कृतिरपि तदीया जयति भुवनं तुनंती (तावक)
चरण. २
अलघुसर्वनिन्द्यचरितेन सदैव हन्त कुलटासंसक्तहृदयेन
जलजाक्ष ! सत्वरम् अजामिबभूसुरेणापि प्रलपता यदेकमिह किल मुक्तिरासादिता (तावक)
चरण. ३
बालचन्द्रशेखरोऽपि कामं यान्येव सदा पद्मनाभ ! जपति गतकामं
शैलराजतनू भवया साकमतिविमलरुचौ कैलासाचले महति कलितवसातिरनिशं (तावक)

३. स्मरणम्

नीलाम्बरी राग, त्रिपुट ताल

पल्लवि
सततं संस्मराणीह सारसाक्ष ! भवन्तं स्यानन्दूरेश्वर ! (सततं)
अनुपल्लवि
अतिसान्द्रमोहगाढान्धकारसञ्चय हतिसारसहिमकरायितं जगदीशं (सततं)
चरण. १
निरुपमयोवारिनिधितुङ्गतरङ्गघ परिजुठनेन परं परिसरभुवि तसवरमणिरुचिवृते सरसं
श्वेतान्तरीपे उरगकुलनायकवरमञ्चतलोपरि परिशयितमनिश परमपूरषमीशं (सततं)
चरण. २
इन्दीवरासित सुन्दरवपुषमानन्दैकपदमीश्वरं कुन्दावदाताममन्दहासरुचिनन्दितभूमीन्दिरं

वृन्दारकमहर्षिवृन्दनुतमिह वन्दारुजनकल्पपादपायितमहो (सततं)

चरण. ३

विशदनाभीपुटविलसदब्जवासिनाकुशभक्तिभरजुषा भृशमुदा विधिनापि विहितत्रयीघोष-

निशमनेन सम्मुदितं (सततं)

दृशि पूर्णकरुण सुदीजनपालकं प्रशमितभवतापं पद्मनाभमहं

४. पादसेवनम्

इस कीर्तन का साहित्य और स्वरलिपि अंत में अलग रूप से दिए गए हैं।

५. अर्चनम्

बिलहरी राग, अठताल

पल्लवि

आराधयामि करणत्रयेणाहम् अनुदिनमपि भवन्त (आराधयामि)

अनुपल्लवि

धाराधराभ ! बुधाधिनिवारण ! (आराधयामि)

चरण. १

नवमणिमयपीठे ननु सन्निवेशयन्नविलंबं सुशिशिरेणाम्भसा सुरभिणा

सबनियादरमहो संस्नापयामीह भुवनपावनमूर्ते ! भूवि किमितो भाग्यम् ! (आराधयामि)

चरण. २

कमलारातिदीधितिगौरिमावहेनातिविमलवाससा निरुपम ! सवेष्टयामीश !

अमितगन्धेनालम् अंगरागेण च समलंकरोमि भूषणैरपि वरैरहम् (आराधयामि)

चरण. ३

तुलसीकुन्दमल्लिकाद्यु रुसूनजातेन कलधौतभाजने कल्पितेन पूजनं

नलिनाक्ष ! रचयामि नाथ धूपदीपमंगलनिवेद्यानि च कलये पंकजनाभ (आराधयामि)

६. वन्दनम्

बेगड राग, झम्पताल

पल्लवि

वन्दे देवदेव ! तव पादाम्भोजयुगलं [वन्दे]

अनुपल्लवि

मन्दाकिनी भजति नाम मकरंदलीलां यदीयां [वन्दे]

चरण. १

अमितसुकृत निकेतनाधितयशोदांकराधिवसितं परमसान्द्रारुणिमावहं

दमितखलशकटाह्वयदानवासुमनपायं सुमधुरारवमंजीरशोभितमनारतं [वन्दे]

चरण. २

पशुरनारीजनरचितपरिचुम्बने तदीयाक्षिभूशनीलिमानुषंगेण शशधरायितनरवरं

विशदकान्तियुतं गोकुलवृन्दावनकृतचरण विशरणजनाधिभारविशसनपरायण [वन्दे]

चरण. ३

पवनाशनवरकालिलफणतटविहितनटनंभुवनरम्यबेणुवादनविरचितविविधतालं

शिवसनकविधिसुरेशसेव्यमपवर्गकरं भवभयैकशमनपरं पद्मनाभ ! रमाकान्त ! [वन्दे]

७. दास्यम्
आहिरी राग, त्रिपुट ताल

पल्लवि
परमपुरुष ! ननु कर्म समस्तं भवति समर्पयामि (परम)
अनुपल्लवि
परया तव मायया बत मोहितोऽपि (परम)
चरण. १
यदिह निशमयामि यदवलोकयामि यदपि च जिघ्रामि यदपि ददामि (परम)
चरण. २
यदहमश्नामीह यदथ वदामि यदनुस्पृशामीश ! यदपि दधामि (परम)
चरण. ३
विदितमविदितं वा विहितमविदितं तदपि पंकजनाभ ! तव सेवकोऽहं (परम)

८. सख्यम्
मुखारी राग, त्रिपुट ताल

पल्लवि
भवति विश्वासो मे भवतु सदा (भवति)
अनुपल्लवि
विविधतापहारिणि वीतसंशयलेशं (भवति)
चरण. १
श्रुतिराशिषु भुवने सुबहुधा रमाकान्त ! बत विद्यमानेषु बहुषु भिन्नमतेषु
इतरत्र न मे भूयादीशे पक्षपातोऽपि नतपाल ! यथा तथा नाथ ! सुदृढमये (भवति)
चरण. २
वनसंचरणनदीप्रतरणरणाद्यासु घनभीतिकरासु च खलु विपदवस्थासु
वनजाक्ष ! भुवनपावन ! नो बिभेमि यथा ननु तथा निरपायो नारदादिपूजित ! (भवति)
चरण. ३
वरद ! पाण्डवेयोद्धवाक्रूरादयो येन परमविपदम्भोधिपारं गता नूनं
परमपुरिह ते पदमपि कृपया ते परचिदानन्द ! श्रीपद्मनाभ ! मुरारे ! (भवति)

९. आत्मनिवेदम्
नाथनामक्रिया राग रूपक ताल

पल्लवि
देवदेव ! कलयामि सोऽमीश ! मामकं देहगेहादिक च सकलमपि हि तावकं (देव)
अनुपल्लवि
कुहनावटुरूपाय च ते महाबलिर्यथा महति दानसमये ननु कलितवानहो तथा (देव)
चरण. १
राजसूयसवनकर्मणीह चाग्रयपूजने राजिते यथा कृतं च धर्मजेन पावने (देव)
चरण. २
भवति यथा क्रतुरेव क्रीतभरणपरता अविरत तवैव मामकावनधूर्वहता (देव)
चरण. ३
एवमविदुषा परं यन्मयात्र गदितं सेवकेन पद्मनाभ ! ते ग्रहीतुमुचितं (देव)

इन कीर्तनों की बन्दिशें इतनी मोहक और भक्ति-रस के लिए इतनी उपयुक्त हैं कि इन्हें गानेवाले इनका भली-भाँति अनुभव कर सकते है। 'पादसेवनम्.....' द्वारा भक्ति प्रकट करनेवाले तोड़ी राग के कीर्तन के साहित्य एवं स्वरांकन प्रस्तुत किए जा रहे हैं। गाकर देखिए, इसमें भक्ति-रस का कैसा प्रवाह है!

'पंकजाक्ष! तव सेवां बहुधा करवाणि!'

तोड़ी राग, रूपक ताल

पल्लवि
पंकजाक्ष! तव सेवां बहुधा करवाणि (पंकजाक्ष)
अनुपल्लवि
शंकरवलशासनमुखसन्नुतोरुकीर्ते (पंकजाक्ष)
चरण. १
श्रीधर तव पादुकां शिरसा वहानि साधु तालवृन्तेन च संवीजयानि (पंकजाक्ष)
चरण. २
सरसं संवाहयानि मुरहर तव चरणौ करवै श्वेतातपत्रधरणं तव शौरे! (पंकजाक्ष)
चरण. ३
उपहराणि तव संस्फुरदुरुतरकुतुकेन उपकरणानि च हितानि सपदि पद्मनाभ (पंकजाक्ष)

● पल्लवि

×	२	०	×	२	०
१. – – सा –	सा रे ग –	– – म –	ग – रे –	सा – – –	सा ग रे सा
पं	क जा	क्ष	त व	से	वा
२. रे नि सा –	सा रे ग –	– – प म	ग ग रे –	सा – – –	रे सा नि ध
म् पं	क जा	क्ष	त व	से	बा
३. नि – सा –	सा रे ग –	– ध प म	ग ग रे –	सा – – रे	रे नि सा –
म् प	क जा	क्ष	त व	से	वा
– रे ग म	प – – –	प ग म –	प ध नि –	ध नि ध प	प म ग रे
म् ब हु	धा	क र	वा		णि
४. सा नि सा –	सा रे ग नि	नि ध प म	ग ग रे –	सा – – –	सा – – रे
पं	क जा	क्ष	त व	से	वा म्
ग म ध म	म ध नि ध	ध नि सां –	ध नि सां रें	नि ध प म	ग म ग रे
ब हु	धा	क र	वा		णि
सा नि ।					(पंकजाक्ष)

● अनुपल्लवि

×	२	०	×	२	०
१. – – प ध	– नि ध –	प – ध म	ध – – –	नि – सां –	सां – सां –
शं	क र	व ल	शा	स न	मु ख

२. – – प ध	नि – रें सां	नि ध प म	ध – – नि	सां – सां नि	रें – सां –
शं	क र	च ल	शा	स न	मु ख
– – सां –	रें – सां –	– – सां नि	ध नि सां –	– – ध नि	सां नि ध प
सन्	नु तो	रु	की	तें	
३. ध म प ध	– नि सां –	रें सां निध–नि	धप म – ध –	नि सां सां नि	सां – सां –
शं	क र	व	ल शा	स न	मु ख
सां नि गं रें	सां – रें सां	नि ध नि –	धनिसां–रेंसां	नि रें सां नि	ध म ग रे
सन्	नु तो	रु	की	तें	

सा ऩि

(पंकजाक्ष)

चरणम् १

×	२	०	×	२	०
१. – – प ध	– निध –	प – ध म	प – ध –	नि – सां –	– – – –
श्री	ध र	त व	पा	दु कां	
– – ध नि	सां – – –	– – सां नि	ध नि सां –	– – ध नि	सां नि ध प
शि र	सा	व	सा	नि	
२. ध म प –	ध नि सां –	रें सां निध – नि	धप म – प ध	– नि सां –	– – – –
श्री	ध र	त	व पा	दु कां	
– – ध नि	सां – – –	– – सां नि	नि ध – नि	रें सां नि ध	ध – – –
शि र	सा	व	हा	नि	
३. – – ध –	ध – गं –	गं रें सां –	रें सां नि ध	नि – – –	सां – सां –
सा	धु ता	ल	वृं	ते	न च
४. ध नि सां –	रें सां रें–गंमं	गं रें सा –	रें सां नि ध	नि – – –	सां – सां –
सा	धु ता	ल	वृं	ते	न च
सां नि गं रें	रें सां सां नि	ध प प म	ग म ध नि	सां– रेंसां निध	म– पम ग रे
सं	वी	ज	या		नि

सा ऩि ।

(पंकजाक्ष)

[शेष चरण भी इसी धुन में गाए जाएंगे।]

□□

राजस्थानी रात्रि-जागरण की भक्ति-धारा

□ डा० मनोहरलाल शर्मा

रात्रि-जागरण राजस्थानी जन-जीवन का एक प्रमुख अंग है। इससे समाज में सात्विकता का वातावरण बनता है और लोक हृदय में पवित्रता का संचार होता है। जब सांसारिक लोग रात्रि-काल में सोते हैं, तो सन्त-भक्त शान्त और एकान्त स्थल में गीता के दिव्य उपदेश 'या निशा सर्वभूतानां तस्यां जागर्ति संयमी' को चरितार्थ करते हुए भक्ति-रस में निमग्न होते हैं। इस प्रकार रात्रि-जागरण का महत्त्व असाधारण है। इससे जन-साधारण में भक्ति-तत्त्व का प्रचार तो होता ही है, साथ ही जन-जीवन को सरस बनाए रखने में भी इसका कम योगदान नहीं।

राजस्थान में रात्रि-जागरण के अनेक प्रसंग तथा अवसर हैं। विवाह एवं पुत्र-जन्म आदि मांगलिक अवसरों पर महिलाएँ 'रातीजगा' करती हैं। ऐसे 'रातीजगे' में गृहस्थ-जीवन की मंगल-कामना निहित रहती है और देवी-देवताओं से सम्बन्धित लोक-गीत प्रधान रूप से गाये जाते हैं। यह 'रातीजगा' भक्ति-भावना से युक्त होता है, परन्तु यह एक परिवार तक सीमित रहता है।

कई 'रातीजगे' किसी देवता अथवा देवी के स्थान-विशेष पर भी आयोजित किए जाते हैं। इनका कारण किसी परिवार की मनौती से अतिरिक्त भक्त-मंडली का स्वतन्त्र उत्साह भी हो सकता है। ऐसे अवसर पर देवी अथवा देवता के सम्बन्धित गीत प्रधान रूप से गाए जाते हैं। राजस्थान में लोक-देवताओं के 'स्थान' पर निश्चित् तिथि को रात जगाने की प्राचीन परम्परा भी है। इन लोक-देवताओं में रामदेवजी, गोगाजी, तेजाजी और पाबूजी आदि प्रमुख हैं। 'रातीजगे' में मौखिक परम्परा से चली आती हुई इनकी जीवन-गाथाएँ गाई जाती हैं, जिनसे भक्त जन काव्य-रस के साथ-साथ प्रबल प्रेरणा भी प्राप्त करते हैं।

कई बार एकादशी-जैसे पुण्य-पर्व पर मुहल्ले की महिलाएँ मिलकर रात्रि-जागरण का आयोजन करती हैं। ऐसे अवसर पर अनेक पदों के साथ 'हरजस' भी गाए जाते हैं। 'हरजस' वे लोक गीत हैं, जो श्रीराम अथवा श्रीकृष्ण की जीवन-लीला से सम्बन्धित होते हैं। उनकी रचना-शैली और गायन-विधि भी लगभग लोक-गीतों के अनुसार ही होती है। इस विषय में उदाहरण स्वरूप निम्न 'हरजस' द्रष्टव्य है ;—

सुणज्यो जी नन्दजी का कन्हैया, राधा मोती बाह्या, हो राम।
जद राधा राणी मोती बाह्या, तो बाह्या धोरां कै पास, हो राम।
जद म्हारा मोती उगबा लाग्या, तो लामै तीखै पान, हो राम।
जद म्हारा मोती पसरण लाग्या, तो छाया झूँपा छान, हो राम।
जद म्हारा मोती फूलण लाग्या, तो धोला धोला फूल, हो राम।
जद म्हारा मोती लागण लाग्या, तो लाडू कै हुणिहार, हो राम।
जद म्हारा मोती पोवण लाग्या, तो सोनै कै रंग तार, हो राम।
जद राधा हर नैं मोती पहराया, तो 'चन्द्रसखी' जस गाया, हो राम।

इस भक्त-वाणी में श्रीकृष्ण को पहनाने के लिए राधिका मोती की खेती करती है । पूर्ण 'हरजस' में उनका क्रमिक वर्णन है, जो भक्त-हृदय की सरलता एवं तन्मयता का द्योतक है। महिला समाज में ऐसे हरजसों के प्रति विशेष अभिरुचि का कारण भी स्पष्ट है कि जहाँ उनको अपने पारिवारिक गीतों के समान ही भाषा-शैली, वातावरण एवं स्वर-विधान तो मिलता ही है, परन्तु साथ ही हरि-लीला गाने का पुण्य एवं भक्ति-रस पान करने का सुअवसर भी विशेष रूप से प्राप्त हो जाता है।

सर्वाधिक महत्त्वपूर्ण वे 'जागन' (जागरण) हैं, जो पारिवारिक मनौती की संकुचित सीमा से आगे बढ़कर भक्त जनों के सामूहिक उत्साह से आयोजित किए जाते हैं और जिनके पीछे किसी विशिष्ट देवता की भक्ति-भावना न रहकर सन्तों और भक्तों की लोक-मंगलमयी अमृत-वाणी का रसास्वादन तथा प्रचार-प्रसार रहता है। विशेषता यह है कि इस प्रकार के 'जागन' देहातों में तो विशिष्ट पुण्य-पर्वों पर होते ही रहते हैं। उनमें बड़ी संख्या में मनुष्य गायक अथवा श्रोता के रूप में सम्मिलित होते हैं।

ऐसे जागरण के लिए यह भी आवश्यक नहीं कि उसका स्थान कोई देवालय ही हो; यह आयोजन तो गाँव के खुले चौक में भी हो सकता है। इसके लिए किसी प्रकार का व्यय-भार उठाने का भी प्रश्न उपस्थित नहीं होता। गाँव में मिलनेवाले ढोलक आदि साधारण वाद्य जुटा लिए जाते हैं और बैठने के लिए मामूली-सी बिछायत ही काफी है। यहाँ भक्ति-रस प्राप्त करने के लिए सम्प्रदाय अथवा जाति की बाधा भी नहीं रहती। सभी लोग इस अवसर पर प्रेम और सद्भाव से उपस्थित होते हैं।

ऐसे जागरण में निर्गुण और सगुण, दोनों प्रकार की भक्ति से सम्बन्धित भजन गाए जाते हैं; परन्तु प्रधानता निर्गुण-भक्ति की ही रहती है। सन्तों ने भारत में अपनी पुनीत वाणी से निर्गुण-भक्ति का ऐसा सार्वजनिक मंच तैयार कर दिया है, जिस पर सभी धर्मों एवं जातियों के लोग समानता के साथ उपस्थित होकर अपने जीवन को पवित्र बना सकते हैं। जागरण के समय इस पुण्यमय मंच का प्रत्यक्ष दर्शन सहज ही किया जा सकता है। जब कोई भजन यहाँ सामूहिक रूप से गाया जाता है, तो ऐसा अनुभव होता है, मानो सभी गायक भक्त एकात्म हो गए है और उनमें किसी प्रकार का भेद-भाव नहीं रहा है।

राजस्थान के अनेक सन्तों ने अपने चारित्र्य के कारण विशेष सिद्धि और साथ ही प्रसिद्धि भी प्राप्त की है। उनके शिष्य-प्रशिष्यों की परम्परा में कई महात्मा दूर-देहातों में फैले हैं। इन सन्तों ने उपेक्षित जनता को सात्त्विकता प्रदान करने में ही अपने जीवन की सार्थकता समझी है। संसार के सम्पूर्ण आकर्षणों से परे कर्तव्य क्षेत्र में अपना आसन जमाकर इस साधु-समाज ने जन-साधारण को परोपकार का अनुपम पाठ पढ़ाया है। इनमें से अनेक सन्तों ने जनता को अपनी 'वाणी' का वरदान भी दिया है। राजस्थान के रात्रि जागरणों में इस अमृत-वाणी का प्रसाद सर्व-साधारण को सुलभ होता है।

निर्गुण-वाणी के पद को राजस्थान में 'सबद' कहा जाता है। विशेषता यह है कि यह 'सबद-वाणी' अधिकांशत: लोक-मुख पर अवस्थित है और परम्परा से चली आ रही है। समय के

अनुसार इसमें परिवर्द्धन भी होता रहा है, परन्तु भक्त गायकों को इसकी साहित्यिक प्रामाणिकता से कोई मतलब नहीं, वे तो इसके द्वारा अपने समय को सरस एवं पुण्यमय बनाकर धन्य हो जाते हैं। यही कारण है कि एक ही पद अनेक स्थानों पर विभिन्न सन्तों के नाम से गाया जाता हुआ सुना जा सकता है।

संत-वाणी का प्रमुख विषय ईश्वर की एकता, आत्मा की अमरता, संसार की नश्वरता, जीव और ब्रह्म की अभिन्नता, सभी धर्मों की समानता, जाति-प्रथा की व्यर्थता आदि होता है। विषय के स्पष्टीकरण-हेतु दो संत-पद यहाँ प्रस्तुत किए जाते हैं :—

१. सखी इण आँगणिये में ए, कई खेलै कई खेलसी, कई खेल सिधाया ए ।।टेक।।
पाँच तंत की कूकड़ी, निज कर सैं छूटी ए। नैण हमारा यूँ झरै, जाँणै गागर फूटी ए ।।१।।
आवो पाँच सहेलड़ी मेरा सीमो चोला ए। मैं विरहण भई बावली, मेरा बालम भोला ए ।।२।।
बड़ तलैल्याय उतारिया, साथी कुरलाया ए। थे साथीड़ो घर जावो, म्हे भया पराया ए ।।३।।
काजी महमद यूँ भणै सखी, यहाँ न रहणा ए।
परवाना आया मोहै स्याम का, अब कछू न कहणा ए ।।४।।

२. बटावू बीरा, बाट घणीं दिन थोड़ो ।।टेक।।
घर रह्यो दूर, सूरज घर हाल्यो, दौड़ सकै तो दौड़ो ।।१।।
होय हुँसियार, हिम्मत मत हारो, हाँक घणेरो घोड़ो ।।२।।
निरभय होय, नगर जा पूगो, बिन पूग्याँ होय फोड़ो ।।३।।
औघड़ कहै गरू कै सरणँ, मारग लखियो मोड़ो ।।४।।

संसार की नश्वरता-विषयक उपर्युक्त प्रथम पद काजी महमद नामक किसी पुराने संत के नाम से गाया जाता है। द्वितीय पद में उद्बोधन-वाणी है। इसी प्रकार के अन्य अगणित पदों के समान ये भी अपनी सर्वप्रियता के कारण सर्वथा लोक-वाणी का रूप धारण कर चुके हैं। विभिन्न स्थानों में इनके रूपान्तर भी प्राप्त होते हैं। साथ ही ध्यान रखना चाहिए कि ऐसे पद सर्वत्र एक ही 'धुन' में न गाए जाकर विभिन्न भजनीकों द्वारा अलग-अलग धुनों में गाए जाते हैं। इस प्रकार इन पदों के शब्द ही नहीं, परन्तु स्वर भी बदलते रहे हैं।

ऊपर कहा गया है कि रात्रि-जागरणों में सगुण-भक्ति के पद अपेक्षाकृत कम गाए जाते हैं, परन्तु उनका रस लेने में भी भक्त-मंडली चूकती नहीं। सगुण-भक्ति में श्रीकृष्ण-लीला के पद विशेष चाव के साथ गाए जाते हैं। उदाहरण के रूप में एक पद देखिए :—

ग्वालीड़ा तूँ काँई जाणै पीर पराई ।।टेक।।
हाथ लकुटियाँ काँधे कमलियाँ, बन-बन धेन चराई।
डाल़ कदम की बंशी बजाई, सब गउवन घिर आई ।।
छीन झपट दधि खात बिरज में ब्रज की नारि चुराई।
माधोसिंध का सुत प्रतापसिंघ, जिण या सोरठ गाई ।।

प्रेमपूर्ण उपालम्भ का उपर्युक्त पद सोरठ राग में गाया जाता है। देहात के भक्त गायक भी इतना ध्यान जरूर रखते हैं कि अर्द्धरात्रि के समय सोरठ के पद गाना समुचित है। अतः इस समय सोरठ के अनेक पद चलते हैं। प्रभात-काल में प्रभाती के भजन गाए जाते हैं।

सार्वजनिक उत्साह से आयोजित इन जागरणों की यह सबसे बड़ी विशेषता है कि इनकी भक्ति-धारा जन-जीवन में सतत प्रवहमान रहती है। इन पर न आवश्यक रूप से किसी प्रकार का व्यय होता है और न इनमें गाने के लिए उच्चकोटि के कलाकारों की ही अपेक्षा रहती है। यहाँ तो भक्त गायकों का सुगम संगीत अपना भक्ति-रस वितरित करता है, जिसे प्राप्त करके जनता धन्य होती है। भगवान् ने कहा है, 'भद्भक्ता यत्र गायन्ति तत्र तिष्ठामि नारद।' रात्रि-जागरण के समय इस दिव्य-वाणी की यथार्थता सहज ही प्रकट हो जाती है।

भारतीय नृत्य कला का स्रोत : भक्ति-भाव और कथक में उसका स्वरूप

☐ छाया भटनागर

नृत्य के उद्भव एवं विकास के संबंध में विचारकों का कथन है कि नृत्य का उद्भव मानव के जन्म के साथ ही हुआ और मानव की सभ्यता तथा उसके विकास के साथ-ही-साथ वह विकसित हुआ। कुछ विद्वानों का मत है कि नृत्य का जन्म मानव से पूर्व हो चुका था। इस मान्यता के अनुसार, नृत्य मानव को ईश्वरीय वरदान है। मान्यता चाहे कुछ भी हो, पर उक्त दोनों विचारधाराओं का मूल स्रोत भक्ति है।

पौराणिक मान्यता के अनुसार, सृष्टि के आदि नर्तक भगवान् शंकर माने जाते हैं। उन्होंने एक नहीं, अनेकों बार नृत्य किया। शिव ने प्रलयंकारी रौद्र रूप धारण कर सृष्टि का विनाश करने के लिए संहार-नृत्य, आसुरी शक्ति अर्थात् पाप व कुकर्मों पर विजय प्राप्त करने के लिए त्रिपुर-नृत्य, गौरी के प्रति सात्त्विक आकर्षण-युक्त नृत्य, दाम्पत्य-प्रेम-नृत्य, तथा मोद व आनन्द से प्रफुल्लित नृत्य समय-समय पर किए।

एक कथा के अनुसार, तारकासुर के तीन पुत्र थे—तारकाक्ष, विद्युन्माली व कमलाक्ष; जिन्होंने तपस्या द्वारा ब्रह्मा से त्रिपुर-निर्माण का वरदान प्राप्त किया। ये त्रिपुर (तीन महानगर) स्वर्ग, अंतरिक्ष व भूतल पर बनाए गए। त्रिपुर म सोने, चाँदी व लोहे, तीन धातुओं के नगरों का निर्माण हुआ। किंतु कुछ समय पश्चात् त्रिपुर में दुराचार, पाप और अधर्म की बाढ़-सी आ गई असुरों के घोर पाप व संकटों से मुक्ति दिलाने के लिए शिव ने त्रिपुर-दाह किया। शिव ने देवमय रथ पर चढ़कर दिव्य धनुष द्वारा त्रिपुर को भस्म कर दिया और त्रिपुरासुर राक्षस का वध किया। इस समय दंडी, आकाशचारी, सिद्ध व चारणों ने पुष्ट-वृष्टि की। उनके तेजस्वी रूप से दस दिशाएँ प्रज्ज्वलित हो उठीं। इसी समय पार्वती ने विजयोल्लास में हर्षित होकर नृत्य किया। इसके अतिरिक्त जब मेना के यहाँ पार्वती का जन्म हुआ, तो वतस्क होकर पार्वती ने शिव को पति के रूप में प्राप्त करने के लिए तपस्या की। शिव ने उन्हें पत्नी-रूप में स्वीकार करने का वरदान दिया। शिव ने नट के रूप में उनके राज्य में नृत्य किया और सबको मोहित कर दिया। फलस्वरूप मेना ने उन्हें उपहार में अमूल्य रत्न प्रदान किए। किंतु उन्होंने उपहार में पार्वती को माँग लिया। यह प्रसंग 'शिव-पुराण' में मिलता है।

शिवजी का जो स्वरूप हम देखते हैं, वह समस्त भक्तगण, कलाकार, दार्शनिक और प्रेमी जनों के लिए एक आदर्श का प्रतीक है। शिव के नृत्य के समय की उनकी अंग-स्थितियों पर विचार करते हुए डॉ० आनन्दकुमार स्वामी ने लिखा है, "डमरु से सृष्टि और अभय प्रदान करने वाली मुद्रा से आशा अथवा रक्षा का उद्भव होता है, अग्नि से विनाश का संकेत होता है और उठा हुआ हाथ मुक्ति का सूचक है।" (देखिए 'डाँस ऑफ लार्ड शिव') इसके अतिरिक्त, कहा जाता है कि इन्द्र स्वयं एक उच्च-श्रेणी के नृत्यकार थे। नृत्य में भगवान् कृष्ण का भी प्रमुख स्थान है। उनकी रास-लीला आज भी वृन्दावन में प्रचलित है। 'महाभारत' में वर्णित अन्य नृत्यकारों

के अतिरिक्त एक प्रसंग आता है कि अर्जुन एक कुशल नृत्यकार थे, जिन्होंने उत्तरा को नृत्य-शिक्षा दी थी। रावण ने तांडव नृत्य द्वारा भगवान् आशुतोष को प्रसन्न किया था।

इस प्रकार अनेक कथाएँ ऐसी मिलती हैं, जिनसे सिद्ध होता है कि नृत्य का उद्‌भव भक्ति-भाव से ही हुआ। यही भावना मानव के लिए अनन्त प्रेरणा का स्रोत बन गई।

जैसा कि पहले कहा जा चुका है, कुछ विचारकों के मतानुसार नृत्य-कला का जन्म मानव से पूर्व हो चुका था। स्वयं मानव ने नृत्य की प्रेरणा प्रकृति के विशाल रंगमंच से प्राप्त की थी। महाराजा श्री विजयदेवजी राणा ने नृत्य-कला के जन्म के सम्बन्ध में परिचय देते हुए लिखा है, "निर्माण-कला तथा नृत्य का जन्म मानव से भी पहले हुआ था, और इन दोनों कलाओं में भी नृत्य का पहले प्रारम्भ हुआ। कहा नहीं जा सकता शायद मूलतः नृत्य और निर्माण-कला एक ही प्रेरणा की दो अभिव्यक्तियाँ रही हों"। (देखिए 'कथकलि-नृत्यकला परिचय') "पक्षियों द्वारा नीड़ बनाना निःसन्देह निर्माण-कला का प्रथम चरण था। सम्भवतः नीड़ बनाने की आवश्यकता भी पक्षियों को अपने प्रेम-नृत्य के आनन्दातिरेक पर अनुभव हुई।" (एडमंड सिलाउस) पक्षियों की प्रेमाभिव्यक्ति से ही शायद मानव ने नृत्य-प्रेरणा प्राप्त की। प्रकृति के इस विशाल सर्जनात्मक प्रांगण से, बुलबुल के मधुर संगीत से, हंस की गति से, सर्प की मोहक वक्र गति से, झरनों की कलकल-ध्वनि से, उमड़ते बादलों व वायु के झकोरों से तथा पुष्पों व भ्रमरों की केलि से मानव ने मधुर गीत व नृत्य की शिक्षा प्राप्त की, जिसने मानव के हृदय को आन्तरिक सौन्दर्य व आनन्द से परिपूर्ण किया।

आनन्द व सौन्दर्य को प्रदर्शित करने का माध्यम नृत्य ही था। भाषा के अभाव में भावनाओं की अभिव्यक्ति का सहारा नृत्य था। धीरे-धीरे मानव सामूहिक रूप में रहने लगा। अपनी सभ्यता के प्रथम चरण में उसने आखेट द्वारा जीविका चलाना सीखा और आखेट के पश्चात् प्रसन्नता प्रकट करने के लिए उसने नृत्य किया। उछल उछलकर संकेतों द्वारा अपनी भावनाओं तथा आनन्द की अभिव्यक्ति करना सीखा। यही उसकी भाषा थी, यही उसके आनन्द की चरम उपलब्धि थी। किन्तु उस असभ्य मानव के सम्मुख कुछ प्राकृतिक शक्तियाँ ऐसी भी थीं, जिनसे वह डरता था। इस भय की भावना ने ही ईश्वर को जन्म दिया और जल, सूर्य, अग्नि, चन्द्र तथा सागर-जैसे देवताओं की कल्पना मानव के मन में उत्पन्न हुई। उसने ईश्वर को देखा नहीं, किन्तु अनुमान किया होगा कि हमें अवश्य किसी शक्ति ने पृथ्वी पर पैदा किया है। इतनी सुन्दर पृथ्वी, इतना सुन्दर आकाश, चाँद-सूर्य किसने बनाए है ? यह मनोरम प्रकृति किसने निर्मित की है ? अवश्य कोई ऐसी अपूर्व एवं दिव्य शक्ति है, जो कि हम सबसे अद्वितीय है, महान् है। बस उसी शक्ति को उसने ईश्वर मान लिया। उस सर्वशक्तिमान् की उपासना करने के लिए, उसे प्रसन्न करने के लिए नृत्य किया। यही भक्ति-नृत्य का प्रारम्भिक रूप था।

सभ्यता के दूसरे चरण में भाषा व संस्कृति के विकास के साथ एक ऐसा समय आया, जब मनुष्य ने अपनी सभी प्रारम्भिक आवश्यकताओं को पूरा करना प्रारम्भ कर दिया और अपने काल्पनिक देवी-देवताओं की स्थापना के लिए देवालयों की स्थापना की। ईश्वर भक्ति का प्रारम्भ यहीं से हुआ। ईश्वर की भक्ति में उसे परमानन्द की अनुभूति होने लगी। एक अज्ञात शक्ति की

उपस्थिति का सुख उसे रोमांचित कर देता। वह सब ओर से सिमटकर केन्द्रित हो जाता था। तभी उसकी आराधना से मानव को आत्मानन्द व आत्मतुष्टि प्राप्त होती थी। समस्त जगत् में उसे शाश्वत सौन्दर्य के दर्शन होते और समस्त जगत् नृत्यमय प्रतीत होता था। आज भी नृत्य को मोक्ष प्राप्ति का साधन माना जाता है। ईश्वर के प्रति प्रेम व श्रद्धा का दूसरा नाम ही भक्ति है। कुछ आचार्यों के अनुसार ईश्वर के प्रति प्रेम ही भक्ति है। इस विषय में नारदजी का विचार है, "स त्वस्मिन् प्रेमस्वरूपा।" शांडिल्य के अनुसार, "सा पुरानुरक्तिरीश्वरे" अर्थात् ईश्वर में अनुरक्ति ही भक्ति है। अपने इष्ट के प्रति अनन्य प्रेम व श्रद्धा रखकर ही परमानन्द की प्राप्ति की जा सकती है, जिसके लिए भक्तगण सदैव लालयित रहते है। हैवलाक एलिस ने अपनी पुस्तक 'डान्स ऑव लाइफ' में लिखा है,"नृत्य वास्तव में एक अलौकिक अभिनय ही है। वह पवित्र इतिहास की एक ऐसी पुनरावृत्ति है, जिसमें कि नर्तक स्वयं एक भूमिका अदा कर सकता है।"

वैदिक व पौराणिक युग की प्राचीन सभ्यता देखें, तो उस समय भी नृत्य के यथेष्ट प्रसंग मिलते हैं। सिन्धु घाटी की सभ्यता के विकास के समय नृत्य और गाने का सार्वजनिक रूप में प्रयोग प्रारम्भ हो चुका था। ऋग्वेदकाल में नृत्य को उच्च स्थान प्राप्त था। महिलाएँ नृत्य में खुलकर भाग लेती थीं व पुरुष भी नृत्य करते हुए देखे जाते थे। वैदिक युग की भक्ति ज्ञान, कर्म, तप, व्रत आदि का सम्मान करती थी। वैदिक भक्ति के तीन अंग हैं स्तुति, प्रार्थना व उपासना। इस युग में कला का समन्वयात्मक रूप देखने को मिलता है। इस युग का विकास सम्भवतः इस लिए हुआ कि कलाकार धर्म से पराङ्मुख न हो जाए और कला की रक्षा कर सके। पौराणिक काल में नृत्य का प्रसंग यत्र-तत्र बिखरा हुआ है। 'हरिवंश-पुराण' में नृत्य, नाट्य, वाद्य आदि के साथ-साथ उर्वशी, हेमा, रम्भा, मेनका, मिश्रकेशी, तिलोत्तमा आदि नर्तकियों का वर्णन भी मिलता है। वे अपने भिन्न-भिन्न वाद्य-यन्त्रों के अनुसार विभिन्न रीतियों से नृत्य करती थीं। (एवमेष नर्तकी प्रवेशा भरतस्यानुमतः।)

इसके अतिरिक्त सभ्यता के तीसरे चरण में 'रामायण' व 'महाभारत' का प्रसंग आता है। इस युग में भी नृत्य व संगीत की पावन एवं दिव्य आभा सर्वत्र छिटक रही थी। ऐसे कई प्रसंग मिलते हैं कि रावण एक अच्छा नर्तक व संगीत-प्रेमी था। राजाओं के दरबार में नृत्य-प्रसंग के संकेत कई जगह आते हैं। महाभारत-काल में अनेक प्रकार के नृत्यों का जन्म हुआ। श्री कृष्ण नृत्य व संगीत के महान् पंडित थे। गायन, वादन और नृत्य, तीनों पर उनका पूर्ण अधिकार था। रास-लीला-नृत्य, गोपिकाओं का नृत्य, राधा-कृष्ण-नृत्य इस काल के प्रमुख नृत्य हैं। कृष्ण की वंशी की मधुर तान सुनकर ग्वाले मस्त होकर नाच उठते थे। इस काल में कला ने योग का रूप ले लिया था। ब्रह्मा, विष्णु, महेश एवं गणेश इत्यादि देवताओं की प्रतिष्ठा हो चुकी थी। पौराणिक युग का कर्मकांड अब समाप्त हो चुका था। उसके स्थान पर भक्ति और ज्ञान की प्रतिष्ठा होने लगी थी। नृत्य के अपूर्व रस में डूबकर भक्त-गण ईश्वर की पावनता में तन्मय हो जाते थे। श्री कृष्ण के अतिरिक्त अर्जुन भी एक महान् नर्तक था।

सभ्यता के चौथे चरण अर्थात् अंतिम चरण में साहित्य का प्रवेश हुआ, जिसका विकास

आधुनिक युग तक चला आ रहा है। बड़े-बड़े महान् कवियों ने भक्ति के अनेक रूपों की रचना की, अनेक पद लिखे। इस युग के महान् प्रवर्तकों में सूर, तुलसी, मीरा, और विद्यापति के नाम विशेष उल्लेखनीय हैं। इनके पदों को आज भी नृत्य व संगीत में पूर्ण सम्मान प्राप्त है और इनके विभिन्न पदों का नृत्यीकरण भी किया गया है।

भारतीय सभ्यता व नृत्य के विकास की एक अलग साहित्यिक व ऐतिहासिक पृष्ठभूमि है, किंतु यह सत्य है कि नृत्य एक स्थान व प्रान्त-विशेष में प्रचलित हुआ। उसके विकास, प्रसिद्धि तथा नामकरण में वहाँ के निवासियों के रीत-रिवाज, भाषा, भौगोलिक स्थिति, जलवायु, प्रादेशिक रहन-सहन तथा शारीरिक विशेषताओं का महत्त्वपूर्ण योगदान है। और, अपनी इन्हीं विशेषताओं के कारण संपूर्ण भारत में यह विभिन्न नामों से प्रचलित हुआ। कहा जाता है कि ब्रह्माजी ने चारों वेदों से—'ऋग्वेद' से पाठ्य-अंश, 'सामवेद' से गीत, 'यजुवेद' से अभिनय और 'अर्थववेद से रसों का संग्रह करके पंचमवेद 'नाट्यवेद' की रचना की। भरत मुनि ने ब्रह्माजी से 'नाट्यवेद' का ज्ञान प्राप्त कर इसके आधार पर नृत्त-नृत्य व नाट्य का प्रदर्शन किया था। बाद में यह शास्त्रबद्ध कर दिया गया, जो आज भी भरत मुनि के 'नाट्यशास्त्र' के नाम से जाना जाता है। नृत्य के भावों, मुद्राओं और अभिनय की एक प्रणाली बना दी गई। वही नृत्य शुद्धता के निकट समझा जाने लगा, जो इन शास्त्रीय प्रणालियों के अधिक निकट होता था। इस प्रकार भारत में चार प्रमुख शास्त्रीय नृत्य माने जाने लगे-भरतनाट्यम्, कथकलि, मणिपुरी और कथक। चारों नृत्यों का मूल स्रोत भक्ति-भाव ही था; क्योंकि चारों नृत्यों में पौराणिक कथाओं, राम-कृष्ण की लीलाओं व चरित्रों का अभिनवीकरण हमें देखने को मिलता है। ईश्वर के विभिन्न रूपों को अपने अन्दर समेटकर उस परमानन्द की अनुभूति दर्शकों को कराने के लिए कलाकार ने स्वाँग रचना प्रारम्भ किया, अर्थात् विभिन्न चरित्रों का अनुकरण प्रारंभ किया। इस अनुकरण की प्रवृत्ति ने ही अभिनय को जन्म दिया, जिसके आधार पर नृत्यकार अपनी कला से दर्शकों को मुग्ध कर अलौकिकता के दर्शन कराने में सफल हो सका।

उत्तर-भारत का शास्त्रीय नृत्य 'कथक' माना जाता है। उसका उद्भव व विकास भी मंदिरों से ही मानते हैं। मंदिरों में नट-नटी कथा कहकर नाचते-गाते थे, जो बाद में 'कथक' कहलाए। इसके पूर्व-काल में भी कथक नृत्य के कई प्रसंग मिलते हैं। 'ब्रह्ममहापुराण' में अभिनेता, गायक तथा नर्तकों के लिए 'कथक' शब्द प्रयुक्त हुआ है। मोहन-जोदड़ो व हड़प्पा की खुदाई से प्राप्त मूर्तियाँ बहुत-कुछ कथक से मिलती हैं। 'कथक' शब्द विभिन्न रूपों में प्रयुक्त हुआ है; जैसे नेपाली-शब्दकोश में 'कथको' तथा जैन-ग्रन्थ में 'कहिबो' शब्द आया है। शार्ङ्गदेव के 'संगीत रत्नाकार, में भी कथक शब्द का उल्लेख है।

इन प्रसंगों से प्रकट होता है कि कथक नृत्य का मूल भी भक्ति-भावपूर्ण था। कथक नृत्य पर प्रत्यक्ष रूप से वैष्णव धर्म का बहुत प्रभाव है। वैष्णवी भक्ति-धारा के अन्तर्गत कृष्ण-लीला का गान, कृष्ण का रूप-चिंतन एवं नाम-स्मरण, भक्त गायक का आत्म-निवेदन एवं प्रभु में समर्पण, सब-कुछ एक ही बिंदु में समाहित है। रास-लीला के प्रसंग के अन्तर्गत हाल ही में कुछ नए तथ्य भी सामने आए हैं। २२ अगस्त, ६९ को डॉ० श्रीमती कपिला वात्स्यायन ने रवीन्द्र-

भवन, नई दिल्ली में मुद्राओं के प्रदर्शन-सहित भाषण दिया था। मुद्राएँ उमा शर्मा ने प्रस्तुत की थीं। इसके अतिरिक्त शिल्प-मूर्तियों के चित्र स्लाइडों के द्वारा दिखाए गए थे। डॉ० वात्स्यायन के अनुसार, कथक नृत्य में दरबारी नृत्य व लोकनृत्यों के अतिरिक्त वृन्दावन-क्षेत्र में प्रचलित भक्तिपूर्ण रास-लीलाओं की मुद्राएँ दृष्टिगोचर होती हैं। इसके अलावा वैष्णव कीर्तन के अनेकानेक पद नृत्ययुक्त गायन के लिए इन भक्त कवियों ने रचे हैं। सूर का यह रूपक, जिसमें कथक नृत्य की वेश-भूषा को भी भक्ति-रूप में बाँधने का प्रयत्न किया गया है, देखिए:—

अब मैं नाच्यौ बहुत गुपाल !

काम-क्रोध कौ पहिरि चोलना, कंठ विषय की माल।

माया कौ कटि फेंटा बाँध्यौ, लोभ-तिलक दियौ भाल।।

उपर्युक्त पद जिस ढंग के नृत्य की कल्पना करता है, उसे कथक नृत्य के अंतर्गत रखा जा सकता है, भरतनाट्यम्, कथकलि व मणिपुरी के अन्दर नहीं (देखिए 'भारतीय नृत्य-कला')।

कथक नृत्य पर भक्ति-भाव का प्रभाव इतना गहरा है कि हम उसके बिना कथक नृत्य की कल्पना नहीं कर सकते। यह बात दूसरी है कि बाद में जाकर कथक नृत्य यवन शासकों की विलासिता के आवरण में प्रच्छन्न हो गया हो, भक्ति-काल के राधा-कृष्ण केवल श्रृंगारिक नायक-नायिका बन गए हों, नृत्यकारों का पालन-पोषण राज-दरबारों में होने लगा हो, भक्तिपूर्ण वंदना का रूप 'सलामी' ने ले लिया हो। कथक नृत्य का रूप चाहे मुगल-काल में कितना ही भ्रष्ट हो गया हो, किंतु हम इस बात को अस्वीकार नहीं कर सकते कि कथक नृत्य का मूल स्रोत भक्ति ही था; क्योंकि मुगल-काल से पूर्व कथक की पृष्ठभूमि तैयार हो चुकी थी। कुछ विद्वानों का मत है कि कथक का उद्‌भव मुगल-काल से हुआ है। यह बात विवादास्पद है। यदि कथक का उद्‌भव मुगल-काल से मान लें, तो इसके पूर्व की राधा-कृष्ण परंपरा तथा मंदिरों में नृत्य की बात को आसानी से झुठलाना संभव नहीं है। यह बात सत्य है कि मुगल-काल के अंतिम शासक वाजिदअली शाह के समय कथक नृत्य को अवश्य प्रमुख स्थान प्राप्त हुआ, क्योंकि वह स्वयं एक उच्च कोटि का नृत्यकार था। उसने अपनी बेगमों को भी नृत्य-शिक्षा दिलाई थी। कभी-कभी स्वय भी उनके साथ बीच में कृष्ण बनकर नृत्य करता था। वाजिदअली शाह के दरबार में अनेक नृत्यकार रहे थे, जिनमें प्रसिद्ध नृत्यकार बिन्दादीन, कालिकाप्रसाद, भैरोंप्रसाद, ठाकुरप्रसाद तथा मानजी माने जाते हैं। कथक नृत्य तीन घरानों में विभाजित है—लखनऊ, जयपुर तथा बनारस। तीनों घरानों के प्रमुख नृत्यकार शम्भू महाराज, बिरजू महाराज और सुन्दरप्रसाद जी से मेरी लंबी चर्चा हुई। साथ ही बनारस-शैली के प्रमुख व प्रसिद्ध नृत्यकार गुरु जितेन्द्र महाराज से कथक में भक्तिभाव के प्रादुर्भाव व उसके स्वरूप पर विचार-विमर्श किया गया। तीनों घरानों की शैलियों में भक्ति का क्या प्रभाव व स्वरूप रहा है, यह स्पष्ट व विस्तृत रूप से जानने की दृष्टि से लेखिका ने इन तीनों घरानों व शैलियों के नृत्यकारों से भेंट की थी।

शम्भू महाराज के मतानुसार कथक नृत्य, जिसे वह केवल नटवरी नृत्य कहना पसंद करते हैं, मुख्यतः श्रृंगारप्रधान नृत्य है। श्रृंगार में अधिकतर भगवान् कृष्ण, जिनका कि दूसरा स्वरूप रास-रचयिता नटवर है, की प्रणय-लीलाओं का चित्रण होता है। सांसारिक दृष्टि से प्रेम-क्रीड़ाएँ लगनेवाली राधा-कृष्ण व गोपियों की लीलाएँ वास्तव में भक्ति व योग का ही स्वरूप है। इन क्रीड़ाओं

में भक्ति का रूप करुण रस में प्रस्फुटित होता है। विरह-वेदना में छटपटाती राधिका की करुण स्थिति भक्ति का ही स्वरूप है। शम्भू महाराज का विचार है कि कथक नृत्य के शृंगार-पक्ष में भक्ति-भाव केवल करुण रस में ही प्रकट हुआ है। शम्भू महाराज ने कई काव्य-गीत व रचनाएँ सुनाईं, जिन्हें लखनऊ-घराने के नर्तक अभिनीत करते हैं। मुख-अभिनय के इस सम्राट् ने अनेक भाव-भंगिमाएँ प्रदर्शित कीं; जिनमें विरहवेदना से व्याकुल राधा की कातर दृष्टि प्रभावशाली थी।

बिरजू महाराज ने बताया कि कुछ कथक-प्रेमियों में यह भारी भ्रम है कि लखनऊ-घराने में मुसलिम दरबारों के प्रभाव से भक्ति-रस लुप्त हो गया था। वास्तविकता तो यह है कि उनके पूर्वज बिन्दादीन व कालिकाप्रसाद जी स्वयं कृष्ण के परम भक्त थे। उनकी दिनचर्या भक्ति तथा कट्टरतापूर्ण कर्मकांड से प्रारम्भ होती थी, जिसके बिना वे एक ग्रास भी ग्रहण नहीं करते थे। बिरजू महाराज ने बिन्दादीन महाराज के जीवन की कई दिलचस्प घटनाएँ सुनाईं, जिनमें उनके भक्तिपूर्ण ब्राह्मण-जीवन के दर्शन हुए। उन्होंने यह भी बताया कि कथक को जितना मुसलिम-दरबारों ने प्रभावित किया, उससे कहीं अधिक कथक ने हिन्दू-धर्म व संस्कृति की छाप मुसलिम-शासकों व सामन्तों की कलाभिरुचि पर डाली। यही कारण है कि वाजिदअली शाह जैसे रसिक शासक स्वयं कृष्ण का रूप धारण कर उनकी रास लीलाएँ नृत्याभिनय में उतारते थे। वास्तव में कृष्ण व राम-भक्ति कथक के सर्वदा ही मूल विषय रहे हैं। बिरजू महाराज का विचार है कि नृत्य तो सभी करते हैं, किन्तु नृत्य का वास्तविक व मोहक रूप उसी साधक के प्रदर्शन से प्रस्फुटित होता है तथा नृत्य का अवतरण उसी साधक के शरीर में होता है, जो इसका सच्चा पात्र होता है और नटराज जी की जिस पर कृपा होती है। यह पात्रता या तो जन्म-सिद्ध होती है या सच्चे हृदय से निकली हुई याचना से मिलती है। अन्त में उन्होंने बताया कि आधुनिक कथक पर भक्ति का प्रभाव दिन-प्रतिदिन कम होता जा रहा है और भविष्य में और भी लोप हो जाने की सम्भावना है। लगभग तीस चालीस वर्ष पहले की बात है कि नृत्य-दर्शक नर्तक में साक्षात् भगवान् के दर्शन करता था और भक्तिपूर्ण उद्‌गार प्रकट करता था। अब तो दर्शकों पर अधिकार प्राप्त करने के लिए नर्तक को विशेष प्रयत्न करना पड़ता है।

नृत्यकार गुरु जितेन्द्रमहाराज से भेंट में लेखिका ने उनसे कथक नृत्य में भक्ति का प्रभाव, स्थान और स्वरूप के विषय में आवश्यक प्रश्न पूछे। उनका विचार है कि सगुण ब्रह्म का आत्म-साक्षात्कार करने का साधन नृत्य से बढ़कर दूसरा नहीं है। भक्ति-नृत्य में नृत्यकार की सारी देह भक्ति-भावनाओं से पुलकित हो उठती है। पाँचों इन्द्रियों का केन्द्रीयकरण नृत्य में ही सम्भव है, क्योंकि भक्ति-रस में डूबकर नर्तक की अन्तरात्मा इष्ट से एकाकार हो जाती है। ब्रह्म-नाद व ताल जिनकी गति पर समस्त ब्रह्मांड का संचालन आधारित है, से नर्तक अपना आध्यात्मिक सम्पर्क स्थापित करने में सफल होता है। नृत्य के माध्यम से इस आध्यात्मिक स्थिति का आह्वान करने व इसकी सिद्धि प्राप्त करने के लिए नर्तक को प्रबल इच्छा-शक्ति व आत्मविश्वास के साथ सात्त्विक भावना व मन, वचन और कर्म से घोर साधना करनी होती है।

गुरु जी को कथक नृत्य का प्रारम्भिक ज्ञान बनारस-घराने का ही प्राप्त हुआ। यद्यपि अब वह घराने के इल्म से मुक्त होकर अपनी स्वतन्त्र रचनाएँ ही प्रस्तुत करते हैं। 'बनारस-घराने की

कथक-शैली पर भक्ति-भाव के प्रभाव' पर प्रकाश डालते हुए उन्होंने बताया कि इस शैली पर दो बातों का प्रभाव मुख्य रूप से पड़ा है। एक तो यह कि इस शैली का विकास मुगल-दरबारों से बाहर हुआ है। दूसरी ओर, काशी में ही यह निखरा और विकसित हुआ, जो स्वयं धर्म, कर्म व ज्ञान की भूमि रही है। इसलिए स्वभावतः इसका रूप परम सात्त्विक वातावरण में पनपा।

पंडित सुन्दरप्रसाद जी जयपुर-घराने के चोटी के नृत्य विद्वानों में माने जाते हैं। लेकिन पंडित जी स्वयं पृथक् घरानों में विश्वास नहीं करते। उनका मत है कि कथक में घराना पहले नहीं था। बाद में कथक की विभिन्न शाखाओं के नाम अलग-अलग हो गए। इसी दृष्टिकोण से वह बिंदादीन को अपना गुरु मानते हैं और उनके चित्र की पूजा-अर्चना करते हैं जिसके बिना एक ग्रास भी वह ग्रहण नहीं करते। इसीलिए जयपुर-घराने की मेरी बात से वह प्रसन्न नहीं हुए और घराना-विषयक अपना मत मुझे बताया। कथक की जयपुर-शैली की बात चलने पर पंडितजी ने बताया कि इस शैली पर सबसे अधिक प्रभाव मीरा, सूरदास व तुलसी की भक्तिपूर्ण रचनाओं का पड़ा है। इन रचनाओं को नृत्य द्वारा अभिनीत किया जाता था। इसके अतिरिक्त राधा-कृष्ण के भक्तिपूर्ण प्रेम की रासलीलाओं को रचने की भी परम्परा कथक की जयपुर-शैली में रही है। जयपुर के रास-नृत्य की धारा में से ही 'कवित्त-नृत्य, का भी जन्म हुआ है, जिसमें भक्ति की अविरल सरिता बहती है। पंडितजी ने बहुत-सी कवित्त-नृत्य की रचनाएँ पढ़कर सुनाईं, जिनमें से एक यहां प्रस्तुत है:—

रास-मण्डल

बृन्दावन कुंजन रच्यौ रास आली बनमाली, निरखत सखि सब दें ताली।
दिगदिगत्राम दिगदिगत्राम तक तक तक दिग दिग दिग।
ता थूना ता थूना, तिग्धा दिग दिग थेई।
उघटत नौरस रंग-ढंग ले गति दिखावत हाव-भाव, भौंह, कटाक्ष।
सोलह अंग बनावत चमक-दमक फेरें तोड़ा-पलटा, गत-निकास।
कसक-कसक, मसक-मसक थिरकन धुरन-मुरन, चाल-ढाल, छवि अति न्यारी।
भृकुटी कुटिल, सुन्दर अलक-झलक, चंचल नैन-बान, हसन-दसन-मुस्कान लखन, झंकनि झांकी, झमकि चंचल नयन बानि।
मुख मोरि-मोरि चित-चोर चाल चपला-सी दमकत चन्द्रमुखी राधा-राधा-राधा, राधा-राधा-राधा, राधा-राधा-राधा॥

कथक नृत्य के उद्भव, विकास व उसके स्वरूप तथा उसकी युग-युगान्तर से बहती हुई धाराओं में भक्ति का कितना भी महत्त्वपूर्ण स्थान रहा हो, परंतु भविष्य में वह कितना सुरक्षित रह सकेगा, इस संबंध में अनेकों शंकाएँ उठती हैं। आज का मानव आध्यात्मिक परमानन्द से विमुख हो, शरीर की सुख-सुविधा, वैभव, विलास में भटक गया है। इसी युग-चिंतन का प्रभाव ललित कलाओं व नृत्य पर प्रतिबिंबित हो रहा है। इसी लिए बिरजू महाराज के इस कथन में बहुत-कुछ सत्यता है कि कथक में भक्ति के स्थान का भविष्य बहुत अन्धकारमय है।

नृत्य-जिज्ञासुओं के लाभार्थ यहाँ बनारस, जयपुर तथा लखनऊ-घराने की शैलियों पर आधारित कुछ नृत्य-परन तथा नृत्य स्तुति प्रस्तुत है :—

बनारस-घराने की शैली पर आधारित कृष्ण-कालिय-युद्ध परन

तीनताल (विलंबित लय)

× २

तटय मुनाके कृष्ण कन्हैया । ग्वालबा लसंग खेलत हैंसब

० ३

खेलगें दको थोथवं ऽगथो । थवंऽग खेल खेलमें गेंद ॥ खेलमें जाय पड़ीय मुनामें । थोऽ दिगदिग थेई ह्ष्टभ येसबग्वा ऽलबा ऽलतब कऽहन । लागे देदे हमरी गेंद ॥ कूद पड़ेय जुनामें कान्हा । धिऽ लांग कियो कालिया । केसंग युद्ध नादिगदिग थोदिगदिग । नादिगदिग सर्व नाथने नाथलि ॥ योका ऽलिया नादिगदिग थोदिगदिग । नादिगदिग थोदिगदिग थेई नादिगदिग । थोदिगदिग नादिगदिग थोदिगदिग थेई । नादिगदिग थोदिगदिग नादिगदिग थोदिगदिग । थेई (सम)

[गुरु जितेन्द्र महाराज से प्राप्त]

जयपुर-घराने की शैली पर आधारित कृष्ण-लास्य परन

एकताल

× ० २ ० ३

नटवर नाचतसं । गीत गीत । विविधभाँऽ ऽतिगत । नई नई । तापर पग ।

४ × ० २ ०

नूपुर बाजे ॥ थोदिगदिग त्राम । त्राम थेई । ऽथोदिग दिगत्रा । मत्रा मथे ।

३ ४

ईऽ थोदिगदिग । गत्राम त्राम ॥ थेई

लखनऊ-घराने की शैली पर आधारित गणेश-स्तुति

तीनताल

× २

ताऽदित्ता थेइयाऽ थेइयाऽ थेइयाऽ । दिगदिग तथेईथेई तथेईथेई दिगदिग ।

० ३

तेतेकत्ता तिग्दाथेई लंऽबोऽ दर, गज । बदन,बि नाऽयक लिएऽना ऽमजग ॥ काऽजसँ बाऽरत, तादीदाम धा । तिग्दातिग्दा थेई दिगदाम तिग्दाथेई । थरंऽग तिग्दाथेई तिग्दाथेई थेईतिग्दा । थेई,तिग्दा थेईथेई तिग्दाथेई तिग्दाथेई ॥ मोऽदक प्रियमुद मंगल दाऽताऽ । विद्याऽ बाऽरिधि बुऽद्धिबि

धाऽताऽ तेतेकत्ता ता तातातता थेईथेई । ततऽत्ता थेईथेई तेतेकत्ता
ता,ते ।। कत्ताताऽ तिग्दातिग्दा थेई १ २ तिग्दातिग्दा थेई तिग्दातिग्दा।
थेई १ २ तिग्दातिग्दा । थेई तिग्दातिग्दा थेई तिग्दातिग्दा ।। रिधिसिधि
जाऽकीऽ चरनन चेऽरीऽ । स्तुति करत,दे ऽवसब तेऽरीऽ । थेईथुंगा
तक्काथुंगा थुंकिट, थुं किट,थुंकि । ट, थुंकिट नाकिट,त किटनकि ट,तकिट ।।
थुंगातक थुंगातक थुंगाऽक गदिगिन । ततथेई' 'ततथेई थेई, थुंगाऽक।
गदिगिन ततथेई ततथेई थेई । थुंगाऽक गदिगिन ततथेई ततथेई ।
'बिन्दा'ऽ बिधिसोंऽ बोऽलब नाऽवत । श्रीऽगण पतिकोऽ ध्यानऽ लगावत।
दिगदिगदिगदिग तीधादिगतिग थेई दिगदिगदिगदिग । तीधादिगदिग थेई,
दिगदिगदिगदिग तीधादिगदिग ।। थेई (सम) [**महाराज बिन्दादीन-कृत**] □□□

दो स्वर-रचनाएँ । □ स्वामी कृपाल्वानन्द जी

१ ध्यान

शान्ताकारं भुजगशयनं पद्मनाभं सुरेशम्,
विश्वाधारं गगनसदृशं मेघवर्णं शुभाङ्गम् ।
लक्ष्मीकान्तं कमलनयनं योगभिर्ध्यानगम्यम्,
वन्दे विष्णुं भवभयहरं सर्वलोकैकनाथम् ॥

• स्थायी — **भैरव राग / तीनताल / विलंबित लय**

०				३				×				२			
	नि	नि											नि		
सा	ध	ध	प	गम	(म),	- रेरे	सा	म	म	पध	सां	सां	ध	(ध),-	प
शां	ता	का	रं	भुज	ग,ऽ	शय	नं	प	द्म	नाऽ	भं	सु	रे	ऽ,ऽ	शं
	नि	नि											नि		
सा	ध	ध	प	गम	(म),	- रेरे	सा	म	म	पध	सां	सां	ध	(ध),-	प
वि	श्वा	धा	रं	गग	न,ऽ	सदृ	शं	मे	घ	वऽ	र्णं	शु	भां	ऽ,ऽ	गं

• अन्तरा

०				३				×				२	नि		
नि	नि	सां	रें	निसां	(सां),	- धध	प	म	म	पध	सां	-सां	ध	(ध),-	प
ल	क्ष्मी	कां	तं	कम	ल,ऽ	नय	नं	यो	गि	भिर्	ध्या	ऽन	ग	ऽऽ	म्यं
	नि	नि											नि		
सा	ध	ध	प	गम	म,	(म) रे	सा	म	म	पध	सां	सां	ध	(ध),-	प
वं	दे	वि	ष्णुं	भव	भय	ह	रं	स	र्वं	लोऽ	कै	क	ना	ऽ,ऽ	थम्

समर्पण

कायेन वाचा मनसेन्द्रियैर्वा बुद्ध यात्मना वा प्रकृतेः स्वभावात् ।
करोमि यद् यत् सकलं परस्मै नारायणायेति समर्पयाति ॥

• स्थायी — **हिंडोल राग / तीनताल**

×				२				०				३			
नि				ध		म॑									
सां	-	नि	ध	म॑	-	ग	-	ग	म॑	ग	ग	सा	-सा	सा	-
का	ऽ	ये	न	वा	ऽ	चा	ऽ	म	न	से	न्द्रि	यै	र्ऽ	वा	ऽ

सा	–	नि.	ध.	मं.	ध.	सा	–	ग	ग	ग	मं	ग	सा	सा	–सा
बु	ऽ	द्ध्या	त्म	ना	ऽ	वा	ऽ	प्र	कृ	तेः	स्व	भा	ऽ	वा	ऽत्

● अंतरा

×				२				०				३			
मं		ध										नि			
ग	–	मं	ध	मं	–मं	ग	–ग	मं	ध	मं	ध	सां	–	सां	–
क	ऽ	रो	मि	य	ऽद्	य	ऽत्	स	क	लं	प	र	ऽ	स्मै	ऽ
मं				मं											
गं	–	गं	मं	गं	–	सां	सां	नि	ध	मं	ध	सां	–	सां	–
ना	ऽ	रा	य	णा	ऽ	ये	ति	स	म	ऽ	र्प	या	ऽ	मि	ऽ

□□

चार स्वर रचनाएँ । □ शशिमोहन भट्ट

१. पद

तू दयालु, दीन हौं, तू दानि हौं भिखारी ।
हौं प्रसिद्ध पातकी तू पाप-पुंजहारी ।।।
नाथ तू अनाथ को, अनाथ कौन मोसो ।
मो समान आरत नहिं, आरतहर तोसो ।।
ब्रह्म तू, हौं जीव, तू है ठाकुर, हौं चेरो ।
तात-मातु, गुरु-सखा तू सब विधि हितु मेरो ।
तोहि मोहि नाते अनेक, मानियै जो भावै ।
ज्यों-त्यों 'तुलसी' कृपालु ! चरन-सरन पावै ।।

तुलसीदास

• स्थायी **दादरा ताल**

×						×						×					
						सा											
ग	म	रे	सा	नि़	सा	गरे	गरेम	म	ग	–	म	रेग	रेप	प	पनि॒ध	निसां	नि॒प
तू	ऽ	द	या	ऽ	लु	दीऽ	ऽऽऽ	न	हौं	ऽ	तू	दाऽ	ऽऽ	नि	हौंऽऽ	ऽऽ	भिऽ
मग	पधम	म	ग	–	–	प	–	प	पनि॒	ध	ध	धनि	सां	नि	सां	–	निरेंसां
खाऽ	ऽऽऽ	री	ऽ	ऽ	ऽ	हौं	ऽ	प्र	सिऽ	ऽ	द्ध	पाऽ	ऽ	त	की	ऽ	तूऽऽ
नि॒	धप	प	प	रे	रे	रेग	मधप	म	ग	–	–	ग	म	रे	सा	नि़	सा
पा	ऽऽ	प	पुं	ऽ	ज	हाऽ	ऽऽऽ	री	ऽ	ऽ	ऽ	तू	ऽ	द	या	ऽ	लु
साग	रे	म	ग	–	–												
दीऽ	ऽ	न	हौं	ऽ	ऽ												

• अन्तरा १

×						×						×					
प	–	प	पनिसां	रें	रें	सां	–	सां	सां	–	सां	सांगं	रें	मं	गंरें	सां	सां
ना	ऽ	थ	तूऽऽ	ऽ	अ	ना	ऽ	थ	को	ऽ	अ	नाऽ	ऽ	थ	कोऽ	ऽ	न

सां	ध	निसांनि	प	–	–	प	–	प	पनि	ध	ध	नि	नि	सां	नि	सां	–
मो	ऽ	ऽऽऽ	सो	ऽ	ऽ	मो	ऽ	स	माऽ	ऽ	न	आ	र	त	न	हिं	ऽ

सांनि	सारेंसां	नि	धप	प	प	गरे	गम	धप	म	ग	रे	
आऽ	ऽऽऽ	र	तऽ	ह	र	तोऽ	ऽऽ	ऽऽ	सो	ऽ	ऽ	तू दयालू, दीन हौं……।

• अन्तरा २

×						×						×					
म	–	म	मधनि	सां	निप	प	–	पम	नि	प	–	म	–	म	म	नि	ध
ब्र	ऽ	ह्म	तूऽऽ	ऽ	हौंऽ	जीऽ	वऽ	तू	ऽ	है		ठा	ऽ	कु	र	हौं	ऽ
नि	–	सां	–	–	–	सां	ध	ध	ध	–	ध	ध	नि	धप	प	–	प
चे	ऽ	रो	ऽ	ऽ	ऽ	ता	ऽ	त	मा	ऽ	त	गु	रु	सऽ	खा	ऽ	तू
पमं	धप	म	मग	ग	म	रेग	मध	पध	म	ग	–						
सऽ	बऽ	बि	धि	हि	तु	मेऽ	ऽऽ	ऽऽ	रो	ऽ	ऽ	तू दयालु, दीन हौं……।					

(शेष अन्तरा पहले अन्तरे के समान गाया जाएगा)

२. पद

तजौ मन, हरि बिमुखनि कौ संग।
जिनकै संग कुमति उपजत है, परत भजन में भंग।
कहा होत पय-पान कराए, विष नहिं तजत भुजंग।
कागहिं काह कपूर चुगाएँ स्वान न्हवाएँ गंग।
खर कौं कहा अरगजा-लेपन, मरकट भूषन अंग।
गज कौं कहा सरित अन्हवाएँ, बहुरि धरै वह ढंग।
पाहन पतित बान नहिं बेधत, रीतौ करत निषंग।
'सूरदास' कारी कामरि पै, चढ़त न दूजौ रंग।।

□ सूरदास

• स्थायी **मिश्र शिवरंजनी राग / कहरवा ताल**

	×				×				×			
रेग	सा	रे	ग	प	–	धसां	ध	प	ग	रेसा	रे	ध
तऽ	जौ	ऽ	म	न	ऽ	हरि	बि	मु	ख	निऽ	कौ	ऽ

सा	–	सा,	ध़	सा	रे	ग	–	–	गग	ग	रे	ग	–	ग	–
सं	ऽ	ग,	*	*	*	*	*	*	जिन	कै	ऽ	सं	ऽ	ग	ऽ
रे	रे	ग	प	ग	रेसा	सा	सा	–	सारे	ग	प	ध	धसां	–ध	प
कु	म	ति	उ	प	जऽ	त	है	ऽ	पर	त	भ	ज	नऽ	ऽमें	ऽ

म ग ग, ।

भं ऽ ग, तजौ मन, हरि-बिमुखनि····।

● अंतरा

×				×				×				×			
			ग	रे	ध़	सा	–	सा	रेग	प	प	–	प	प	प
			*	*	*	*	*	क	हाऽ	ऽ	हो	ऽ	त	प	य
–	प	ध	पग	प	–	प	–	–	पप	ध	सां	सां	सां	रें	गं
ऽ	पा	न	कऽ	रा	ऽ	एँ	ऽ	ऽ	बिष	न	हिं	त	ज	त	भु
सांरें	सां	–	सां	रेंसां	धप	धसां	रेंगं	–	गं	गं	रें	गं	गं	–	गं
जंऽ	ऽ	ऽ	ग	होऽ	ऽऽ	ऽऽ	ऽऽ	*	का	ग	हिं	क	हा	ऽ	क
रें	–	सां	ध	सांरें	मंगं	रें	–	सां	–	रें	सां	ध	प	धसां	धप
पू	ऽ	र	चु	गाऽ	ऽऽ	एँ	ऽ	स्वा	ऽ	न	न्ह	वा	ऽ	एँऽ	ऽऽ

म ग ग ।

गं ऽ ग तजौ मन, हरि-बिमुखनि····।

(शेष अन्तरे इसी प्रकार गाए जाएंगे)

३. पद

हमारे प्रभु, औगुन चित न धरौ ।
समदरसी है नाम तुम्हारौ; सोई पार करौ ।।
इक लोहा पूजा में राखत, इक घर बधिक परौ ।
सो दुबिधा पारस नहिं जानत, कंचन करत खरौ ।।
इक नदिया, इक नार कहावत, मैलौ नीर भरौ ।
जब मिलि गए तब एक बरन ह्वै, गंगा नाम परौ ।।

तन माया, ज्यौ ब्रह्म कहावत, सूर सु मिलि बिगरौ ।
कै इनको निरधार कीजियै, कै प्रन जात टरौ ॥

□ सूरदास

● स्थायी **कहरवा ताल**

× × × ×

	धृ सा	रेग पम – मध	पध,प –म ग॒ ग॒रे
	ह मा	रेऽ ऽऽ ऽ ऽऽ	ऽऽ,ऽ ऽऽ प्र भुऽ
सा सानि॒रेसा –नि॒ धृ	मृ पृ नि॒सा धनि॒	सा – – –	– –
ऽ औऽऽऽ ऽगु न	चि त नऽ धऽ	रौ ऽ ऽ ऽ	ऽ ऽ, हमारे प्रभु,
			सा – – –
औगुन चित न ध–			रौ ऽ ऽ ऽ
– सानिरेसा निृ पधृ	निृ – सा स।	रेप मग॒ – रेसा,सा	सा – सा –
* सऽमऽ ऽ दर	सी ऽ है ऽ	ऽऽ नाऽ ऽ मऽ,ति	हा ऽ रौ ऽ
– धसा रेम –	म पध॒ ध॒ ध॒प	प – – –	मप मध पध –
ऽ सोऽ ईऽ ऽ	पा ऽऽ र कऽ	रौ ऽ ऽ ऽ	ऽऽ ऽऽ ऽऽ ऽ
– धपधप मम ग॒	रेग॒ सारेमग॒ –,रेसा सा	सा – – –	– –,
ऽ सोऽऽऽ ऽई ऽ	पाऽ ऽऽऽऽ ऽ,रऽ क	रौ ऽ ऽ ऽ	ऽ ऽ, हमारे प्रभु,

औगुन····।

● अंतरा

× × × ×

– ग॒ग॒ –ग॒ –	पम ग॒म ग॒ग॒ –	- रेग॒ –,रेसा –	रे –म रेसा नि॒सा
ऽ इक ऽलो ऽ	हाऽ ऽऽ ऽपू ऽ	ऽ जाऽ ऽ,मेंऽ ऽ	रा ऽऽ खऽ तऽ
रेग॒ ।			रे – रे रे
ऽऽ, इक लोहा पूजा में—			रा ऽ ख त

– रेरे –,ग॒म म	ग॒म गपमग॒ रेसा सा	सा – – –	साम ग॒प मनि॒ पम
ऽ इक ऽ,घऽ र	बऽ धिऽऽऽ कऽ प	रौ ऽ ऽ ऽ	ऽऽ ऽऽ ऽऽ ऽऽ
ग॒ ग॒ –,मप प	प – – पध॒	नि॒ नि॒ध॒निध॒ –प –म	प – प प
ऽ सो ऽ,दुऽ बि	धा ऽ ऽ पाऽ	ऽ रऽसऽ ऽन ऽहिं	जा ऽ न त

सो दुबिधा पारस नहिं जा—

प धप
न तऽ

मध धप –,मग॒ ग॒	रेग॒ सारेमग॒ –रे –सा	सा – – –	– –,
ऽऽ कंऽ ऽ,चऽ न	कऽ रऽऽऽ ऽत खऽ	रौ ऽ ऽ ऽ	ऽ ऽ हमारे प्रभु,

औगुन ....।

(शेष अन्तरे इसी प्रकार गाए जाएंगे)

४. पद

मीराँ मगन भई हरि के गुण गाय, प्रभु के गुण गाय ।
साँप-पिटारा राणा भेज्या, मीराँ हाथ दियो जाय ।
न्हाय-धोय जब देखन लागी, सालिगराम गई पाय ।।
ज़हर का प्याला राणा ने भेज्या, इम्रत दियो बनाय ।
न्हाय-धोय जब पीवन लागी, हो गई अमर अँचाय ।।
सूली सेज राणा ने भेजी, दीज्यो मीराँ सुवाय ।
साँझ भई मीराँ सोवण लागी, मानों फूल बिछाय ।।
मीराँ के प्रभु सदा सहाई, राखे बिघन हटाय ।
भजन-भाव में मस्त डोलती, गिरिधर पर बलि जाय ।।

☐ मीराँबाई

• स्थायी **कहरवा ताल**

×	×	×	×
			प ध॒प
			मी राँऽ
मध॒ – – –	– – पध॒ म	– नि॒ध॒ –प –म	प – – प
ऽऽ ऽ ऽ ऽ	ऽ ऽ ऽऽ ऽ	ऽ मग ऽन ऽभ	ई ऽ ऽ ह

मग	पम	गरे	–सा	गरे	–	–	प	मग	पम	गरें	–सा	सा	–,	प	ध
रिऽ	केऽ	ऽगु	ऽण	गाऽ	ऽ	ऽय	प्र	भुऽ	केऽ	ऽगु	ऽण	गा	ऽय	मी	राँ
–	पध	–प	–म	प	–	–	–	–,							
ऽ	मग	ऽन	ऽभ	ई	ऽ	ऽ	ऽ	ऽ,							

• **अंतरा**

×				×				×				×			
									ध–	–प	–म	ध	–	ध	–
									साँऽ	ऽप	ऽपि	टा	ऽ	राँ	ऽ
–	प	–म	–ग	प	–	प	–	–	नि	ध	नि	निध	धसां	निसां	धनि
ऽ	रा	ऽणा	ऽऽ	भे	ऽ	ज्या	ऽ	ऽ	मी	ऽ	रां	हाऽ	थऽ	दिऽ	योऽ
प	–	–	–	–	नि	ध	नि	निध	मांनि	ध	प	–	पध	–नि	रें
जा	ऽ	ऽ	ऽय	ऽ	न्हा	य	धो	ऽऽ	यऽ	ज	ब	ऽ	देऽ	ऽख	न
सां	–	सां	–	–सांरें	गं	रें	नि	ध	म	गम	रेंग	सा	–	–	–
ला	ऽ	गीं	ऽ	ऽसाऽ	लि	ग	रा	ऽ	म	गऽ	ईऽ	पा	ऽ	ऽ	य
–	–			|											

* * मीराँ मगन भई....।

(शेष अन्तरे इसी प्रकार गाए जाएँगे।)

□□

पन्द्रह स्वर-रचनाएँ | ▣ हेमन्तकुमार जोशी

१. सरस्वती गीतम्

एहि लसत सितशतदलवासिनि, भारति मामक मास्यम् ।
देहि च मे त्वदमरनिकरार्चित, पादतले निजदास्यम् ।।
जडतरजीवन महह मदीयं, श्रुतिविरहान्नहि नृषु गणनीयम् ।
निरुवधिकृपां कुरुष्वदयामयि, व्यपगच्छेन्मम दास्यम् ।।
विकसित नीलजलजतलवासे, बिहित बृहस्पतिसम निजदासे ।
जननि कृशोदरि मम रसनोपरि, विरचय शाश्वतहास्यम् ।।
निखिलभारतवर्तिजनोऽधुना, अशनदुर्लभतः परिशोचति ।
करुणयाऽऽर्द्रदृशाऽऽशु विलोक्य तं, जगदिदं जगदम्ब सुखीकुरु ।।
स्रोतांसि बात्सल्यरसस्य शाश्वत, समुत्स्रजन्ती जनता हिताय ।
साभक्त चित्तैक दया विधेया, पुनातु नेत्रद्युतिः शारदायाः ।।

▣ 'बृहत्स्तोत्ररत्न वली' से

तीनताल/मध्य लय

×				२				०				३			
सा	–	सा	सा	ध	–	ध	ध	प	ध	प	म	प	–	प	प
ए	ऽ	हि	ल	सत	ऽ	सि	त	श	त	द	ल	वा	ऽ	सि	नि
मध	पध	म	ग	म	–	प	ध	धप	मप	म	–	–	–	–	–,
भाऽ	ऽ	र	ति	मा	ऽ	म	क	माऽ	ऽऽ	स्यम्	ऽ	ऽ	ऽ	ऽ	ऽ,
												नि			
पनि	सांनि	ध	प	ध	–	नि	सां	धसां	निध	ध	प	ध	–	प	प
देऽ	ऽऽ	हि	च	मे	ऽ	त्व	द	मऽ	रऽ	नि	क	रा	ऽ	र्चि	त
ग	–	ग	ग	म	–	प	ध	धप	मप	म	–	–	–	–	–
पा	ऽ	द	त	ले	ऽ	नि	ज	दाऽ	ऽऽ	स्यम्	ऽ	ऽ	ऽ	ऽ	ऽ।
		नि													
सां	सां	ध	ध	सां	–	सां	सां	सां	सां	सां	सां	नि	रें	सां	–
ज	ड	त	र	जी	ऽ	व	न	म	ह	ह	म	दी	ऽ	यं	ऽ
ध	नि	रें	गं	गं	रें	सां	सां	नि	ध	प	म	पनि	ध	प	–,
श्रु	ति	वि	र	हा	ऽ	न्न	हि	नृ	षु	ग	ण	नीऽ	ऽ	यम्	ऽ,

ध ध ध ध | म धनि सां सांरें | निरें सांनि ध म | प निध प म
नि रु व धि | कृ पांऽ ऽ कुऽ | रुऽ ऽऽ ब्व द | या ऽऽ म यि

म ध ध – | पम ग म ध | धप मप म – | – – – –
व्य प ग ऽ | च्छेऽ ऽ न्म म | दाऽ ऽऽ स्यम् ऽ | ऽ ऽ ऽ ऽ

ग ग ग ग | म – म प | गप मग रेंसा नि़ | सारे ग ग –
वि क सि त | नी ऽ ल ज | लऽ जऽ तऽ ल | वाऽ ऽ से ऽ

नि
सा सा सा सा | ध – नि सां | ध ध पम ग | प म म –,
वि हि त बृ | ह ऽ स्प ति | स म निऽ ज | दाऽ ऽ से ऽ,

नि
सां सां निध ध | सां – सां सां | नि नि सांनि रेंसा | ध – ध ध
ज न निऽ कृ | शो ऽ द रि | म म रऽ सऽ | नो ऽ प रि

प ध प ध | पम ग म ध | धप मप म – | – – – –,
वि र च य | शाऽ ऽ श्व त | हाऽ ऽऽ स्यम् ऽ | ऽ ऽ ऽ ऽ,

| ग ग ग
| नि खि ल

ग – – – | – म त ग | म – – – | – – प म
भा ऽ ऽ ऽ | ऽ ऽ र त | व ऽ ऽ ऽ | ऽ ऽ ति ज

प – – – | – – – म | प – – – | – प म ग
नो ऽ ऽ ऽ | ऽ ऽ ऽ धु | ना ऽ ऽ ऽ | ऽ अ श न

ग – – – | – – म ग | म – – – | – – प ध
दु ऽ ऽ ऽ | ऽ ऽ र्लं भ | तः ऽ ऽ ऽ | ऽ ऽ प रि

प – – – | – – म ग | म – – – | –; सां सां नि
शो ऽ ऽ ऽ | ऽ ऽ ऽ च | ति ऽ ऽ ऽ | ऽ, क रु ण

सां – – – | – – सां नि | सां – – – | – – सां नि
या ऽ ऽ ऽ | ऽ ऽ द्रं द्द | शा ऽ ऽ ऽ | ऽ ऽ शु वि

रें
सां नि ध – | – – – प | ध – – – | – प ध प
लो ऽ ऽ ऽ | ऽ ऽ ऽ व्य | तं ऽ ऽ ऽ | ऽ ज ग दि

म	–	–	–	–	–	प	म	ग	–	–	–	–	–	म	ध॒
दं	ऽ	ऽ	ऽ	ऽ	ऽ	ज	ग	द	ऽ	ऽ	ऽ	ऽ	ऽ	म्ब	सु
प	–	–	–	–	–	म	ग	म	–	–	–	–	–	–	–
खी	ऽ	ऽ	ऽ	ऽ	ऽ	ऽ	कु	रु	ऽ	ऽ	ऽ	ऽ	ऽ	ऽ	ऽ
सां	–	–	सां	–	–	नि	–	ध॒	–	–	ध॒	–	–	ध॒	–
स्रो	ऽ	ऽ	तां	ऽ	ऽ	सि	ऽ	वा	ऽ	ऽ	त्स	ऽ	ऽ	ल्य	ऽ
प	–	–	ध॒	–	–	म	–	प	–	–	प	–	–	प	–
र	ऽ	ऽ	स	ऽ	ऽ	स्य	ऽ	वि	ऽ	ऽ	श्वं	ऽ	ऽ	ऽ	ऽ
प	–	–	म	–	–	ग	–	ग	–	–	ग	–	–	म	ग
म	ऽ	ऽ	मु	ऽ	ऽ	त्स्र	ऽ	ज	ऽ	ऽ	न्ती	ऽ	ऽ	ऽ	ऽ
सा	ग	–	म	ध॒	–	–	म	प	–	–	म	–	–	–	–,
ज	न	ऽ	ता	ऽ	ऽ	ऽ	हि	तां	ऽ	ऽ	य	ऽ	ऽ	ऽ	ऽ,
ध॒	–	–	ध॒	–	–	प	–	ध॒	–	–	ध॒	–	–	म	–
सा	ऽ	ऽ	भ	ऽ	ऽ	क्त	ऽ	चि	ऽ	ऽ	त्तै	ऽ	ऽ	क	ऽ
प	–	–	प	–	–	म	–	प	–	–	प	–	–	म	–
ऽ	ऽ	ऽ	या	ऽ	ऽ	वि	ऽ	धे	ऽ	ऽ	या	ऽ	ऽ	ऽ	ऽ
ध॒	–	–	म	–	–	ग	–	ग	–	–	म	–	–	ग	–
पु	ऽ	ऽ	ना	ऽ	ऽ	तु	ऽ	ने	ऽ	ऽ	त्र	ऽ	ऽ	द्यु	ऽ
सा	ग	–	म	ध॒	–	म	–	प	–	–	म	–	–	–	–
तिः	ऽ	ऽ	शा	ऽ	ऽ	र	ऽ	दा	ऽ	ऽ	याः	ऽ	ऽ	ऽ	ऽ

२. पद

सो मेरा राम कबै घरि आवै, ता देखैं मेरा जियरा सुख पावै ।
बिरह-अगिन तन-दिया जराई, बिन दरसन क्यों होइ सराई ।
निसि-बासर मन रहै उदासा, जैसे चातिग नीर-पियासा ।
कहै 'कबीर' अति आतुरताई, हमको बेगि मिलौं रामराई ।

☐ **कबीरदास**

• स्थायी **कहरवा ताल/मध्य लय**

×				०				×				०			
				रेम	रेसा	ऩि	ध़	सा	–	रेम	म	धप	ध	म	रे
				सोऽ	ऽऽ	मे	रा	रा	ऽ	मऽ	क	बैऽ	ऽ	घ	रि
				सां											
म	–	म	–	ध	सां	सां	रें	ऩि	ध	मध	सां	ध	म	रेम	रे
आ	ऽ	वै	ऽ	ता	ऽ	दे	खैं	मे	रा	जिऽ	य	रा	ऽ	सुऽ	ख
ऩि	ध़	सा	–												
पा	ऽ	वै	ऽ												

• अन्तरा

×				०				×				०			
				म	ध	म	ध	सां	सां	सां	सां	सां	सां	–	रैं
				बि	र	ह	अ	गि	न	त	न	दि	या	ऽ	ज
नि	ध	सां	–	ध	सां	रें	मं	रें	सां	धसां	रेंसां	ध	म	रेम	रेसा
रा	ऽ	ई	ऽ	बि	न	द	र	स	न	क्योंऽ	ऽऽ	हो	ऽ	इऽ	सऽ
ऩि	ध़	सा	–												
रा	ऽ	ई	ऽ												

(शेष अन्तरे इसी प्रकार गाए जाएंगे।)

३. पद

नमो श्री राम-नाम सुख-सार।
श्रुति को सार, जनन को सरबस, सिव को प्रानाधार ।।
पतित-उधारन चाहि प्रभुहुँ सों, निरमल परम उदार।
निरगुन-सगुन प्रकाशक दुहुँ को, विघिन बिदारनहार ।।
विषम विषय-भव-ताप-नसावन, सीतल सुरसरि-धार।
सुकृती परम आस तजि जे जन, रमन करत इकतार ।।
चिंतामणि सुरधेनु कलपतरु, मन्तर अर्ध-विचार।
'बदरीदास' रटहिं निसि-बासर, जानि सार को सार।।

☐ बदरीदास

• स्थायी **कहरवा ताल**

×	०	×	०
	ग		
सा	सा – रे मग	रे सा सा नि़	प़ प़ नि़ नि़
न	मो ऽ श्री ऽऽ	रा ऽ म ना	ऽ म सु ख
निग रेग रेसा सा	सा – रे मग,	सा रे म –	म – म म
साऽ ऽऽ रऽ न	मो ऽ श्री ऽऽ,	श्रु ति को ऽ	सा ऽ र ज
प नि प म	रे रे सा सा	सा रे म –	पनि पनि सां रें
न न को ऽ	स र ब स	सि व को ऽ	प्राऽ ऽऽ ना ऽ
सांरें सांनि पम रेसा	सा – रे मग		
धाऽ ऽऽ रऽ नऽ	मो ऽ श्री ऽऽ	राम-नाम.....।	

• अंतरा

×	०	×	०
		प नि प नि	पनि सां सां सां
		प ति त उ	धाऽ ऽ र न
सां – रें गं	रेंमंगं रें सां –	सां सां रें सां	प – नि नि
चा ऽ हि प्र	भुऽऽ हुँ सों ऽ	नि र म ल	प र म उ
निगं रेंगं सां –	निरें सांनि प म,	म पनि नि नि	प पसां नि प
दाऽ ऽऽ ऽ र	ऽऽ ऽऽ ऽ ऽ,	नि रऽ गु न	स गुऽ न प्र
म – प म	रे मग रे सा	सा रे म म	पनि पनि सां रें
का ऽ श क	दु हुँऽ को ऽ	वि घि न वि	दाऽ ऽऽ र न
सांरें सांनि पम, रेसा	सा – रे मग		
हाऽ ऽऽ रऽ, नऽ	मो ऽ श्री ऽऽ	राम-नाम.....।	

(शेष अंतरे इसी प्रकार गाए जाएंगे)

४. पद

नाम सों अन्तर-ज्योति जगी।
पूरि प्रकाश रह्यो चारिहुँ दिशि, छिटिक रही जगमगी ॥
झर-झर झरत अमृत-रस-निर्झर, चिन्ता निसरि भगी ।
अनहद बजत निरन्तर सुनि-सुनि, मन की ठगनि ठगी ॥
मिट्यो अविद्या-तमस भयंकर, दीठि उलटि हिय लगी ।
'बदरीदास' चरण सतगुरु लखि, मति सुप्रेम-रस-पगी ॥

□ बदरीदास

• **स्थायी** — **कहरवा ताल/मध्य लय**

× ० × ०

प ग

सा – रे ग,पम | ग रेसा रे सानि॒ | – पनि॒ –सा –रे | ग,मग रेसा रे सा
ना ऽ म सो,ऽऽ | अं ऽऽ त रऽ | ऽ ज्योऽ ऽति ऽज | गी,ऽऽ ऽऽ ऽ ऽ

– मरेरे –नि॒ -प़ | सा – सा सा | सा साप –प –नि॒ | म नि॒प म ग
ऽ पूऽऽ ऽरि ऽप्र | का ऽ श र | ऽ ह्योऽ ऽचा ऽऽ | रि हुँऽ दि शि

गप ग,सां सां सांरें | सांनिरें सां नि॒प प | मप मग रेसा, सानि॒ | सा रे ग,मग रेसा
छिऽ टि,ऽ क रऽ | हीऽऽ ऽ जऽ ग | मऽ गीऽ ऽऽ, जऽ | ग म गी,ऽऽ ऽऽ

• **अंतरा १**

× ० × ०

सांनि रेंसां नि॒ प | म पधनि॒ नि॒ नि॒ | ध नि॒ध पम रे | म–प ध प प
झऽ रऽ झ र | झ रऽऽ त अ | मृ तऽ रऽ स | निऽऽ ऽ झं र

रें रें

– पनि॒ –सां गं | रें नि॒ –सां –रें | गं – सां – | सांसां नि॒ ध प
ऽ चिऽ ऽन्ता ऽ | नि स ऽरि भऽ | गी ऽ ऽ ऽ | ऽऽ ऽ ऽ ऽ

– मरे नि॒ नि॒ | नि॒ नि॒ नि नि॒ध | म ध सां रें | ध रेंसां नि॒ ध
ऽ अन ह द | ब ज त निऽ | र ऽ न्त र | सु निऽ सु नि

प प रे

ग प ध सां | रेंसां नि॒ ध ग | पध सांनि॒ –, पध | मप गम ग रेसा
म न की ऽ | ठऽ ग नि ठ | गीऽ ऽऽ ऽ, ठऽ | गीऽ ऽऽ ऽ ऽऽ

• **अंतरा २**

× ० × ०

ध

सां नि॒ प | म पध ध – | म पम –,रे –नि॒ | सा रे ग,मग सा
मि ट्यो ऽ | अ विऽ द्या ऽ | ऽ तम ऽ,स ऽभ | यं ऽ क,ऽऽ र

							रें					रें			
सा	ग	प	नि	प	नि	सां	गं	गं	सां	–	–	सांसां	निनि	ध	प
दी	ऽ	ठि	उ	ल	टि	हि	य	ल	गी	ऽ	ऽ	ऽऽ	ऽऽ	ऽ	ऽ
प															
ग	प	ध	सां	रेंसां	नि	नि	नि	ध	निध	पम	रे	म	पध	प	प
ब	द	री	ऽ	दाऽ	ऽ	स	च	र	णऽ	सऽ	त	गु	रुऽ	ल	खि
गप	ग,सां	सां	सांरें	निसां	सां	निप	प	मप	मग	रेसा,	सानि	सा	रे	ग,मग	रेसा
मऽ	ति,ऽ	सु	प्रेऽ	ऽऽ	म	रऽ	स	पऽ	गीऽ	ऽऽ,	रऽ	स	प	गी,ऽऽ	ऽऽ

५. पद

बहुत दिन बीते, सुधि कछु न लही ।
गए जो पथिक गोरे साँवरे सलोने, सखि संग नारि सुकुमारि रही ।।
जानि-पहिचानि बिनु आपुतें आपनेहु तें, प्रानहूँ ते प्यारे प्रियतम उपही ।
सुधा के सनेहहू के सार लै सँवारे बिधि, जैसे भावतेहैं भाँति जाति न कही ।।
बहुरि बिलोकिबे कबहुँक, कहत तनु पुलक नयन जलधार बही ।
'तुलसी' प्रभु सुमिर ग्राम-जुबती सिथिल, बिनु प्रयास परीं प्रेम सही ।।

□ गोस्वामी तुलसीदास

• स्थायी

अहीर-ललित राग/तीनताल/मध्य लय

×				२				०				३			
			नि	सा	रे	ग	म	धनि	सां	नि	धमं	ध	मं	म	ग
			ब	हु	त	दि	न	बीऽ	ऽ	ते	बीऽ	ऽ	ते	बी	ऽ
मं											ग				
म	–	–,	गम	मं	–,	गम	गरे	ग	–	–,	रे	रे	नि	–	ध
ते	ऽ	ऽ,	ऽऽ	ऽ	ऽ,	सुऽ	धिऽ	ऽ	ऽ	ऽ,	क	छु	न	ऽ	ल
सा	–	–,													
ही	ऽ	ऽ,													

• अंतरा

×				२				०				३			
											सां	सां	नि	–	ध
											ग	ए	जो	ऽ	प

सां	–	–	–	सा	नि	रें	–	सां	–	–,	ध	नि	सांरें	गमं	मं
थि	ऽ	ऽ	ऽ	क	ऽ	गो	ऽ	रे	ऽ	ऽ,	साँ	व	रेऽ	ऽऽ	स
रें	–	सां	–	नि	–	धर्म	ध	र्म	म	–	–	–	–,	म	सां
लो	ऽ	ऽ	ऽ	ऽ	ऽ	ऽऽ	ऽ	ने	ऽ	ऽ	ऽ	ऽ	ऽ,	स	खि
नि	सां	नि	धर्म	ध	र्म	म	ग	(म)	–	ग	रे	गम	धनि	सांसां	निध
सं	ऽ	ग	नाऽ	ऽ	रि	सु	कु	मा	ऽ	रि	र	हीऽ	ऽऽ	ऽऽ	ऽऽ
र्मम	गरे	सा,	नि												
ऽऽ	ऽऽ	ऽ,	ब	हुत दिन.....।											

(शेष अन्तरे इसी प्रकार गाए जाएंगे)

६. पद

हे प्रभु, मेरोई सब दोसु ।
सीलसिन्धु, कृपालु, नाथ अनाथ, आरत पोसु ।।
बेष बचन बिराग मन अघ अवगुननि को कोसु ।
राम ! प्रीति-प्रतीत पोली, कपट करतब ठोसु ।।
मोद-मंगल-मूल अति अनुकूल निज निरजोसु ।
राम-नाम-प्रभाव सुनि तुलसिहुँ परम परितोसु ।।

☐ गोस्वामी तुलसीदास

• स्थायी **काफी राग / रूपक ताल / मध्य लय**

×			२		३		×			२		३	
										प	म	ध	प
										है	ऽ	प्र	भु
(म) ग	–	रे	म	–	प	म	प॰	–	प	प	म	ध	प
मे	ऽ	रो	ई	ऽ	स	ब	दो	ऽ	सु	है	ऽ	प्र	भु
ग	–	रे	ग	–	रे	सा	रे	–	सानि	सा	–	सा,	सा
सी	ऽ	ल	सिं	ऽ	धु	कृ	पा	ऽ	लुऽ	ना	ऽ	थ,	अ
ध	–	ध	ध	नि	सां	रेंसां	नि	ध	प,	प	म	ध	प
ना	ऽ	थ	आ	ऽ	र	तऽ	पो	ऽ	सु,	है	ऽ	प्र	भु

● अन्तरा १

×			२		३		×			२		३	
म	–	म	प	प	नि	नि	सां	–	सां	नि	सां	सां	सां
वे	ऽ	ष	ब	च	न	बि	रा	ऽ	ग	म	न	अ	घ
नि	सां	सां	रें	रें	रें	–	सांरें	ग॒	–	रें	–	सां	सां
अ	ब	गु	न	नि	को	ऽ	ऽऽ	ऽ	ऽ	को	ऽ	ऽ	सु
नि	–	नि	सां	–	सां	सां	निसां	रें	रेंसां	नि॒	ध	प	–
रा	ऽ	म	प्री	ऽ	ति	प्र	तीऽ	ऽ	तिऽ	पो	ऽ	ली	ऽ
म	प	प	म	प	ध	प	ग॒	–	रे,	म	–	नि॒	प
क	प	ट	क	र	त	ब	ठो	ऽ	सु,	है	ऽ	प्र	भु

● अन्तरा २

×			२		३		×			२		३	
म	–	म	प	–	नि	नि	सां	–	सां	नि	सां	सां	सां
मो	ऽ	द	मं	ऽ	ग	ल	मू	ऽ	ल	अ	ति	अ	नु
रें	–	रें	गं॒	गं॒	रें	सां	निसां	रेंमं	गं॒रें	सांनि	सां	सां	सां
कू	ऽ	ल	नि	ज	नि	र	जोऽ	ऽऽ	ऽऽ	ऽऽ	ऽ	ऽ	सु
नि	–	नि	सां	–	सां	सां	निसां	रें	रेंसां	नि॒	ध	प	प
रा	ऽ	म	ना	ऽ	म	प्र	भाऽ	ऽ	वऽ	सु	नि	तु	ल
							म						
म	प	प	म	प	ध	प	ग॒	–	रे,	म	–	नि॒	प
सि	हुँ	प	र	म	प	रि	तो	ऽ	सु,	है	ऽ	प्र	भु

[स्व० पं० चन्द्रशेखर पन्त से प्राप्त]

७. पद

मुरलिया, काहे गुमान-करी ?
जड़ तोरी जानों पेड़ पहिचानों, मधुबन की कअरी ।
कबहुँ मुरलिया प्रभु-कर सोहे, कबहूँ अधर धरी ॥
सुर-नर-मुनि सब मोहि गये हैं, देवन ध्यान धरी ।
'सूर'-श्याम अस वश भइ ग्वालिन, हरि पर ध्यान धरी ॥

☐ सूरदास

• **स्थायी** **तिलंग राग / तीनताल / मध्य लय**

×　　　　२　　　　०　　　　३

　　　　　　　　　　　　　　　　प
सा | ग म प – | – नि सांनि रेंसां | नि प ग म
मु | र लि या ऽ | ऽ का हेऽ गुऽ | मा ऽ न भ

रे
ग – – सा | ग म पनि मप |
री ऽ ऽ मु | र लि या ऽऽ |

• **अंतरा**

×　　　　२　　　　०　　　　३

ग म प नि | सां – सां सां
ज ड़ तो री | जा ऽ नों पे

　　　　　　　　　　　　　　　　रें
नि नि सां सां | सांनि रेंसां नि प | – गम प नि | सां गंगं सां सां
ऽ ड़ प हि | चाऽ ऽऽ नों ऽ | ऽ मधु ब न | की ऽऽ ल क

　　　　　　　　　　　　　　　　प　म
सारें सांनि प, म | ग म पनि सां | – नि सांनि रेंसां | नि प ग म
रीऽ ऽऽ ऽ, मु | र लि याऽ ऽ | ऽ का हेऽ गुऽ | मा ऽ न भ

ग – –, |
री ऽ ऽ, |

(शेष अन्तरे इसी प्रकार गाए जाएँगे।)

८. दुर्गा-स्तुति

जय दुर्गे दुर्गति-परिहारिणि, शुम्भ-विदारिणि मात भवानी !
आदि-शक्ति परब्रह्म-स्वरूपिणि, जग-जननी चहुँ वेद बखानी।
ब्रह्मा-शिव-हरि अर्चन कीनो, ध्यान धरत सुर-नर-मुनि-ज्ञानी॥
अष्ट भुजा, कर खड्ग विराजे, सिंह सवार, सकल वरदानी।
'ब्रह्मानन्द' शरण में आयो, भव-भय-नाश करो महारानी॥

□ ब्रह्मानन्द

• स्थायी **भैरवी राग / कहरवा ताल / मध्य लय**

×				०				×				०			
सा	सा	ध	ध	प	–	ध	प	ग	सा	गप	म	गरे	ग	रे	सा
ज	य	दु	ऽ	गँ	ऽ	दु	ऽ	गं	ति	पऽ	रि	हाऽ	ऽ	रि	णि
												म			
गम	गग	रे	सा	ध़	–	ऩि	सा	ग	–	मध	म	ग	म	रे	सा
शुऽ	ऽऽ	भ	वि	दा	ऽ	रि	णि	मा	ऽ	तऽ	भ	वा	ऽ	नी	ऽ
ग	–	ग	म	–	म	म	म	सा	ग	मध	पम	गरे	ग	रे	सा
आ	ऽ	दि	श	ऽ	क्ति	प	र	ब्र	ऽ	ह्मऽ	स्वऽ	रूऽ	ऽ	पि	णि
ग	म	ध	निसांनि	ध	प	ध	पम	ग	सा	गप	म	गरे	ग	रे	सा
ज	ग	ज	नऽऽ	नी	ऽ	च	हुँऽ	वे	ऽ	दऽ	ब	खाऽ	ऽ	नी	ऽ

• अन्तरा

×				०				×				०			
ध	प	ध	सां	सां	सां	सां	सां	प	नि	सां	गं	रें	नि	सां	–
ब्र	ऽ	ह्मा	ऽ	शि	व	ह	रि	अ	ऽ	र्च	न	की	ऽ	नो	ऽ
									ग				म		
सां	गं	रें	सां	ध	प	ध	निसां	ध	गम	प,धनि	मंम	गरे	गम	रे	सा
ध्या	ऽ	न	ध	र	त	सु	रऽ	न	रऽ	मु,ऽऽ	निऽ	ज्ञाऽ	ऽऽ	नी	ऽ

(शेष अन्तरे इसी प्रकार गाए जाएंगे)

९. पद

सेस, महेस, गनेस, दिनेस, सुरेसहुँ जाहि निरंतर गावैं।
जाहि अनादि, अनन्त, अखंड, अछेद, अभेद सुबेद बतावैं ।।
नारद से सुक-ब्यास रटैं, पचिहारे तऊ पुनि पार न पावैं।
ताहि अहीर की छोहरियाँ छछिया-भरि छाछ पै नाच नचावैं ।।

□ रसखान

• स्थायी　　　　**तिलककामोद राग/कहरवा ताल/मध्य लय**

× ० × ०

| मग रेग सा नि

| सेऽ ऽऽ स म

म

सा – सा प़ | सा – रे ग | सारे सानि़ सा सा | रे – म म

हे ऽ स ग | ने ऽ स दि | नेऽ ऽऽ स सु | रे ऽ स हुँ

सा

प – प रे | म – प ध | (म) – रेग रे | म रेग सा नि़

जा ऽ हि नि | र ऽ न्त र | गा ऽ वैंऽ ऽ | जा ऽऽ हि अ

सा – सा प़ | नि़ सा रे ग | सा नि़ सा सा | रे – म म

ना ऽ दि अ | न ऽ न्त अ | खं ऽ ड अ | छे ऽ द अ

रे

प – प प | पध म प रे | मप धप म गरे, | मम रेग सा नि़

भे ऽ द सु | बेऽ ऽ द ब | ताऽ ऽऽ वैं ऽऽ, | सेऽ ऽऽ स म

• अन्तरा

× ० × ०

| म रे म म

| ना ऽ र द

प

प – प प | म – प प | प ध म रे | म – म म

से ऽ सु क | व्या ऽ स र | टैं ऽ प चि | हा ऽ रे त

सा म

प – प प | म – प ध | (म) – रेग रे, | रे – म प

ऊ ऽ पु नि | पा ऽ र न | पा ऽ वैंऽ ऽ, | ता ऽ हि अ

सां – नि सां | निसा रेंगं नि सां | प निध म प | रे – म म

ही ऽ र की | छोऽ ऽऽ ह रि | याँ ऽऽ छ छि | या ऽ भ रि

सा

प – प रे | म – प ध | (म) – रेग रे, | मग रेग सा नि़

छा ऽ छ पै | ना ऽ च न | चा ऽ वैंऽ ऽ | सेऽ ऽऽ स म

सा – सा प़ | सा – रे ग |

हे ऽ स ग | ने ऽ स दि | नेस सुरेसहुँ जाहि'''' ।

१०. ईश प्रार्थना

दया कर दान विद्या का हमें परमात्मा देना।
दया करना, हमारी आत्मा में शुद्धता देना ॥
हमारे ध्यान में आओ, प्रभो, आँखों में बस जाओ।
अँधेरे दिल में आकर के परम ज्योती जगा देना ॥
बहा दो प्रेम की गंगा, दिलों में प्रेम का सागर।
हमें आपस में मिल-जुलकर, प्रभो, रहना सिखा देना ॥
हमारा कर्म हो सेवा, हमारा धर्म हो सेवा।
सदा ईमान हो सेवा व सेवक चर बना देना ॥
वतन के वास्ते जीना; वतन के वास्ते मरना।
वतन पर जाँ फिदा करना, प्रभो, हमको सिखा देना ॥

□ अज्ञात

• स्थायी **भैरवी राग / कहरवा ताल / मध्य लय**

×				०				×				०			
															सा
															द
									म						
सा	–	ध॒	ध॒	–	प	–	ध॒	प	ग॒	प	–	म	–	–	प
या	ऽ	क	र	ऽ	दा	ऽ	न	वि	ऽ	द्या	ऽ	का	ऽ	ऽ	ह
ग॒प	मग॒	रेसा	नि॒	–	सा	–	रे	ग॒रे	मग॒	रे॒	–	सा	–	–	सा
मेंऽ	ऽऽ	पऽ	र	ऽ	मा	ऽ	त्	माऽ	ऽऽ	दे	ऽ	ना	ऽ	ऽ	द
									म						
सा	–	ध॒	ध॒	–	प	–	ध॒	प	ग॒	प	–	म	–	–	प
या	ऽ	क	र	ऽ	ना	ऽ	ह	मा	ऽ	री	ऽ	आ	ऽ	ऽ	त्
ग॒प	मग॒	रेसा	नि॒	–	सा	–	रे	ग॒रे	मग॒	रे	–	सा	–	–,	
माऽ	ऽऽ	मेंऽ	ऽ	ऽ	शु	ऽ	द्ध	ताऽ	ऽऽ	दे	ऽ	ना	ऽ	ऽ,	

• अंतरा

×				०				×				०			
															प
															ह
ध॒	म	प	ध॒	सां	–	–	सां	सां	–	रें	नि॒	सां	–	–	सां
मा	ऽ	रे	ऽ	ध्या	ऽ	ऽ	न	में	ऽ	आ	ऽ	ओ	ऽ	ऽ	प्र

निरें	सांनि	धप	म	—	प—	—	ध	निध	सांनि	ध	—	प	—	—	सा
भोऽ	ऽऽ	आँऽ	ऽ	ऽ	खोंऽ	ऽ	में	बऽ	सऽ	जा	ऽ	ओ	ऽ	ऽ	अँ

									म						
सा	—	ध	—	—	प—	—	ध	प	ग	प	प	म	—	—	प
धे	ऽ	रे	ऽ	ऽ	दिल	ऽ	में	आ	ऽ	क	र	के	ऽ	ऽ	प

गप	मग	रेसा	नि	—	सा	—	रे	गरे	मग	रे	—	सा	—	—,	
रम	ऽऽ	ज्योऽ	ऽ	ऽ	ती	ऽ	ज	गाऽ	ऽऽ	दे	ऽ	ना	ऽ	ऽ,	

(शेष अन्तरे इसी प्रकार गाए जाएंगे)

११. बँगला-भजन

शाबन गौगोने घोर घौनो घोटा, निशीथो जामिनि रे ।
कूँजो पौथे शौखि कैसे जावब, औबोला कामिनि रे ।।
उन्मोदो पौवोने जौमुना तोरोजितो, घौनो-घौनो गौरोजत मेहा,
दमकतो बिद्‌दुतो पौथो तोरु लुंठितो थौरो-थौरो कोम्पितो देहा ।
रिमझिम-रिमझिम, रिमझिम-रिमझिम, बौरोखत नीरोदो पुंजो,
शाल-पियाले तालो तोमाले, निबिड़ो तिमिरोमोये कजो ।
कहोरे शौजोनी ए दुरजोगे, कुंजे निरोदयो कानू,
दारुन बांशी काहे बजावत, शौकोरुनो राधा नाम ।
मोतिमुहारे बेश बना दे, शीथि लगा दे भाले,
उरोहि बिलुंठितो लोलो चिकुरो भौमो बांधह चोम्पक माले ।
गौहन रौयन में न जाओ बाला, नौबल किशोर के पास,
घौनो-घौनो गौरजे बहु डौरपावब, कहे 'भानु'* तौब दास ।

□ रवीन्द्रनाथ ठाकुर

कहरवा ताल/मध्य लय

• स्थायी

×				०				×				०			
				म	म										
रे	—	म	प	ग	ग	रेम	गरे	सा	—	रे	सा	रे	नि	सा	—
शा	ऽ	ब	न	गौ	गो	नेऽ	ऽऽ	घो	ऽ	र	घौ	नो	घो	टा	ऽ
								म							
रे	म	—	ध	मध	—,म	मध	प	ग	—	—	—	रे	सा	रे	—
नि	शी	ऽ	थो	जाऽ	ऽ,ऽ	मिऽ	नि	रे	ऽ	ऽ	ऽ	ऽ	ऽ	ऽ	ऽ

* 'भानु' कवि का उपनाम है ।

रे – म म | प – प म | म नि ध नि | पध – प प
कुं ऽ जो पौ | थे ऽ शौ खि | कै ऽ से ऽ | जाऽ ऽ व ब

म
म म म – | प – सां सां | सां निसां नि ध | प म ग रे,
ओ बो ला ऽ | का ऽ मि नि | रे ऽऽ ऽ ऽ | ऽ ऽ ऽ ऽ,

म म
रे – म प | ग ग रेम मरे |
शा ऽ ब न | गौ गौ नेऽ ऽऽ |

• अन्तरा

× ° × °
प – प प | नि नि नि ध | नि नि सां – | नि नि सां सां
उ ऽ न्मो दो | पौ वो ने ऽ | जौ मु ना ऽ | तो रौ जि तो

म म प प | प प प ध | नि – धप ध | प – – –
घो नो घो नो | गौ र ज त | मे ऽ ऽऽ ऽ | हा ऽ ऽ ऽ

म म (प प | प – प ध | म प नि नि | सां – सां सां
द म क तो | बि ऽ दुदु तो | पौ थो तो रु | लुं ऽ ठि तो

सां सांरें नि नि | ध – प प | म – पध मप | ग – रे –
थौ रोऽ थौ रो | कौ ऽ म्पि तो | दे ऽ ऽऽ ऽऽ | हा ऽ ऽ ऽ

ग ग ग ग | ग ग मग रेसा | रेग म म ग | म म म म
रि म झि म | रि म झिऽ मऽ | रिऽ म झि म | रि म झि म

रे प म प | ग – रे ग | सारे गरे सा – | – – – –
बौ रो ख त | नी ऽ रो दो | पुंऽ ऽऽ जो ऽ | ऽ ऽ ऽ ऽ

ग – ग ग | म ग म – | रेम प म प | ग रे सा –
शा ऽ ल पि | या ऽ ले ऽ | ताऽ ऽ लो तो | मा ऽ ले ऽ

रे रे म प | ग ग रे ग | सारे गरे सा – | – – – –
नि बि ड़ो ति | मि रो मो ये | कुंऽ ऽऽ जो ऽ | ऽ ऽ ऽ ऽ

												सां			
म	म	प	नि	नि	नि	नि	–	पनि	–	सां	रें	नि	–	सां	–
क	हो	रे	ऽ	शौ	जो	नी	ऽ	एऽ	ऽ	दु	र	जो	ऽ	गे	ऽ
सां	–	नि	–	नि	नि	धप	प	ध	नि	धप	ध	प	–	–	–
कुं	ऽ	जे	ऽ	नि	रो	दऽ	यो	का	ऽ	ऽऽ	ऽ	नू	ऽ	ऽ	ऽ
म	–	प	प	प	–	प	म	म	नि	ध	प	पधसां	नि	ध	प
दा	ऽ	रु	न	बां	ऽ	शी	ऽ	का	ऽ	हे	ब	जाऽऽ	ऽ	व	त
								म				सा			
म	म	प	प	प	–म	पध	मप	ग	–	–	–	रे	–	सा	–
शौ	को	रु	नो	रा	ऽऽ	धाऽ	ऽऽ	ना	ऽ	ऽ	ऽ	ऽ	ऽ	म	ऽ
नि़	–	नि़	–	नि़	–	सा	प	नि़	–	नि़	प	नि़	सा	सा	सा
मो	ऽ	ति	मु	हा	ऽ	रे	ऽ	बे	ऽ	श	ब	ना	दे	ऽ	ऽ
										म					
सा	–	रे	सा	रे	–	ग	सा	रेप	मप	ग	–	–	–	–	–
शी	ऽ	थि	ल	गा	ऽ	दे	ऽ	भाऽ	ऽऽ	ले	ऽ	ऽ	ऽ	ऽ	ऽ
म	म	प	प	प	–	प	ध	म	–	प	पनि	पनि	प	प	प
उ	रो	हि	बि	लुं	ऽ	ठि	तो	लो	ऽ	लो	चिऽ	कुऽ	रो	मौ	मो
				प⌒				म							
म	–	प	ध	सां	प	प	प	ग	–	ग	–	रे	–	सा	–
बाँ	ऽ	ध	ह	चौं	ऽ	प	क	मा	ऽ	ऽ	ऽ	ले	ऽ	ऽ	ऽ
म	म	पनि	नि	नि	नि	नि	प	प	नि	सां	रें	सां	नि	सां	–
गौ	ह	नऽ	रौ	य	न	में	ऽ	न	जा	ऽ	ओ	वा	ऽ	ला	ऽ
				ध											
सां	सांरें	सां	सांनि	नि	–	धप	ध	धनि	–	धप	ध	प	–	–	–
नौ	बऽ	ल	किऽ	शो	ऽ	रऽ	के	पाऽ	ऽ	ऽऽ	ऽ	स	ऽ	ऽ	ऽ
नि	नि	नि	नि	ध	नि	धप	ध	नि	रें	सां	सां	निध	सांनि	ध	प
घौ	नो	घौ	नो	गौ	र	जेऽ	ऽ	ब	हु	डौ	र	पाऽ	ऽऽ	व	ब
								म							
म	प	–	प	–	म	पध	मप	ग	–	–	रेसा	रे	–	सा	–
क	हे	ऽ	भा	ऽ	नु	तौऽ	बऽ	दाऽ	ऽ	ऽ	ऽऽ	ऽ	ऽ	स	ऽ

१२. बँगला–भजन

प्रौनाम तोमाये घौनोश्याम !
तोमार चौरोन शौरोन कोरी, औभेये एबार होबो हौरी,
दुख्खो शागोर जाबो तोरि- तोरि पोरे तौबो नाम प्रौनाम····!
आमरा प्रौभू घुमाये थाकी, तोमार नित्तो जागोरोन।
खौने-खौने घौटाये जे भूल, चोख्खे मोदेर आबोरोन ।
शैयी आबोरोन घुचाओ हौरी, दाड़ाओ जुगौल मूर्ति धौरी,
देखि तोमाये नौयोना भौरी, पूर्नो कौरी मौनोष्काम । प्रौनाम !

☐ अज्ञात

• स्थायी — **कहरवा ताल / मध्य लय**

×				०				×				०			
धृ	सा	–	सा	रेग	सारे	ग	म	ग	–	–	रे	सारे	गरे	सा	नि
प्रौ	ना	ऽ	मतो	माऽ	येऽ	घौ	नो	श्या	ऽ	ऽ	ऽ	ऽऽ	ऽऽ	ऽ	म
सा	साप	प	म	ग	रे	सा	रे	सा	–	–	–	–	–	–	सा
प्रौ	नाऽ	म	तौ	मा	ये	घौ	नो	श्या	ऽ	ऽ	ऽ	ऽ	ऽ	ऽ	म

• अन्तरा १

×				०				×				०			
सा	सा	म	म	मप	गम	–	ग	ग	गम	प	म	प	–	–	–
तो	मा	ऽ	रचौ	रोऽ	ऽऽ	ऽ	न	शौ	रोऽ	ऽ	नको	री	ऽ	ऽ	ऽ
म	म	ध	ध	धनि	ध	–	म	म	धनि	सां	नि	सां	–	–	–
औ	भो	ऽ	ये	एऽ	बा	ऽ	र	हो	बोऽ	ऽ	हौ	री	ऽ	ऽ	ऽ
सां	–	गं	रें	गं	रें	सांरें	नि	सां	सांरें	गं	रें	सां	–	–	–
दुः	ऽ	ख्यो	शा	गो	ऽ	ऽऽ	र	जा	बोऽ	ऽ	तो	री	ऽ	ऽ	ऽ
पध	ध	प	म	प	म	रे	म	ग	–	–	रे	सारे	गरे	सा	नि
तोऽ	ऽ	रि	पो	ऽ	रे	तौ	बो	ना	ऽ	ऽ	ऽ	ऽऽ	ऽऽ	ऽ	म
सा	साप	प	म												
प्रौ	नाऽ	म	तो	माये········!											

• अन्तरा २

×				०				×				०			
सा	रे	म	ग	म	–	–	–	ग	रे	ग	रे	सा	–	–	–
आ	म	रा	प्रौ	भू	ऽ	ऽ	ऽ	घु	मा	ये	था	की	ऽ	ऽ	ऽ

सा	सा	ध	ध	–	ध	प	ध	प	–	–	–	–	–		प
तो	मा	ऽ	रनि	ऽ	त्तो	जा	गो	रो	ऽ	ऽ	ऽ	ऽ	ऽ	ऽ	न्
मग	मग	म	ग	म	–	–	–	म	पध	नि	ध	प	ध	प	-म
खौऽ	नेऽ	ऽ	खौ	ने	ऽ	ऽ	ऽ	घौ	टाऽ	ऽ	ये	जे	ऽ	भू	ऽल
ग	–	पम	ग	रे	–सा	साग	रेग	रे	सा	–	–	–	–	–	–
चो	ऽ	रवेऽ	मो	दे	ऽर	आऽ	बोऽ	रो	ऽ	ऽ	न	ऽ	ऽ	ऽ	ऽ
ग	प	म	ग	रेग	सारे	–	–	रे	ग	म	ग	म	–	–	–
शै	यी	आ	बो	रोऽ	ऽऽ	ऽ	न	धु	चा	ओ	हौ	री	ऽ	ऽ	ऽ
								नि							
म	पध	नि	ध	निसां	धनि	–	ध	ध	–	प	ध	प	–	–	–
दा	ड़ाऽ	ओ	जु	गौऽ	ऽऽ	ऽ	ल	मू	ऽ	ति	धौ	री	ऽ	ऽ	ऽ
सां	–	ध	नि	सां	–	–	–	सां	रें	गं	रें	सां	–	–	–
दे	ऽ	खि	तो	मा	ऽ	ऽ	ये	नौ	यो	नौ	भौ	री	ऽ	ऽ	ऽ
								म							
प	ध	प	म	प	म	रे	म	ग	–	–	–	सारे	गरे	सा	नि
पू	ऽ	नों	कौ	ऽ	रि	मौ	नौ	ष्का	ऽ	ऽ	ऽ	ऽऽ	ऽऽ	ऽ	म
सा	साप	प	म												
प्रौ	नाऽ	म	तो	माये........!											

१३. पद

बहुत रही बाबुल-घर दुलहिन, चल तेरे पी ने बुलाई ।।
बहुत खेल खेलो सखियन सों, अन्त करी लरकाई ।।
न्हाय-धोयके बस्तर पहिरे, सबहि सिगरे लोग बनाई ।
बिदा करन को कुटूंब सब आए, सिगरे लोग-लुगाई ।।
चार कहारन डोलि उठाई, संग पुरोहित नाई ।
चले ही बनैगी, होत कहा है नैनन नीर बहाई ।।
अन्त बिदा ह्वै चलिहै दुलहिन, काहू की कछु न बसाई ।
मौज-खुशी सब देखत रह गये, मात-पिता औ' भाई ।।
बैठत मलमल कपरे पहनाये, केशर-तिलक लगाई ।
'खुसरो' चली ससुरारी सजनी, संग नहीं कोई जाई ।।

☐ अमीर खुसरो

(ज्ञातव्य : मध्यम को 'सा' मानकर गाया जाएगा ।)

• स्थायी — **पीलू राग/कहरवा ताल/मध्य लय**

×				०				×				०			
													प़प़	–नि़	नि़
													बहु	ऽत	र
सा	–	सा	–	–	गग	–सा	नि	सा	रेग	ग	ग	–,	गग	–म	प
ही	ऽ	बा	ऽ	ऽ	बुल	ऽघ	र	दु	लऽ	हि	न	ऽ,	चल	ऽते	रे
म															
ग	–रे	सा	नि़	सा	–	–	–	नि़रे	सानि़	ध़प़	म़	–,	प़प़	–नि़	नि़
पी	ऽऽ	ने	बु	ला	ऽ	ऽ	ऽ	ईऽ	ऽऽ	ऽऽ	ऽ	ऽ	बहु	ऽत	खे
				म				म	रे			म		रे	
सा	सा	साप	–	रे	–	मनि	प	ग	ग	सा	–	ग	–	सा	सा
ऽ	ल	खेऽ	ऽ	ली	ऽ	सऽ	खि	य	न	सों	ऽ	अं	ऽ	त	क
म				म		रे									
रे	म	मपध	प	ग	–	सा	–	नि़रे	सानि़	ध़प़	म़	–,	प़प़	–नि़	–नि़
री	ऽ	लऽऽ	र	का	ऽ	ऽ	ऽ	ईऽ	ऽऽ	ऽऽ	ऽ	ऽ,	बहु	ऽत	ऽर
सा	–,नि़	ध़ प़	म़–	–	प़प़	–नि़	–नि़	साग	सा	–	–				
ही	ऽ,ऽ	हो,ऽऽ	ऽऽ	ऽ	बहु	ऽत	ऽर	हीऽ	ऽ	ऽ	ऽ				

• अन्तरा

×				०				×				०			
प	–	प	मग	ग	ग	सा	–	–	प़	नि	नि़	सा	रेग	ग	–
न्हा	ऽ	य	धोऽ	ऽ	य	के	ऽ	ऽ	ब	स्त	र	प	हिऽ	रे	ऽ
सा	मग	मपनि	प	मग	ग	सा	नि़	सा	–	सा	–	–	–	–	–
स	बऽ	हिऽऽ	सिं	गाऽ	ऽ	र	ब	ना	ऽ	ई	ऽ	ऽ	ऽ	ऽ	ऽ
								म							
रे	म	प	नि	ध	प	प	प	ग	सा	रेम	धप	मग	ग	सा	–
बि	दा	ऽ	क	र	न	को	कु	टुँ	ब	सऽ	बऽ	आऽ	ऽ	ये	ऽ
प़	प़	नि़सा	प	मग	ग	सा	नि़	रेसा	–,नि़	ध़प़	म़	–	प़प़	–,नि़	–नि़
सि	ग	रेऽ	ऽ	लोऽ	ऽ	ग	लु	गाऽ	ऽ,ऽ	ईऽ	ऽ	ऽ	बहु	ऽ,त	ऽर

सा	–रे	मनि	प	–,	गग	–,सा	–नि़	सा	–नि़	ध़प़	म़	–,	प़प़	–नि़	-नि़
ही	ऽऽ	होऽ	ऽ	ऽ,	बहु	ऽ,त	ऽर	ही	ऽऽ	ऽऽ	ऽ	ऽ,	बहु	ऽत	ऽर

(शेष अन्तरे इसी प्रकार गाए जाएंगे।)

१४. पद

परबत-बाँस मँगाव मेरे बाबुल, नीके मड़वा छाव रे !
सोना दीन्हा, रूपा दीन्हा, बाबुल दिल दरयाव रे !
हाथी दीन्हा, घोड़ा दीन्हा, बहुत-बहुत मन चाव रे !
डोलिया फँदाय पिया लै चलिहै, अब संग नहिं कोई आव रे !
गुड़िया खेलन माँ के घर रह गई, नहिं खेलन को दाव रे !
'निजामुद्दीम औलिया' बहिंया पकरि चले, धरि हों वाके पाँव रे !

□ निजामुद्दीन औलिया

● **स्थायी** — **मांड राग/दीपचन्दी ताल/मध्य लय**

×			२				०			३			
सां	सां	नि	ध	प	प	ध	सां	–	–	सां	–	–	सां
प	र	ऽ	ब	ऽ	ऽ	त	बाँ	ऽ	ऽ	स	ऽ	ऽ	मँ
नि	सां	नि	सारें	–	–	सां	नि	सां	नि	(प)ध	–	प	–
गा	व	ऽ	मेऽ	ऽ	ऽ	रे	बा	ऽ	ऽ	बु	ऽ	ल	ऽ
प	ध	–	मध	प	–	म	ग	ग	–	रे	सा	रे	–
नी	ऽ	ऽ	केऽ	ऽ	ऽ	ऽ	म	ड़	ऽ	वा	ऽ	ऽ	ऽ
प	–	–	–	–	–	म	मप	धनिध	प	म	ग	रेसा	रे
छा	ऽ	ऽ	ऽ	ऽ	ऽ	व	रेऽ	ऽऽऽ	ऽ	ऽ	ऽ	ऽऽ	ऽ
प	–	–	म	–	–	–	ग	रे	सा	रे	–	ग	–
नी	ऽ	ऽ	के	ऽ	ऽ	ऽ	म	ड़	ऽ	वा	ऽ	ऽ	ऽ
सा	–	–	–	–	–	सा	सा	–	–	–	–	–	–
छा	ऽ	ऽ	ऽ	ऽ	ऽ	व	रे	ऽ	ऽ	ऽ	ऽ	ऽ	ऽ

● **अन्तरा**

×			२				०			३			
सा	–	–	रे	–	म	–	म	–	–	म	–	–	–
सो	ऽ	ऽ	ना	ऽ	ऽ	ऽ	दी	ऽ	ऽ	न्हा	ऽ	ऽ	ऽ

प	–	–	ध	प	ध	–	धप	ध	–	प	–	–	–
रू	ऽ	ऽ	पा	ऽ	ऽ	ऽ	दीऽ	ऽ	ऽ	न्हा	ऽ	ऽ	ऽ
प	–	–	ध	सां	सां	–	सा	सां	–	रें	–	गं	–
बा	ऽ	ऽ	बु	ऽ	ल	ऽ	दि	ल	ऽ	द	ऽ	रि	ऽ
रें	सांरें	सां	सां	–	–	सां	निरें	सां	नि	ध	–प	म	–
या	ऽऽ	ऽ	ऽ	ऽ	ऽ	व	रेऽ	ऽ	ऽ	ऽ	ऽऽ	ऽ	ऽ
प	–	–	ध	सां	सां	–	सां	सां	–	रें	–	गं	–
बा	ऽ	ऽ	बु	ऽ	ल	ऽ	दि	ल	ऽ	द	ऽ	रि	ऽ
रें	सांरें	सां	सां	–	–	सांरें	नि	सां	नि	ध	–	प	–,
या	ऽऽ	ऽ	ऽ	ऽ	ऽ	वऽ	रे	ऽ	ऽ	ऽ	ऽ	ऽ	ऽ,
प	–	–	धसां	धसां	–	–	सां	–	–	सां	–	रें	सां
हा	ऽ	ऽ	थीऽ	ऽऽ	ऽ	ऽ	दी	ऽ	ऽ	न्हा	ऽ	ऽ	ऽ
नि	–	–	नि	–	सां	नि	धप	ध	–	प	–	–	–
घो	ऽ	ऽ	ड़ा	ऽ	ऽ	ऽ	दीऽ	ऽ	ऽ	न्हा	ऽ	ऽ	ऽ
								प					
प	ध	–	प	म	धप	म	ग	म	ग	रे	सा	रे	–
ब	हु	ऽ	त	ऽ	बऽ	ऽ	हु	त	ऽ	म	ऽ	न	ऽ
प	–	–	–	–	–	म	मप	धनि	धप	म	ग	रेसा	रे,
चा	ऽ	ऽ	ऽ	ऽ	ऽ	व	रेऽ	ऽऽ	ऽऽ	ऽ	ऽ	ऽऽ	ऽ,
										ग			
प	–	–	म	–	–	–	ग	रे	सा	रे	–	ग	–
नी	ऽ	ऽ	के	ऽ	ऽ	ऽ	म	ड़	ऽ	वा	ऽ	ऽ	ऽ
सा	–	–											
छा	ऽ	ऽ	व रे........।										

(दूसरा अंतरा इसी प्रकार गाया जाएगा। अंतिम पंक्ति 'निजामुद्दीन औलिया को....' 'हाथी दीन्हा, सोना दीन्हा....' के समान गाई जाएगी।

१५. पद

ठुमुक-ठुमुक पग, कुमुक-कुंज-मग—
चपल चरण हरि आये, हो-हो चपल चरण हरि आये।
मेरे प्राण-भुलावन आये, मेरे नयन-लुभावन आये ॥

अरुण करुण-सम, छिन्न-भिन्न तम—
करन बाल-रवि आये, हो-हो करन बाल-रवि आये।
मेरे प्राण-भुलावन आये, मेरे नयन-लुभावन आये ॥

अमल कमल कर, मुरलि मधुर धर—
वंशि बजावन आये, हो-हो वंशि बजावन आये।

पुंज-पुंज हर, कुंज गुंज भर—
भृंग-रंग हरि आये, हो-हो भृंग-रंग हरि आये।
मेरे प्राण-भुलावन आये, मेरे नयन-लुभावन आये ॥

□ काजी अशरफ महमूद

(ज्ञातव्य : मध्यम को 'सा' मानकर गाया जाएगा।)

स्थायी **कहरवा ताल/द्रुत लय**

×				×				×				×			
रे	रेग	रे	रेम	मग	रेग	सा	सा	रे	रेग	रे	गप	मग	रेग	सा	सा
ठु	मुऽ	क	ठुऽ	मुऽ	कऽ	प	ग	कु	मुऽ	क	कुंऽ	ऽऽ	जऽ	म	ग
रे	ग॒	रे	ग॒रे	सा	ग॒रे	सा	नि़प़	नि़	–	साग	रे	–	–,	रे	रे
च	प	ल	चऽ	र	णऽ	ह	रिऽ	आ	ऽ	येऽ	ऽ	ऽ	ऽ,	हो	हो
–	रेग	रे	म	मग	रेग	सा	नि़	सा	–	सा	–	स	प	प	प
ऽ	चप	ल	च	रऽ	णऽ	ह	रि	आ	ऽ	येऽ	ऽ	ऽ	ऽ	मे	रे
पध	पध	म	म	मग	रेग	सा	प़ नि़	सा	–	साग	रे	–	–	रे	रे
प्राऽ	ऽऽ	ण	भु	लाऽ	ऽऽ	व	न	आ	ऽ	येऽ	ऽ	ऽ	ऽ	मे	रे
रे	ग	रे	म	मग	रेग	सा	नि़	सा	–	सा	–	–	–	–	–
न	य	न	लु	भाऽ	ऽऽ	व	न	आ	ऽ	ये	ऽ	ऽ	ऽ	ऽ	ऽ

• **अन्तरा**

×				×				×				×			
प	पध	म	म	मग	रे	रे	रेप	पनि	ध	पध	मग	गरे	रे	रे	रेप
अ	रुऽ	ण	क	रुऽ	ण	स	म	छिऽ	ऽ	न्नऽ	भिऽ	ऽऽ	न्न	त	मऽ
प	पध	म	मध	रेग	ग	सा	नि़	सा	–नि़	साग	रे	–	–	रे	रे
क	रऽ	न	बाऽ	ऽऽ	ल	र	वि	आ	ऽऽ	ये	ऽ	ऽ	ऽ	हो	हो
–	रेग	रे	मग	रेग	ग	सा	नि़	सा	–	सा	–	सा	प	प	प
ऽ	कर	न	बाऽ	ऽऽ	ल	र	वि	आ	ऽ	ये	ऽ	ऽ	ऽ	मे	रे
पध	पध	म	म	मग	रेग	सा	नि़	सा	–	साग	रे	–	–	रे	रे
प्राऽ	ऽऽ	ण	भु	लाऽ	ऽऽ	व	न	आ	ऽ	येऽ	ऽ	ऽ	ऽ	मे	रे
रे	ग	रे	म	मग	रेग	सा	नि़	सा	–	सा	–	–	–	–	–
न	य	न	लु	भाऽ	ऽऽ	व	न	आ	ऽ	ये	ऽ	ऽ	ऽ	ऽ	ऽ

(शेष अंतरे इसी प्रकार गाए जाएँगे।) □□

छह स्वर-रचनाएँ

□ महावीरप्रसाद 'मूकेश'

१. कीर्तन

गोविन्द जय-जय, गोपाल जय-जय ।
राधारमण हरि, गोविन्द जय-जय ॥

कहरवा ताल

प

×				×				×				×			
ध	ध	–	ध	प	प	म	प	प	नि	–	ध	प	प	म	म
गो	विं	ऽ	द	ज	य	ज	य	गो	पा	ऽ	ल	ज	य	ज	य
म	म	–	ग	म	ध	प	म	गरे	गम	–	ग	रे	सा	सा	–
रा	धा	ऽ	र	म	ण	ह	रि	गोऽ	विंऽ	ऽ	द	ज	य	ज	य

२. कीर्तन

मोरमुकुट-पीताम्बर-धारी ।
मुरलीवाले श्याम बिहारी ॥

कहरवा ताल

×				×				×				×			
ध़	सा	सा	सा	रे	म	म	–	ग	म–	रे	ग	रे	–	सा	–
मो	ऽ	र	मु	कु	ट	पी	ऽ	ता	ऽम्	ब	र	धा	ऽ	री	ऽ
प	प	प	म	प	नि	ध	प	म	ग	रे	ग	रे	–	सा	–
मु	र	ली	ऽ	वा	ऽ	ले	ऽ	श्या	ऽ	म	बि	हा	ऽ	री	ऽ

३. कीर्तन

जय शंकर, जय-जय-जय शंकर, जय शंकर कैलासपती ।
जय गौरा, जय-जय-जय गौरा, जय गौरा, जय पार्वती ॥

● स्थायी **कहरवा ताल**

×				×				×				×			
नि़	सा	सा	–	सा	सा	सा	नि़	ध़	नि़	नि़	रे	सा	नि़	ध़	ध़
ज	य	शं	ऽ	क	र	ज	य	ज	य	ज	य	शं	ऽ	क	र

नि़	रे	रे	–	ग	रे	प	–	ग	रे	रे	सा	नि़	रे	सा	–
ज	य	शं	ऽ	क	र	कै	ऽ	ला	ऽ	स	प	ती	ऽ	ऽ	ऽ

• अन्तरा

×				×				×				×			
म॑	म॑	म॑	–	म॑	–	ग	रे	रे	ग	प	म॑	प	–	प	–
ज	य	गौ	ऽ	रा	ऽ	ज	य	ज	य	ज	य	गौ	ऽ	रा	ऽ
म	ग	रे	–	ग	रे	प	प	म	ग	रे	सा	नि़	रे	सा	–
ज	य	गौ	ऽ	रा	ऽ	ज	य	पा	ऽ	र्	व	ती	ऽ	ऽ	ऽ

४. पद

नेह लगो मेरो श्यामसुन्दर सौं !
आई बसन्त, सभी बन फूले, खेतन फूली सरसों ।
मैं पीरी भई पिया के बिरह में, निकसत प्राण उदर सौं ।।
फागुन में सब होरी खेलें अपने-अपने बर सौं ।
पिया के बियोग जोगन हो निकसी धूर उड़ाबत कर सौं ।।
ऊधो जाय द्वारिका कहियो इतनी अरज मोरी हरि सौं ।
बिरह-बिथा सौं जियरा डरत है,जबसे गये हरि घर सौं ।।
'सूर' स्याम,मेरी इतनी अरज है,कृपासिन्धु गिरधर सौं ।
नदिया गहरी, नाब पुरानी, अबके उबारो सागर सौं ।।

□ सूरदास

• स्थायी **रामकली राग/तीनताल**

०				३				×				२			
सानि़	सा	ग	म	प	ध॒	पम॑	प	ग	–	म	म	नि॒	ध॒	पम॑	प
नेऽ	ऽ	ह	ल	गो	ऽ	मेऽ	रो	श्या	ऽ	म	सु	द	र	सौंऽ	ऽ

• अन्तरा

०				३				×				२			
म	–	ग	म	नि॒	ध॒	प	ध॒	सां	–	नि	सां	रें	–	सां	–
आ	ऽ	ई	ब	सं	ऽ	त	स	भी	ऽ	ब	न	फू	ऽ	ले	ऽ
नि	–	नि	नि	सां	रें॒	सां	–	नि	सां	ध॒	प	म॑	ध॒नि॒	ध॒प	म॑प
खे	ऽ	त	न	फू	ऽ	ली	ऽ	स	र	सौं	ऽ	ऽऽ	ऽऽ	ऽऽ	ऽऽ

ग	–	म	–	ध	प	म॑	प	सां	सां	सां	सां	नि	रें	सां	–
मैं	ऽ	पी	ऽ	री	ऽ	भ	ई	पि	या	के	बि	र	ह	में	ऽ
नि	सां	सां	सां	रेंसां	निसां	ध,निध	प	म॑	प	ग	म	रे	रे	सा	–
नि	क	स	त	प्राऽ	ऽऽ	ण,ऽऽ	उ	द	र	सौं	ऽ	ऽ	ऽ	ऽ	ऽ

(शेष अन्तरे इसी प्रकार गाए जाएंगे)

५. पद

स्याम, तोरी मुरली नेक बजाऊँ।
जोई-जोई तान भरो मुरली में, सोई-सोई गाय सुनाऊँ॥
हमरी बिंदिया तुमही लगाओ, मैं सिर मुकुट धराऊँ।
हमरे भूषण तुम सब पहिरौ, मैं तुम्हरे सब पाऊँ॥
तुमरे सिर माखन की मटकी, मैं मिलि ग्वाल लुटाऊँ।
तुम दधि बेचन जाओ वृंदाबन, मैं मग रोकन आऊँ॥
मानिनी होकर मान करो तुम, मैं तोहे आन मनाऊँ।
'सूर' स्याम, तुम बनो राधिका, मैं नँदलाल कहाऊँ॥

☐ सूरदास

● स्थायी

मिश्र पीलू राग/कहरवा ताल

				×				×				×			
			सारे	–प	प	ग	रे	–	म	म	गरे	सानि़	(सा)	–प़	ध़
			स्याऽ	ऽऽ	म	तो	री	ऽ	मु	र	लीऽ	नेऽ	ऽ	ऽक	ब
सा	–	सा	–	रेग	–रे	सारे	रेसा	नि़सा	सानि़	प़ध़	प़	–	प	प	प
जा	ऽ	ऊँ	ऽ	स्याऽ	ऽम	तोऽ	रीऽ	मुऽ	रऽ	लीऽ	ऽ	ऽ	मु	र	ली
						नि	म								
गरे	ग	–सा	ग	प	–	प	–	–	म	म	म	गरे	ग	–सा	ग
नेऽ	ऽ	ऽक	ब	जा	ऽ	ऊँ	ऽ	ऽ	मु	र	ली	नेऽ	ऽ	ऽक	ब
		प	ग												
म	–	म	–	–	पनि	प	म	गरे	ग	–सा	नि़	(सा)	–	सा	–
जा	ऽ	ऊँ	ऽ	ऽ	मुऽ	र	ली	नेऽ	ऽ	ऽक	ब	जा	ऽ	ऊँ	ऽ

• अन्तरा

×				×				×				×			
मम	मग	म	नि,नि	पम	गरे	सानि	सा–	–	सां	–सां	–	निध	प	–ध	–प
जोई	जोई	ता	ऽ,नभ	रोऽ	मुर	लीऽ	मेंऽ	ऽ	सोई	ऽसो	ई	गाऽ	ऽ	ऽय	ऽसु
मग	(म)	–,	सारे												
नाऽ	ऊँ	ऽ,	स्याऽ	म, तोरी.......।											

(शेष अंतरे इसी प्रकार गाए जाएंगे ।)

६. पद

परम गुरु राम-मिलावनहार ।
अति उदार मंजुल मंगलमय, अभिमत-फल-दातार ॥
टूटी-फूटी नाव पड़ी मम, भीषण भव-नद-धार ।
जयति-जयति-जय देव दयानिधि, बेगि उतारो पार ॥

□ अज्ञात

• स्थायी

देसी राग/तीनताल

×				२				०				३			
						सा			म	प	ध				
			पध,प	रेग	सारे	नि	(सा)	–	रे	म	प	(सां)	–	–प	धम
			पऽ,ऽ	रऽ	मऽ	गु	रु	ऽ	रा	म	मि	ला	ऽ	ऽव	नऽ
पधमप	–	–,													
हाऽऽऽ	ऽ	रऽ,													

• अन्तरा

×				२				०				३			
								प		नि				रें	
								धम	प	सां	सारें	सांनि	सां	सां	–
								अऽ	ति	उ	दाऽ	ऽऽ	र	मं	ऽ
				सां	सां							म			सा
रें	मंग	रेंग	रेंसां	नि	नि	सां	सां	–	पध	–म	प	ग	रेग,रे	सानि	नि
जु	लऽ	मं	ऽऽ	ग	ल	म	य	ऽ	अभि	ऽम	त	फ	लऽ,ऽ	दाऽ	ऽ
सारे	–	सा,													
ताऽ	ऽ	ऽर,													

(शेष अन्तरे इसी प्रकार गाए जाएंगे)

□□

चौबीस स्वर-रचनाएँ | □ हीरालाल श्रीवास्तव

१. पद

हो रसिया, मैं तो सरन तिहारी रे !
नहिं साधन-बल, बचन-चातुरी, एक भरोसो चरने गिरधारी रे !
कड़ुई तुँबरिया मैं तो नीच भूमि की, गुनसागर पिया, तुम ही सँवारी रे !
मैं अति दीन बालक, तुम सरन, नाथ न दीजे अनाथ बिसारी रे !
निज जन जानि सँभालोगे प्रीतम, प्रेम 'सखी' नित जाऊँ बलिहारी रे !

□ प्रेमसखी

• स्थायी **कहरवा ताल**

×				×				×				×			
		ग	प	–	ध	–	सां	ध	सां	नि॒	–	–	–	–	–
		हो	ऽ	ऽ	र	ऽ	सि	या	ऽ	ऽ	ऽ	ऽ	ऽ	ऽ	ऽ
								प				ध			
–	–	ध	प	–	ध	–	प	ग	–	–	ध	नि॒	–	–	–
ऽ	*	हो	ऽ	ऽ	र	ऽ	सि	या	ऽ	ऽ	ऽ	मैं	ऽ	तो	ऽ
–	–	ध	प	–	ग	–	रे	सा	रे	रे	ग॒	ग॒	–	–	–
ऽ	ऽ	स	र	ऽ	न	ऽ	ति	हा	ऽ	री	ऽ	रे	ऽ	ऽ	ऽ
रे															
सा	–	ग॒	रे	–	सा	–	ध़	सा	–	–	–	सा	ग॒	रे	ग॒
ऽ	*	स	र	ऽ	न	ऽ	ति	हा	ऽ	ऽ	ऽ	री	ऽ	ऽ	ऽ
रे															
सा	–	–	–	–	–	–	–	–,							
रे	ऽ	ऽ	ऽ	ऽ	ऽ	ऽ	ऽ	ऽ,							

• अन्तरा

×				×				×				×			
										ग	प	–	ध	सां	–
										न	हिं	ऽ	सा	ऽ	ऽ
–	–	–	–	–	–	–	–	–	–	रें	सां	–	ध	प	–
ध	ऽ	न	ऽ	ब	ऽ	ल	ऽ	ऽ	*	ब	च	ऽ	न	चा	ऽ

–	–	–	–	–	–	–	–	–	–	प	रें	–	रें	–	रें
*	ऽ	तु	ऽ	री	ऽ	ऽ	ऽ	ऽ	*	ए	ऽ	ऽ	क	ऽ	भ
															रे
सां	–	ध	सां	–	–	ध	प	–	–	ध	प	–	ग	–	सा
रो	ऽ	सो	ऽ	ऽ	ऽ	च	र	ऽ	ऽ	ने	ऽ	ऽ	गि	ऽ	र
								रे							
सा	रे	रे	ग॒	ग॒	–	–	–	सा	–	ग॒	रे	–	सा	–	ध
धा	ऽ	री	ऽ	रे	ऽ	ऽ	ऽ	ऽ	*	स	र	ऽ	न	ऽ	ति
								रे							
सा	–	–	–	सा	ग॒	रे	ग॒	सा	–	–	–	–	–	–	–
हा	ऽ	ऽ	ऽ	री	ऽ	ऽ	ऽ	रे	ऽ	ऽ	ऽ	ऽ	ऽ	ऽ	ऽ

(शेष अन्तरे इसी प्रकार गाए जाएंगे।)

२. पद

दीनबन्धु, दीनानाथ, मेरी तन हेरिये !
भाई नाहिं, बन्धु नाहिं, कुटुम-परिवार नाहिं, ऐसो कोई मित्र नाहिं, जाके ढिग जाइये।
सोने की सलैया नाहिं, रूपे का रुपैया नाहिं, कौड़ी-पैसा पास नाहिं, जासों कछू खाइये ॥
खेती नाहिं, बारी नाहिं, बनिज-व्योपार नाहिं, ऐसो कोऊ साहू नाहिं, जासों कछू पाइये।
कहत 'मलूकदास', छाँड़ि दे पराई आस, राम-धन पाइके अब काकी शरण जाइये ॥

☐ मलूकदास

• स्थायी **कहरवा ताल**

×				×				×				×			
			सा	रे	सा	नि॒	–	नि॒	–	नि॒	सा	सा	–	–	–
			दी	न	बं	ऽ	धु	दी	ऽ	ना	ऽ	ना	ऽ	ऽ	ऽ
								रे							
प	–	–	ध॒	प	म	–	ग॒	सा	–	–	–	रे	–	–	–
ऽ	थ	*	मे	री	त	ऽ	न	हे	ऽ	ऽ	रि	ये	ऽ	ऽ	ऽ
–	–	ग॒	म	ग॒	(सा)	–	–	–	–	–	–	–	–	–	–
ऽ	*	दी	ऽ	न	बं	ऽ	धु	दी	ऽ	ना	ऽ	ना	ऽ	ऽ	ऽ
–	–	–													
ऽ	थ	*													

अन्तरा. १

×				×				×				×			
			सा	रे	सा	–	ऩि	ऩि	–	ऩि	सा	सा	–	सा	–
			भा	ई	ना	ऽ	हिं	बं	ऽ	धु	ऽ	ना	ऽ	हिं	ऽ
सा															
ऩि	–	म॒	रे	–	सा	–	–	–	–	–	–	–	–	–	–
ऽ	ऽ	कु	टु	ऽ	म	प	रि	वा	ऽ	ऽ	र	ना	ऽ	हिं	ऽ
								सां							
–	–	प	सां	सां	सां	–	सां	नि॒	–	सां	नि॒	(प)	–	–	–
ऽ	*	ऐ	ऽ	सो	को	ऽ	ई	मि	ऽ	त्र	ऽ	ना	ऽ	हिं	ऽ
ध															
नि॒	–	नि॒	ध	प	म	–	ग॒	(सा)	–	–	–	रे	–	–	–
ऽ	*	जा	ऽ	के	ढि	ऽ	ग	जाऽ	ऽ	ऽ	इ	ये	ऽ	ऽ	ऽ
–	–	ग॒	म	ग॒	(सा)	–	–	–	–	–	–	–	–	–	–
ऽ	*	दी	ऽ	न	बं	ऽ	धु	दी	ऽ	ना	ऽ	ना	ऽ	ऽ	ऽ
–	–	–													
ऽ	थ	*													

अन्तरा. २

×				×				×				×			
			प	ध	प	म	म	म	–	म	प	प	–	प	–
			सो	ने	की	ऽ	स	लै	ऽ	या	ऽ	ना	ऽ	हिं	ऽ
म	नि॒	नि॒	ध	–	ध	प	प	प	–	–	–	–	–	–	–
ऽ	ऽ	रू	पे	ऽ	का	ऽ	रु	पै	ऽ	या	ऽ	ना	ऽ	हिं	ऽ
												ध			
–	–	–	प	सां	सां	–	सां	सां	नि॒	सां	नि॒	प	–	–	–
ऽ	ऽ	*	कौ	ड़ी	पै	ऽ	सा	पा	ऽ	ऽ	स	ना	ऽ	हिं	ऽ
ध															
नि॒	–	नि॒	ध	प	म	–	ग॒	(सा)	–	–	–	रे	–	–	–
ऽ	*	जा	ऽ	सों	क	ऽ	छू	खा	ऽ	ऽ	इ	ये	ऽ	ऽ	ऽ

-	-	ग	म	ग	(सा)	-	-	-	-	-	-	-	-	-	-
ऽ	❋	दी	ऽ	न	बं	ऽ	धु	दी	ऽ	ना	ऽ	ना	ऽ	ऽ	ऽ
-	-	-	सा	रे	सा	नि	-								
ऽ	❋	थ	दी	न	बं	ऽ	धु	दीनानाथ, मेरी तन····।							

(तीसरा अंतरा पहले अंतरे के समान तथा चौथा अंतरा दूसरे अंतरे के समान गाया जाएगा।)

३. पद

तुम मेरी राखौ लाज हरी।
तुम जानत सब अंतरजामी, करनी कछु न करी॥
औगुन मोसे बिसरत नाहीं, पल-छिन घरी घरी।
सब प्रपच की पोट बाँधिकै, अपने सीस धरी॥
दारा-सुत-धन मोह लिये हैं, सुध-बुधि सब बिसरी।
'सूर' पतित को बेग उधारो, अब मेरी नाव भरी॥

☐ सूरदास

स्थायी **कहरवा ताल**

×				×				×				×			
सा															
ग	-	ग	म	म	-	म	-	-	-	प	ध	-	(म)	-	-
तु	ऽ	म	ऽ	मे	ऽ	री	ऽ	ऽ	❋	रा	ऽ	ऽ	खौ	ऽ	ऽ
म															
ग	-	-	-	-	रे	सा	-	सा	-	रे	-	म	-	ग	-
ला	ऽ	ऽ	ऽ	ऽ	ज	ह	ऽ	री	ऽ	ऽ	ऽ	ऽ	ऽ	ऽ	ऽ
रे															
सा	-	सा	रे	-	सा	-	नि	नि	-	-	सा	-	-	-	-
ऽ	❋	तु	म	ऽ	मे	ऽ	री	रा	ऽ	ऽ	ऽ	खौ	ऽ	ऽ	ऽ
-	रे	रे	ग	-	रे	(सा)	-	-	-	-	-	-	-	-	-
ऽ	ऽ	ला	ऽ	ऽ	ज	ऽ	ह	री	ऽ	ऽ	ऽ	ऽ	ऽ	ऽ	ऽ

अन्तरा

×				×				×				×			
-	-	म	-	ध	-	नि	-	सां	-	-	-	-	-	-	-
ऽ	❋	तु	ऽ	म	ऽ	जा	ऽ	न	ऽ	त	ऽ	स	ऽ	ब	ऽ

–	–	नि	सां	–	ध	–	प	म	–	प	–	म	–	–	–
ऽ	❋	अं	ऽ	ऽ	त	ऽ	र	जा	ऽ	ऽ	ऽ	मीं	ऽ	ऽ	ऽ
धनि॒	–	नि॒	–	नि॒	–	नि॒	–	ध	–	ध	–	प	–	म	–
ऽ	❋	क	ऽ	र	ऽ	नी	ऽ	क	ऽ	छु	ऽ	न	ऽ	क	ऽ
पध	–	–	–	–	–	–	–	ध	प	म	प	ध	सां	नि॒	–
रीऽ	ऽ	ऽ	ऽ	ऽ	ऽ	ऽ	ऽ	हो	ऽ	ऽ	ऽ	ऽ	ऽ	ऽ	ऽ
–	–	नि॒	–	नि॒	–	नि॒	–	ध	–	ध	–	प	–	म	–
ऽ	❋	क	ऽ	र	ऽ	नी	ऽ	क	ऽ	छु	ऽ	न	ऽ	क	ऽ
पध	–	–	–	–	–	–	–	–	–	प	ध	–	प	म	–
रीऽ	ऽ	ऽ	ऽ	ऽ	ऽ	ऽ	ऽ	ऽ	❋	क	र	ऽ	नी	ऽ	ऽ
(म) ग	–	ग	–	रे	–	सा	–	सा	–	रे	–	म	–	ग	–
क	ऽ	छु	ऽ	न	ऽ	क	ऽ	री	ऽ	ऽ	ऽ	ऽ	ऽ	ऽ	ऽ
(रे) सा	–	सा	रे	–	सा	–	ऩि॒	ऩि॒	–	–	सा	–	–	–	–
ऽ	❋	तु	म	ऽ	मे	ऽ	री	रा	ऽ	ऽ	ऽ	खौ	ऽ	ऽ	ऽ
–	रे	रे	ग	–	रे	(सा)	–	–	–	–	–	–	–	–	–
ऽ	ऽ	ला	ऽ	ऽ	ज	ऽ	ह	री	ऽ	ऽ	ऽ	ऽ	ऽ	ऽ	ऽ

तुम मेरी राखौ····। (शेष अन्तरे इसी प्रकार गाए जाएंगे।)

६. पद

ऊधौ, करमन की गति न्यारी।
सब नदियाँ जल भरि-भरि रहियाँ, सागर केहि बिध खारी॥
उज्ज्वल पंख दिये बगुला को, कोयल केहि गुन कारी।
सुन्दर नयन मृगा को दीन्हे, बन-बन फिरत उजारी।
मूरख-मूरख राजे कीन्हे, पंडित फिरत भिखारी॥
'सूर' श्याम मिलने की आसा, छिन-छिन बीतत भारी॥

☐ सूरदास

• स्थायी **कहरवा ताल**

×				×				×				×			
		म													
		सा	–	ध	–	–	–	–	–	प	मग	म	–	–	–
		ऊ	ऽ	धौ	ऽ	ऽ	ऽ	ऽ	ऽ	ऽ	ऽऽ	ऽ	ऽ	ऽ	ऽ
				नि़											
–	–	–	–	ध़	–	नि़	–	नि़	सा	–	–	–	–	–	–
ऽ	ऽ	ऽ	ऽ	क	र	म	न	की	ऽ	ग	ति	न्या	ऽ	री	ऽ
–	–	–	–	–	पम	ग	रे	म	ग	(सा)	–	–	–	–	–
ऽ	ऽ	ऽ	ऽ	❋	कर	म	न	की	ऽ	ग	ति	न्या	ऽ	री	ऽ
–	–	सा	–	ध	–	–	–	म	–	प	मग	म	–	–	–
ऽ	ऽ	ऊ	ऽ	धौ	ऽ	ऽ	ऽ	ऽ	ऽ	ऽ	ऽऽ	ऽ	ऽ	ऽ	ऽ
–	–	–	–												
ऽ	ऽ	ऽ	ऽ												

• अन्तरा. १

×				×				×				×			
–	धप	–म	ग	म	–	–	ग	–	धप	–म	ग	(म)	–	–	–
❋	सब	ऽन	दि	याँ	ऽ	ज	ल	❋	भरि	ऽभ	रि	र	हि	याँ	ऽ
–	मध	–	–	ध	नि	सां	रें	(सां)	–	–	–	–	–	–	–
❋	साऽ	ग	र	के	हि	बि	ध	खा	ऽ	री	ऽ	ऽ	ऽ	ऽ	ऽ
म														म	
सा	–	ध	–	–	पध	प	म	–	–	–	–	–	–	सा	–
सा	ऽ	ऽग	र	ऽ	केहि	बि	ध	खा	ऽ	री	ऽ	ऽ	ऽ	ऊ	ऽ
ध	–	–	–	–	–	प	मग	म	–	–	–	–	–	–	–
धौ	ऽ	ऽ	ऽ	ऽ	ऽ	ऽ	ऽ	ऽ	ऽ	ऽ	ऽ	ऽ	ऽ	ऽ	ऽ

करमन की गति न्यारी ।

● अन्तरा. २

×				×				×				×			
							सा								
–	ध॒प	म	ग॒	म	–	–	ऩि	ऩि	सा	सा	रे॒	रे॒	–	सा	–
❋	उऽ	ज्ज्व	ल	पं	ऽ	ख	दि	ए	ऽ	ब	गु	ला	ऽ	ऽ	को
–	मप	–	–	ध	नि॒	सां	रें॒	(सां)	–	–	–	–	–	नि॒ध	पम
❋	कोऽ	ऽय	ल	के	हि	गु	न	का	ऽ	री	ऽ	ऽ	ऽ	ऽऽ	ऽऽ
	म													म	
–	सा	ध॒	–	–	पध॒	प	म	–	–	–	–	–	–	सा	–
❋	कोऽ	ऽय	ल	ऽ	केहि	गु	न	का	ऽ	री	ऽ	ऽ	❋	ऊ	ऽ
ध॒	–	–	–	–	–	प	मग॒	म	–	–	–	–	–	–	–
धौ	ऽ	ऽ	ऽ	ऽ	ऽ	ऽ	ऽऽ	ऽ	ऽ	ऽ	ऽ	ऽ	ऽ	ऽ	ऽ

करमन की गति न्यारी ।

(शेष अन्तरे क्रमशः इसी प्रकार पहले तथा दूसरे अन्तरे के समान गाए जाएँगे)

५. कीर्तन

हरे राम, हरे राम, राम राम हरे हरे ।
हरे कृष्ण, हरे कृष्ण, कृष्ण कृष्ण हरे हरे ॥

कहरवा ताल

×				×				×				×			
								म							
		सा	सा	रे	म	म	म	ग	–	रे	सा	सा	रे	सा	ऩि
		ह	रे	रा	ऽ	म	ह	रे	ऽ	रा	ऽ	म	ऽ	ऽ	ऽ
					रे										
ऩि	ऩि	सा	रे	ग॒	ग॒	सा	रे	सा	–,	सा	सा	रे	म	म	म
रा	म	रा	म	ह	रे	ऽ	ह	रे	ऽ,	ह	रे	कृ	ऽ	ष्ण	ह
म														रे	
ग	–	रे	सा	सा	रे	सा	ऩि	ऩि	ऩि	सा	रे	ग॒	ग॒	सा	रे
रे	ऽ	कृ	ऽ	ष्ण	ऽ	ऽ	ऽ	कृ	ष्ण	कृ	ष्ण	ह	रे	ऽ	ह

															रे
सा	–,	सा	सा	सा	प	प	प	प	ध	प	म	(म)	–	ग	सा
रे	ऽ,	ह	रे	रा	ऽ	म	ह	रे	ऽ	रा	ऽ	म	ऽ	ऽ	ऽ

				म											
सा	सा	रे	रे	ग॒	ग॒	रे	रे	सा	–,	सा	सा	रे	म	म	म
रा	म	रा	म	ह	रे	ऽ	ह	रे	ऽ,	ह	रे	कृ	ऽ	ष्ण	ह

म														रे	
ग	–	रे	सा	सा	रे	सा	नि़	नि़	नि़	सा	रे	ग॒	ग॒	सा	रे
रे	ऽ	कृ	ऽ	ष्ण	ऽ	ऽ	ऽ	कृ	ष्ण	कृ	ष्ण	ह	रे	ऽ	ह

सा –, ।
रे ऽ, हरे राम हरे राम.......।

६. कीर्तन

श्रीकृष्ण गोविन्द हरे मुरारे, हे नाथ नारायण वासुदेव ।

कहरवा ताल

×				×				×				×			
										ग					
		सा	–	–	–	–	–	सा	–	रे	–	सा	–	नि़	–
		श्री	ऽ	ऽ	कृ	ऽ	ष्ण	गो	ऽ	ऽ	ऽ	विं	ऽ	द	ऽ
–	–	सा	–	–	ग	–	ग	(मं)	–	–	–	प	–	–	–
ऽ	ऽ	ह	ऽ	ऽ	रे	ऽ	मु	रा	ऽ	ऽ	ऽ	रे	ऽ	ऽ	ऽ
		प													
–	–	मं	–	–	मं	–	मं	ग	–	रे	–	रे	ग	म	–
ऽ	*	हे	ऽ	ऽ	ना	ऽ	थ	ना	ऽ	ऽ	ऽ	रा	ऽ	ऽ	ऽ
								रे							
–	–	ग	ग	–	रे	ग	रे	सा	–	–	–	–	–	–	–
ऽ	ऽ	य	ण	ऽ	वा	ऽ	सु	दे	ऽ	ऽ	ऽ	व	ऽ	ऽ	ऽ
–	–,	प	–	–	प	–	प	प	–	–	–	प	–	प	–
ऽ	ऽ,	श्री	ऽ	ऽ	कृ	ऽ	ष्ण	गो	ऽ	ऽ	ऽ	विं	ऽ	द	ऽ

					मं										
–	–	मं	–	–	ग	–	ग	ग	मं	–	ग	मं	प	–	–
ऽ	❋	ह	ऽ	ऽ	रे	ऽ	मु	रा	ऽ	ऽ	ऽ	रे	ऽ	ऽ	ऽ
		प													
–	–	मं	–	–	मं	–	मं	ग	–	रे	–	रे	ग	म	–
ऽ	❋	हे	ऽ	ऽ	ना	ऽ	थ	ना	ऽ	ऽ	ऽ	रा	ऽ	ऽ	ऽ
								रे							
–	–	ग	ग	–	रे	ग	रे	सा	–	–	–	–	–	–	–
ऽ	ऽ	य	ण	ऽ	वा	ऽ	सु	दे	ऽ	ऽ	ऽ	व	ऽ	ऽ	ऽ

श्रीकृष्ण गोविन्द····।

७. कीर्तन

साँवरिया गिरधारी मोरा बाँका बिहारी रे !

कहरवा ताल

×				×				×				×			
सा	प	प	मं	प	ध	ध	प	म	प	प	म	म	रे	गरे	सा
साँ	ऽ	व	रि	या	ऽ	गि	र	धा	ऽ	री	ऽ	मो	ऽ	राऽ	ऽ
सा	ध	–	–	ध	नि̱	ध	प	प	ध	प	म	ध	–	–	–,
बाँ	ऽ	ऽ	ऽ	का	ऽ	बि	ऽ	हा	ऽ	री	ऽ	रे	ऽ	ऽ	ऽ,
म															
सां	–	सां	सां	सां	–	सां	नि	सां	रें	रें	सां	सां	नि	नि	ध
साँ	ऽ	व	रि	या	ऽ	गि	र	धा	ऽ	री	ऽ	मो	ऽ	रा	ऽ
ध	नि̱	ध	प	प	ध	प	म	प	ध	प	म	ध	–	–	–
बाँ	ऽ	ऽ	ऽ	का	ऽ	बि	ऽ	हा	ऽ	री	ऽ	रे	ऽ	ऽ	ऽ

साँवरिया गिरधारी·······।

८. कीर्तन

आते भी राम बोलो, जाते भी राम बोलो।
सुबह और शाम बोलो राम-राम-राम॥

कहरवा ताल

×				×				×				×			
सा	–	सा	सा	सा	रे	ग	ग	ग	रे	रे	सा	सा	रे	ग	ग
आ	ऽ	ते	भी	रा	म	बो	लो	जा	ऽ	ते	भी	रा	म	बो	लो

								ग		रे					
रे	रेग	रे	सा	सारे	ग	ग	ग	रे	--	सा	--	–	–	–	–
सु	बह	औ	र	शाऽ	म	बो	लो	रा	ऽम	रा	ऽम	रा	ऽ	ऽ	म,
प															
सां	–	–	–	–	–	–	–	नि	–	ध	नि	सां	–	–	–
आ	ऽ	ते	भी	रा	म	बो	लो	जा	ऽ	ते	भी	रा	ऽ	ऽ	म
								ग		रे					
रे	रेग	रे	सा	सारे	–ग	ग	ग	रे	--	सा	--	–	–	–	–
सु	बह	औ	र	शाऽ	ऽम	बो	लो	रा	ऽम	रा	ऽम	रा	ऽ	ऽ	म

आते भी राम बोलो........।

९. कीर्तन

भरो रे सियाराम जानकी, राम जानकी रे !

कहरवा ताल

×				×				×				×			
															रे
			म	ग॒	रे	सा	नि़	सा	–	रे	–	ग॒	–	–	सा
			भ	जो	रे	सि	या	रा	ऽम	जा	ऽन	की	ऽ	ऽ	ऽ
		रे		रे										ध	
सारे	–	म	ग॒	सा	–	–,	प	ध	नि॒	सां	सां	निसां	–नि॒	प	–ध
राऽ	ऽम	जा	ऽन	की	ऽरे	ऽ,	भ	जो	रे	सि	या	ऽरा	ऽम	जा	ऽन
नि॒	–	ध	प	प	–ध	प	–म	ग॒	रे	सा,	म	ग॒	रे	सा	नि़
की	ऽ	सि	या	रा	ऽम	जा	ऽन	की	ऽ	रे,	भ	जो	रे	सि	या
							रे								
सा	--	रे	--	ग॒	–	–	सा								
रा	ऽम	जा	ऽन	की	ऽ	ऽ	ऽ	राम जानकी रे !							

१०. कीर्तन

गोविन्द जय-जय, गोपाल जय-जय।
राधारमण हरि गोविन्द जय-जय।।

कहरवा ताल

×				×				×				×			
सा															
म	म	–	म	म	–	म	प	ग	ग	–	ग	रे	ग	रे	सा
गो	विं	ऽ	द	ज	य	ज	य	गो	पा	ऽ	ल	ज	य	ज	य

सारे सा ऩि ऩि	सा सा रे रे	रेग़ रे सा सा	सा – सा –
राऽ धा ऽ र	म ण ह रि	गोऽ विं ऽ द	ज य ज य,

प		सां	
सां सा – सां	सां – सां रें	ऩि ध प प	– – ऩि –
गो विं ऽ द	ज य ज य	गो पा ऽ ल	ज य ज य

	रे		
पध ध प म	ग ग सा रे	ग़ – रे सा	– – – –
राऽ धा ऽ र	म ण ह रि	गो ऽ विं द	ज य ज य

११. कीर्तन

श्री राम जय राम, जय-जय राम।

कहरवा ताल

×	×	×	×
			रे रे
प़ ध़	– सा – –	सा रे – सा	ग़ – – –
श्री ऽ	ऽ रा ऽ म	ज ऽ य ऽ	रा ऽ ऽ ऽ
रे	रे		
– सा म ग़	– सा – –	– – – –	– – – –
ऽ म ज य	ऽ ज य ऽ	रा ऽ ऽ ऽ	ऽ ऽ ऽ म
– –, रे म	– – – –	ग – – –	– – – –
ऽ *, श्री ऽ	ऽ रा ऽ म	ज ऽ य ऽ	रा ऽ ऽ ऽ
रे			
– सा रे ग़	– रे (सा) –	– – – –	– – – –
ऽ म ज य	ऽ ज य ऽ	रा ऽ ऽ ऽ	ऽ ऽ ऽ म
– –, प़ ध़			
ऽ ऽ, श्री ऽ	राम जय राम.......।		

१२. कीर्तन

गोबिन्द हरे, गोपाल हरे।

भज ले मन, दीनदयाल हरे॥

कहरवा ताल

×				×				×				×			
		सा	नि	सा	रे	रे	रे	रे	सा	रे	ग	ग	रे	रे	सा
		गो	ऽ	विं	ऽ	द	ह	रे	ऽ	गो	ऽ	पा	ऽ	ल	ह
सा	–	सा	रे	रे	म	म	म	म	–	म	ग	रे	ग	ग	ग
रे	ऽ	भ	ज	ले	ऽ	म	न	दी	ऽ	न	द	या	ऽ	ल	ह
ग	रे,	सा	नि़	सा	रे	रे	रे	रे	सा	रे	ग	ग	रे	रे	सा
रे	ऽ,	गो	ऽ	विं	ऽ	द	ह	रे	ऽ	गो	ऽ	पा	ऽ	ल	ह
								सां		ध					
सा	–	प	प	ध	सां	सां	सां	नि	–	प	प	प	ध	प	म
रे	ऽ	भ	ज	ले	ऽ	म	न	दी	ऽ	न	द	या	ऽ	ल	ह
ग	रे,	सा	नि़												
रे	ऽ,	गो	ऽ	विन्द हरे, गोपाल·····।											

१३. कीर्तन

प्रेममुदित मन से कहो राम-राम-राम, श्रीराम-राम-राम।
पाप कटें, दु;ख मिटें, लेत राम-नाम, श्रीराम-राम-राम॥

दादरा ताल

×			०			×			०		
रे											
नि़	–	नि़	नि़	रे	रे	मं	ग	ग	ग	ग	–
प्रे	ऽ	म	मु	दि	त	म	न	से	क	हो	ऽ
रे					ग						
नि़	–	–	प	मं	रे	प	–	–	–	–	–
रा	ऽ	म	रा	ऽ	म	रा	ऽ	ऽ	म	श्री	ऽ
रे											
नि़	–	–	रे	सा	–	–	–	–	–	–	–
रा	ऽ	म	रा	ऽ	म	रा	ऽ	ऽ	ऽ	ऽ	म
मं											
ग	–	–	ग	मं	ध	मंध	निसां	सां	सां	सां	–
पा	ऽ	प	क	टें	ऽ	दु:ऽ	ऽऽ	ख	मि	टें	ऽ

सां											
नि	–	–	रें	–	गंरें	सां	–	–	–	–	–
ले	ऽ	तं	रा	ऽ	ऽम	ना	ऽ	ऽ	म	श्री	ऽ

		ध			ग						
सां	नि	प	प	मं	रे	ग	–	–	–	–	–
रा	ऽ	म	रा	ऽ	म	रा	ऽ	ऽ	म	श्री	ऽ

रे											
नि़	–	–	रे	सा	–	–	–	–	–	–	–
रा	ऽ	म	रा	ऽ	म	रा	ऽ	ऽ	ऽ	ऽ	म

प्रेममुदित मन से कहो····

१४. कीर्तन

राजा राम-राम-राम, राजा राम-राम-राम ।

दादरा ताल

×			०			×			०		
					रे			सा			
	ग	प	रे	ग	सा	सा	रे	नि़	सा	–	–
	रा	जा	रा	ऽ	म	रा	ऽ	म	रा	ऽ	म
		सा									
सा	रे	नि़	सा	ग	ग	साग	मध	पम	प	–	–
रा	जा	ऽ	रा	ऽ	म	राऽ	ऽऽ	ऽम	रा	ऽ	म
		म				म		नि			
–	प	प	ग	–	म	ध	–	नि	सां	–	–
ऽ	रा	जा	रा	ऽ	म	रा	ऽ	म	रा	ऽ	म
									नि		
सां	सां	–	नि	–	सां	निसां	निरें	सां	ध	–	प
रा	जा	ऽ	रा	ऽ	म	राऽ	ऽऽ	म	रा	ऽ	म
					रे			सा			
–	साप	म	रे	ग	सा	सा	रे	नि	सा	–	–
ऽ	राऽ	जा	रा	ऽ	म	रा	ऽ	म	रा	ऽ	म

राजा राम····।

१५. चौपाई

मंगल-भवन अमंगल-हारी, द्रवहु सो दशरथ-अजिर-बिहारी ।

कहरवा ताल

×				×				×				×			
रे	ग॒	रे	ग॒	सा	रे	ग	म	ग॒	रे	सा	रे	नि़	–	सा	–
मं	ऽ	ग	ल	भ	व	न	अ	म	ऽ	ग	ल	हा	ऽ	री	ऽ
रे	ग॒	रे	ग॒	सा	रे	ग	म	ग॒	रे	सा	रे	नि़	–	सा	–
द्र	व	हु	सो	द	श	र	थ	अ	जि	र	बि	हा	ऽ	री	ऽ
								म				म			
सा	–	ग	म	प	–	प	प	ग	–	मध	प	ग॒	–	रे	सा
मं	ऽ	ग	ल	भ	व	न	अ	मं	ऽ	गऽ	ल	हा	ऽ	री	ऽ
रे	ग॒	रे	ग॒	सा	रे	ग	म	ग॒	रे	सा	रे	नि़	–	सा	–
द्र	व	हु	सो	द	श	र	थ	अ	जि	र	बि	हा	ऽ	री	ऽ

१६. चौपाई

दीनदयाल बिरद सम्भारी, हरहु नाथ मम संकट भारी ।

कहरवा ताल

×				×				×				×			
	प					नि॒									
	नि	नि	सां	निसां	–	प	प	पध	धप	मग	रेसा	(सा)	रे	ग	म
	दी	न	द	याऽ	ऽ	ल	बि	रऽ	दऽ	संऽ	ऽऽ	भाऽ	ऽ	ऽ	ऽ
		रे													
मग	रेग	सा	–	–	साध़	सा	सा	रे	ग	म	प	म	ग	रे	सा
रीऽ	ऽऽ	ऽ	ऽ	❋	हर	हु	ना	ऽ	थ	म	म	सं	ऽ	क	ट
						रे									
(सा)	रे	ग	म	मग	रेग	सा	–								
भा	ऽ	ऽ	ऽ	रीऽ	ऽऽ	ऽ	ऽ								

१७. चौपाई

मोरि सुधारहिं सो सब भाँती, जासु कृपा नहिं कृपा अघाती ।

कहरवा ताल

×				×				×				×			
	साग॒	म	प	मग॒	मग॒	रेसा	सा	–	नि़सा	–नि़	ध़	ध़नि़	–	नि़सा	–
	मोऽ	ऽरि	सु	धाऽ	ऽऽ	रऽ	हिं	❋	सोऽ	सऽ	ब	भाँऽ	ऽ	तीऽ	ऽ
–	साग॒	म	प	मग॒	मग॒	रेसा	सा	–	नि़सा	–नि़	ध़	ध़नि़	–	नि़सा	–
❋	जाऽ	सु	कृ	पाऽ	ऽऽ	ऽन	हिं	ऽ	कृपा	ऽऽ	अ	घाऽ	ऽ	तीऽ	ऽ

१८. चौपाई

पुरवहु मोर मनोरथ स्वामी, कृपा-रूप उर-अन्तरयामी।

कहरवा ताल

×				×				×				×			
	सारे_	रे_	सा	सा	–	सा	नि_	सा	रे_	रे_	सा	सा	–	सा	–
	पुर	व	हु	मो	ऽ	र	म	नो	ऽ	र	थ	स्वा	ऽ	मी	ऽ
								प							
–	म	ग	म	प	–	पध_	पध_	म	मप	म	ग	(म)	–	रे_	सा
❋	कृ	पा	रू	ऽ	प	उऽ	रऽ	ऽ	अंऽ	त	र	या	ऽ	मी	ऽ

१९. चौपाई

तुम बिन कौन सुनै दुख मोरा, मो कहँ एक आस अब तोरा।

कहरवा ताल

×				×				×				×			
प	सां	नि	प	नि_	ध	प	म	म	प	प	प	प	–	प	प
तु	म	बि	न	कौ	ऽ	न	सु	नै	ऽ	दु	ख	मो	ऽ	रा	ऽ
						रे									
धनि_	नि_	ध	प	म	ग	सा	रे	म	ग_	रे	सा	–	–	–	–
ऽऽ	मो	क	हँ	ए	ऽ	क	आ	ऽ	स	अ	ब	तो	ऽ	रा	ऽ

२०. चौपाई

जेहि बिधि नाथ होइ हित मोरा, करहु सो बेगि दास मैं तोरा।

कहरवा ताल

×				×				×				×			
		सा													
		नि_	सा	–	ग	–	ग	म	–	–	–	म	–	–	–
		जे	हि	ऽ	बि	ऽ	धि	ना	ऽ	ऽ	ऽ	थ	ऽ	ऽ	ऽ
–	–	म	–	प	म	–	ग	ग	म	–	ग	म	प	–	–
ऽ	❋	हो	ऽ	इ	हि	ऽ	त	मो	ऽ	ऽ	ऽ	रा	ऽ	ऽ	ऽ
								ध_				ध_			
–	–	प	प	ध_	ध_	–	ध_	प	–	–	–	प	–	म	–
ऽ	❋	क	र	ऽ	हु	ऽ	सो	बे	ऽ	ऽ	ऽ	गि	❋	दा	ऽ

ग	–	ग	–	–	म	–	प	(म)	–	–	–	रे̱	–	स	–
ऽ	ऽ	स	ऽ	ऽ	मैं	ऽ	ऽ	तो	ऽ	ऽ	ऽ	रा	ऽ	ऽ	ऽ
सा		सा													
नि̱	–	नि̱	सा	–	ग̱	–	ग̱	म	–	–	–	–	–	–	–
ऽ	❋	जे	हि	ऽ	बि	ऽ	धि	ना	ऽ	ऽ	ऽ	थ	ऽ	ऽ	ऽ

२१. चौपाई

रामहिं केवल प्रेम पियारा, जानि लेउ जो जाननि हारा।

कहरवा ताल

×				×				×				×			
		प	नि	–	नि	–	सां	नि	सां	–	नि̱	ध	प	प	–
		रा	ऽ	ऽ	म	ऽ	हि	के	ऽ	ऽ	ऽ	व	ऽ	ल	ऽ
प	ध	–	प	म	ग	रे	ग	सा	–	रे	–	सा	रे	म	–
प्र	ऽ	ऽ	ऽ	म	ऽ	पि	ऽ	या	ऽ	ऽ	ऽ	ऽ	ऽ	ऽ	ऽ
										ध़					
ग̱	–	–	–	रे	–	सा	–	–	–	प़	–	–	ध़	सा	–
रा	ऽ	ऽ	ऽ	ऽ	ऽ	ऽ	ऽ	ऽ	❋	जा	ऽ	ऽ	नि	ऽ	ले
–	–	–	–	ग̱	–	–	–	–	–	रे	ग̱	–	(सा)	–	–
ऽ	ऽ	उ	ऽ	जो	ऽ	ऽ	ऽ	ऽ	❋	जा	ऽ	ऽ	न	ऽ	नि
–	–	–	–	–	–	–	–	–	–						
हा	ऽ	ऽ	ऽ	रा	ऽ	ऽ	ऽ	ऽ	❋						

२२. चौपाई

जय-जय गिरिवरराज-किसोरी, जय महेश-मुखचन्द्र-चकोरी।

कहरवा ताल

×				×				×				×			
		रे	म	–	रे	–	सा	–	–	–	–	–	–	–	–
		ज	य	ऽ	ज	ऽ	य	गि	ऽ	रि	ऽ	व	ऽ	र	ऽ
–	–	सा	रे	–	नि़	–	नि़	नि़	सा	–	नि़	सा	रे	–	–
ऽ	❋	रा	ऽ	ऽ	ज	ऽ	कि	सो	ऽ	ऽ	ऽ	री	ऽ	ऽ	ऽ

–	–	रे	म	-	प	नि॒	-	प	–	सां	–	–	–	–	–
ऽ	✻	ज	य	ऽ	म	हे	ऽ	ऽ	ऽ	स	ऽ	मु	ऽ	ख	ऽ
–	–	रे	म	-	रे	-	सा	–	–	–	–	–	–	–	–
ऽ	✻	चं	ऽ	ऽ	द्र	ऽ	च	को	ऽ	ऽ	ऽ	री	ऽ	ऽ	ऽ

२३. चौपाई

मोर मनोरथ जानहु नीके, बसहु सदा उर-पुर सबही के।

कहरवा ताल

×				×				×				×			
		रे॒	ग॒	-	रे॒	सा	सा	सा	–	–	–	रे	ग॒	ग॒	–
		मो	ऽ	ऽ	र	ऽ	म	नो	ऽ	ऽ	ऽ	र	ऽ	थ	ऽ
–	–	रे॒	ग॒	-	रे॒	सा	सा	सा	–	–	–	रे॒	–	ग॒	–
ऽ	ऽ	जा	ऽ	ऽ	न	ऽ	हु	नी	ऽ	ऽ	ऽ	के	ऽ	ऽ	ऽ
								ध॒							
–	–	ध॒	ध॒	-	ध॒	-	ध॒	म॑	–	–	ध॒	म॑	ग॒	ग॒	रे॒
ऽ	✻	ब	स	ऽ	हु	ऽ	स	दा	ऽ	ऽ	ऽ	उ	ऽ	र	ऽ
–	–	रे॒	ग॒	-	रे॒	सा	सा	सा	–	–	–	–	–	–	–
ऽ	✻	पु	र	ऽ	स	ऽ	ब	ही	ऽ	ऽ	ऽ	के	ऽ	ऽ	ऽ

२४. चौपाई

देह धरे कर यह फलु भाई, भजहु राम सब काम बिहाई।

कहरवा ताल

×				×				×				×			
सा	–	रे॒	ग॒	ग	–	ग॒	रे॒	रेग॒	ग॒	रे॒	सा	–	–	–	–
दे	ऽ	ह	ध	रे	ऽ	क	र	यऽ	ह	फ	लु	भा	ऽ	ई	ऽ
म॑	प	ध॒	सां	नि	ध॒	प	–	–	ग॒प	-म॑	ग	(म॑)	–	म॑प	–
भ	ज	हु	रा	ऽ	म	स	ब	✻	काऽ	ऽम	बि	हा	ऽ	ईऽ	ऽ
सा	–	रे॒	ग॒	ग॒	–	ग॒	रे॒	रेग॒	ग॒	रे॒	सा	–	–	–	–
दे	ऽ	ह	ध	रे	ऽ	क	र	यऽ	ह	फ	लु	भा	ऽ	ई	ऽ

□□

चार स्वर-रचनाएँ

□ डॉ० प्यारेलाल श्रीमाल 'सरस पंडित'

१. पद

बीत गये दिन भजन बिना रे !
बालपणा तो खेल गँवायो, जब जोबन, तब मान घना रे !
काहे कारन मूल गमायो, अजहूँ न गई मन की तृष्णा रे !
कहत 'कबीर', सुनो भाई साधो, पार उतर गये सन्तजणा रे !

□ कबीरदास

● स्थायी

दीपचन्दी ताल/विलंबित लय

×			२				०			३			
म	–	–	ग	–	रे	रे	सा	नि़	रे	सा	–	नि़	–
बी	ऽ	ऽ	त	ऽ	ऽ	ग	ये	ऽ	ऽ	दि	ऽ	न	ऽ
प़	प़	–	नि़	–	सा	सा	सा	–	–	रे	ग	सा	रे
भ	ज	ऽ	न	ऽ	ऽ	बि	ना	ऽ	ऽ	रे	ऽ	ऽ	ऽ
म	–	–	ग	–	रे	रे	सा	नि़	रे	सा	–	नि़	–
बी	ऽ	ऽ	त	ऽ	ऽ	ग	ये	ऽ	ऽ	दि	ऽ	न	ऽ
प़	प़	–	नि़	–	सा	स	सा	–	–	–	–	–	–
भ	ज	ऽ	न	ऽ	ऽ	बि	ना	ऽ	ऽ	ऽ	ऽ	ऽ	ऽ

● अन्तरा

×			२				०			३			
म			प										
रे	–	–	म	–	प	प	प	–	–	प	–	–	–
बा	ऽ	ऽ	ल	ऽ	ऽ	प	णा	ऽ	ऽ	तो	ऽ	ऽ	ऽ
म	–	–	प	नि	सां	सां	सां	–	–	सां	–	–	–
बा	ऽ	ऽ	ल	ऽ	ऽ	प	णा	ऽ	ऽ	तो	ऽ	ऽ	ऽ
प	सां	सां	सां	–	–	रें	नि	–	–	ध	प	–	–
खे	ऽ	ऽ	ल	ऽ	ऽ	गँ	वा	ऽ	ऽ	यो	ऽ	ऽ	ऽ

प सां –	सां – – –	नि̱ ध प	प – ध –
ज ब ऽ	जो ऽ ऽ ऽ	ब न ऽ	त ऽ ब ऽ
सां रें –	सां रें गं –	सां नि̱ –	ध प ध –
ज ब ऽ	जो ऽ ऽ ऽ	ब न ऽ	त ऽ ब ऽ
पध नि̱ –	ध प – प	म – –	प म ग –
माऽ ऽ ऽ	न ऽ ऽ ध	ना ऽ ऽ	रे ऽ ऽ ऽ

• चलत **कहरवा ताल/मध्य लय**

×	०	×	०
म – ग रे	सानि रे सा नि़	प़ प़ नि़ नि़	सा – रेग सारे
बी ऽ त ग	येऽ ऽ दि न	भ ज न बि	ना ऽ रेऽ ऽऽ
म – ग रे	सानि़ रे सा नि़	प़ प़ नि़ नि़	सा – – –
बी ऽ त ग	येऽ ऽ दि न	भ ज न बि	ना ऽ ऽ ऽ
	प		
प प प प	म – ग रे	म म ग रे	सा – नि़ –
भ ज न बि	ना ऽ रे ऽ	भ ज न बि	ना ऽ ऽ ऽ
म – ग रे	सानि़ रे सा नि़	प़ प़ नि़ नि़	सा – – –
बी ऽ त ग	येऽ ऽ दि न	भ ज न बि	ना ऽ ऽ ऽ

(शेष अन्तरे इसी प्रकार गाए जाएंगे)

२. पद

जाऊँ कहाँ तजि चरन तुम्हारे ।
काको नाम पतित-पावन जग, केहि अति दीन पियारे ।
कौने देव बराइ बिरद-हित, हठि-हठि अधम उधारे ।
खग-मृग, व्याध, पषान, बिटप जड़, जवन कवन सुर तारे ॥
देव, दनुज, मुनि, नाग, मनुज, सब माया-बिबस बिचारे ।
तिनके हाथ दास तुलसी प्रभु, कहा अपनपौ हारे ॥

□ गोस्वामी तुलसीदास

• स्थायी **देस राग/कहरवा ताल (दुगुन में)**

×	×	×	×
पध म प	ग̱ – रे सा	– रेरे म म	प – पमग̱म पनिसां–
जाऽ ऊँ क	हाँ ऽ त जि	ऽ चर न तु	म्हा ऽ रेऽऽऽ ऽऽऽऽ

प	पध	म	प	ग़	–	रे	सा	–	रेरे	म	म	नि़	–	प	–
ऽ	जाऽ	ऊँ	क	हाँ	ऽ	त	जि	ऽ	चर	न	तु	म्हा	ऽ	रे	ऽ

• अन्तरा

×				×				×				×			
प	म	प	नि	सां	–	सां	सां	–	पनि	नि	–	सां	रें	रें	रें
ऽ	का	को	ऽ	ना	ऽ	म	प	ऽ	तित	पा	ऽ	व	न	ज	ग
प	म	प	नि	सां	–	सां	सां	–	पनि	नि	–	सां	रें	सां	सां
ऽ	का	को	ऽ	ना	ऽ	म	प	ऽ	तित	पा	ऽ	व	न	ज	ग
प	सां	सां	सांरें	निसां	–	प	पम	ग़	म	–	सा	साग़	ग़म	म	–
के	हि	अ	तिऽ	दीऽ	ऽ	न	पिऽ	या	रे	ऽ	पि	याऽ	ऽऽ	रे	ऽ

(शेष अंतरे इसी प्रकार गाए जाएंगे।)

३. पद

(उदयपुर के पास 'केशरियाजी' प्रसिद्ध तीर्थ है, जिसे जैन तीर्थ वैष्णव समान रूप से मानते है। उसके प्रति यह लोक-भजन है, जो घर-घर में गाया जाता है।)

केशरिया थासूँ प्रीत करी रे साँचा भाव सूँ।
धूलेवा थाँसूँ प्रीत करी रे साँचा भाव सूँ।,
मधुकर मोयो मालती ने, मैं मोयो प्रभु नाम।
अवर देव ने नहीं नमूँ मैं, भजूँ अलख भगवान् रे। केशरिया····॥
नाभि राम मरन देवी के नन्दा, मुख पूनम को चन्दा।
पाँच सो धनुष सोवन मय काया, नगर अयोध्याना रामा रे! केशरिया····॥
काला-गोरा भैरव बिराजे, बटुक भैरवा भारी।
केई केई खडन करबा आया, लड़ि-लड़ि नाठा हारी रे! केशरिया····॥
गन्द्रप गावे भाव सूँ जी, बड़नगर नो वासी,
कालिदास कर जोड़ी बिनती, जै-जै त्रिलोकीनाथ रे! केशरिया····॥

• स्थायी

कहरवा ताल (दुगुन में)

×	×	×	×	
				सांनि़
				केऽ

सारे मग रेसा सा	– रेग ग ग	रेग सारे -म ग	रे –सा सा, सानि
शरि याऽ थाँऽ सूँ	ऽ प्रीऽ त क	रीऽ रेऽ ऽसाँ चा	भा ऽव सूँ, धूऽ
सारे मग रेसा सा	– रेग ग ग	रेग सारे –म ग	रे सा सा –
लेऽ वाऽ थाँऽ सूँ	ऽ प्रीऽ त क	रीऽ रेऽ ऽसाँ चा	भा ऽव सूँ ऽ

• अन्तरा

×	×	×	×
साप पप प प	म –म मप पम	ग गरे रेग मग	रेसा – – –
मधु कर मो यो	मा ऽल तीऽ नेऽ	मैं मोऽ योऽ प्रभु	नाऽ ऽ ऽ म
निनि निनि -नि नि	निसा –म गरे सा	गग –ग गग गरे	गम –प म, गरे
अव रदे ऽव ने	नहीं ऽन मूँऽ मैं	भजूँ ऽअ लख भग	वाऽ ऽन् रे, केऽ

(शेष अंतरे इसी प्रकार गाए जाएंगे ।)

४. पद

भजो रे मन, जै-जै महावीर नाम ।
विघ्नहरन ये मंगलकारन, ध्यान धरो आठों याम ।।
वीर-नाम हैं, पाप-नसावन, काटें करम तमाम ।
ऋद्धि-सिद्धि, सुख-सम्पद भर दे, पूरे वांछित काम ।।
नाम रटत चित्त शान्ति पावे, वीर-नाम गुण धाम ।
प्रेम-पियाला पी ले रसना, लगे न एको दाम ।।
क्रोध-मान-माया-मद-मत्सर, भूल रहे नादान ।
वीर-नाम से मुक्ति पाओ, छोड़ जरा अभिमान ।।
दर्शन - ज्ञान - चारित्र प्रकाशे, दूर टले अज्ञान ।
मानव-जनम अकारथ जैहै, लीनो वीर न नाम ।।
तात-मात अरु सुत–वनितादिक, आवे अन्त न काम ।
'सरस' सिन्धु से पार उतारे, वीर को एक ही नाम ।।

□ प्यारेलाल श्रीमाल

• स्थायी **कहरवा ताल/मध्य लय**

×	०	×	०
			सानि
			भऽ

सा	गग	म	पप	मग	मप	प	मग	गम	गम	गरे	सासा	सा	–	–सा	–
जोऽ	रेऽ	म	ऽन	ऽऽ	जय	ज	यऽ	मऽ	हाऽ	वीऽ	ऽर	ना	ऽ	ऽम	ऽ
–	प	प	प	प	पम	प	मग	–	ग	मप	पम	गम	–ग	रे	सासा
ऽ	वि	घ्न	ह	र	नऽ	ये	ऽऽ	ऽ	मं	गऽ	लऽ	काऽ	ऽऽ	र	ऽन
–	पसां	सां	सांरें	निसां	–	प	मग	म	–	–	–म,	पम	गम	गरे	सानि
ऽ	ध्याऽ	न	धऽ	रोऽ	ऽ	आ	ठोंऽ	या	ऽ	ऽ	ऽम,	होऽ	ऽऽ	ऽऽ	भऽ
सा	गग	म	पप	मगं	मप	प	मग	गम	गम	गरे	सासा	सा	–	सा	–
जोऽ	ऽरे	म	ऽन	ऽऽ	जय	ज	यऽ	मऽ	हाऽ	ऽवी	ऽर	ना	ऽ	ऽम	ऽ

● अन्तरा

×				०				×				०			
	पम	गम	प	सां	सां	सां	–	–	नि	नि	सां	निध	–	प	ध
	वीऽ	रऽ	ना	ऽ	म	है	ऽ	ऽ	पा	प	न	साऽ	ऽ	ब	न
पम	सां	सां	रें	नि	नि	ध	ध	प	–	प	–	पध	निसां	धनि	सांरें
ऽऽ	का	टे	ऽ	क	र	म	त	मा	ऽ	ऽम	ऽ	ऽऽ	ऽऽ	ऽऽ	ऽऽ
–	रें	रें	रें	–	रें	रें	रेंग	सां	सां	सां	सां	नि	नि	सां	–
ऽ	ऋ	द्धि	सि	ऽ	द्धि	सु	खऽ	ऽ	स	म्प	द	भ	र	दे	ऽ
–	पसां	सां	सांरें	निसां	–	प	मग	म	–	–	–म,	पम	गम	गरे	सानि
ऽ	पूऽ	रे	ऽऽ	वां	ऽ	छि	तऽ	का	ऽ	ऽ	ऽम,	होऽ	ऽऽ	ऽऽ	भऽ

(शेष अन्तरे इसी प्रकार गाए जाएँगे।)

□□

आठ स्वर-रचनाएँ | □ रामलाल माथुर

यहाँ मीराँबाई व चन्द्रसखी के कुछ ऐसे पद दिए जा रहे हैं, जो अपेक्षाकृत कम जाने जाते हैं व जिनकी धुनें राजस्थान से बाहर के संगीत-प्रेमियों के लिए अपरिचित-सी हैं। ये धुनें राजस्थान के विभिन्न नगरों व गाँवों में एकसी सुनी जा सकती हैं। इन पदों को वहाँ आज भी ८० वर्ष की वृद्धाएँ उसी रूप में गाती हैं, जिस रूप में उन्होंने अपने पूर्वजों से सुने व सीखे थे। इसलिए इन धुनों को पारम्परिक धुनों की संज्ञा देना अधिक उपयुक्त होगा।

१. पद

बादरिया ए, बरसौ साँवरिया रे देस !
जौ थूँ बादली बरसन जाणै, बरस पियाजी रे देस।
राधाजी रौ भीजै सुरंग चुँदड़िया, साँवरा रा झीणा-झीणा केस।।
राधाजी भीजै रंगमहल में, साँवराजी भीजै परदेस।
बाई 'मीराँ' के प्रभु गिरधर नागर, साँवरा रो नटवर भेस।।

□ मीराँबाई

• स्थायी **सोरठ राग/दीपचंदो ताल**

×			२				०			३			
			ध	–	ध	ध	नि̱	–	ध	पध	–	म	–
			बा	ऽ	द	रि	या	ऽ	ऽ	ऽऽ	ऽ	ऽ	ऽ
प	–	म	ध	ध	प	धप	म	म	ग	रेग	सारे	गम	ग
ए	ऽ	ऽ	ब	र	सौ	साँऽ	व	रि	ऽ	याऽ	ऽऽ	ऽऽ	रे
म	–	म	ध	ध	प	धप	म	म	ग	रेग	सारे	गम	ग
दे	ऽ	स	ब	र	सौ	पिऽ	या	ऽ	ऽ	जीऽ	ऽऽ	ऽऽ	ऽ
म	–	म											
दे	ऽ	स	बादरिया ए, बरसौ....।										

• अन्तरा

×			२				०			३			
			गं̱	–	रें	सां	रें	नि	सां	सा	–	–	–
			जो	ऽ	थूँ	बा	ऽ	ऽ	द	ली़	ऽ	ऽ	ऽ
–	–	–	प	प	नि	नि	सां	निसां	रें	रें	–	–	–
ऽ	ऽ	ऽ	ब	र	स	न	जा	ऽऽ	ऽ	णै	ऽ	ऽ	ऽ

–	–	–	नि	नि	सां	सां	निसां	निसां	रें	सां	रें	नि॒	ध
ऽ	ऽ	ऽ	व	र	स	पि	याऽ	ऽऽ	ऽ	जी	ऽ	रे	ऽ
नि॒	प	पम	ध	–	ध	ध	नि॒	–	ध	पध	म	म	–
दे	ऽ	सऽ	बा	ऽ	द	रि	या	ऽ	ऽ	ऽऽ	ऽ	ऽ	ऽ
प	–	म	म	ध	प	धप	म	म	ग	रेग	सारे	गम	ग
ऐ	ऽ	ऽ	बा	र	सौ	साँऽ	ब	रि	ऽ	याऽ	ऽऽ	ऽऽ	रे
म	–	म	प	नि॒	ध	धप	म	म	ग	रेग	सारे	गम	ग
दे	ऽ	स	ब	र	सौ	पिऽ	या	ऽ	ऽ	जीऽ	ऽऽ	ऽऽ	रे
म	–	म											
दे	ऽ	स											

(शेष अन्तरे इसी प्रकार गाए जाएँगे)

मीराँबाई के उपर्युक्त लोकप्रिय पद की स्वर-रचना में 'सोरठ' का रूप खिल उठा है। धैवत, मध्यम व ऋषभ (तार-सप्तक) पर जहाँ-जहाँ भी न्यास-स्थान दर्शाए गए हैं, वे अत्यन्त मार्मिक स्थल हैं एवं कोमल गांधार (तार-सप्तक) का विलक्षण प्रयोग भी स्पष्ट दृष्टिगोचर होता है।

२. पद

राम-मिलण कद होसी रे, म्हाँरा जूना जोसी।
हरिजी मिलण कद होसी रे॥
आओ जोसीजी म्हाँरे, बैठो आँगणिये।
बाँच सुणावो म्हाँने पोथी रे॥
हीरा नै रूपा री जोसी, चौकी तो बिछावूँ रे।
धान भरावूँ थाँरी कोठी रे॥

□ मीराँबाई

• स्थायी **मांड राग/कहरवा ताल**

×				0				×				0			
				सां	–	सां	सां	नि	–	सां	नि	सां	ध	ध	नि॒
				रा	ऽ	म	मि	ल	ऽ	ण	ऽ	ऽ	क	द	ऽ
प	–	ध	–	प	–	ग	म	पध	नि॒	ध	प	ग	–	म	–
हो	ऽ	सी	ऽ	रे	ऽ	म्हाँ	रा	जूऽ	ऽ	ना	ऽ	जो	ऽ	सी	ऽ

–	–	–	–	ग	म	प	ध	प	ध	प	म	–	ग	रे	–
ऽ	ऽ	ऽ	ऽ	रा	ऽ	म	मि	ल	ऽ	ण	ऽ	ऽ	क	द	ऽ
–	–	–	ग	–	ग	म	रे	सारे	सा	–	सा	–	ग	–	म
ऽ	ऽ	ऽ	हो	ऽ	सी	रे	ऽ	ऽऽ	ऽ	ऽ	रा	ऽ	म	ऽ	मि
प	–	प	ध	पध	नि	धप	ध	प	–	–	–				
ल	ऽ	ण	ऽ	ऽऽ	ऽ	ऽऽ	ऽ	ऽ	ऽ	ऽ	ऽ	(राम मिलण)			

● **अन्तरा**

×				०				×				०			
				ग	म	प	ध	सां	–	सांरें	गं	–	रें	सां	–
				आ	ऽ	ओ	जो	सी	ऽ	जीऽ	ऽ	ऽ	म्हां	रे	ऽ
–	–	–	–	सां	–	सां	सां	नि	–	धनि	सां	नि	ध	ध	नि
ऽ	ऽ	ऽ	ऽ	बै	ऽ	ठो	आं	ग	ऽ	णिऽ	ऽ	बे	ऽ	ऽ	ऽ
प	–	–	–	सां	–	सां	सां	नि	–	सां	–	नि	ध	ध	नि̱
ऽ	ऽ	ऽ	ऽ	बां	ऽ	च	सु	णा	ऽ	वो	ऽ	म्हां	ऽ	नै	ऽ
प	–	ध	–	प	–	म	ग	रेग	रे	ग	–	म	–	प	–
पो	ऽ	थी	ऽ	रे	ऽ	म्हां	रा	जूऽ	ऽ	ना	ऽ	जो	ऽ	सी	ऽ
–	–	–	–	ध	–	प	म	ग	–	म	–	–	ग	रे	–
ऽ	ऽ	ऽ	ऽ	रा	ऽ	म	मि	ल	ऽ	ण	ऽ	ऽ	क	द	ऽ
सा	–	ग	–	ग	रे	सा	रे	सा	–	–	–				
हो	ऽ	सी	ऽ	रे	ऽ	ऽ	ऽ	ऽ	ऽ	ऽ	ऽ	राम मिलण....।			

(शेष अन्तरा इसी प्रकार गाया जाएगा।)

३. पद

मैं बिरहणि बैठी जागूं, जगत सब सोवै री आली ।
बिरहणि बैठी रंगमहल में, मोतियन माला पोवै ।
इक बिरहणि हम ऐसी देखी, अँसुवन माला पोवै ।।
तारा गिण-गिण रैण बिहानी, सुख की घड़ी कब आवै ।
'मीराँ' के प्रभु गिरधर नागर, मिलके बिछुड़ न जावै ।।

□ मीराँबाई

• स्थायी **कहरवा ताल**

×				०				×				०			
गम	गरे	सा	ग	प	ध	नि	रेंसां	नि	–	–	–	ध	पग	पध	नि
मैंऽ	ऽऽ	ऽ	बि	र	ह	ऽ	णिऽ	बै	ऽ	ऽ	ऽ	ठी	ऽऽ	जाऽ	ऽ
ध	प	–	प	धनि	पध	सां	सां	–	सांरें	गं	गं	सां	–	ध	सां
गूँ	ऽ	ऽ	ज	गऽ	तऽ	स	ब	ऽ	सोऽ	ऽ	वै	री	ऽ	आ	ऽ
नि	–	पध	–	मप	–	गप	गप	ग	सा	–	ग	प	ध	नि	रेंसां
ली	ऽ	ऽऽ	ऽ	ऽऽ	ऽ	मैंऽ	ऽऽ	ऽ	ऽ	ऽ	बि	र	ह	ऽ	णिऽ
नि	–	–	–	ध	पग	ध	प	प	–	–	–	–	–	–	–
बै	ऽ	ऽ	ऽ	ठी	ऽऽ	जा	ऽ	गूँ	ऽ	ऽ	ऽ	ऽ	ऽ	ऽ	ऽ

• अन्तरा

×				०				×				०			
–	निध	प	ग	प	–	प	–	–	गम	ग	सा	रे	नि	सा	–
ऽ	बिर	ह	णि	बै	ऽ	ठी	ऽ	ऽ	रंऽ	ग	म	ह	ल	में	ऽ
ग	म	ग	रे	ग	प	ध	नि	धप	ध	–	प	धनि	पध	सां	–
मो	ति	य	न	मा	ऽ	ला	ऽ	पोऽ	वै	ऽ	ऽ	इऽ	कऽ	बि	र
–	धनि	प	ध	सां	रें	गं	सां	रें	सां	–	–	रेंसां	निध	पध	प
ऽ	हणि	ह	म	ऐ	ऽ	सी	ऽ	दे	खी	ऽ	ऽ	ऽऽ	ऽऽ	ऽऽ	ऽ
ग	प	धसां	रेंगं	सां	–	धसां	रेंसां	नि	–	पध	–	मप	–	गप	गप
अं	सु	वऽ	नऽ	मा	ऽ	लाऽ	ऽऽ	पो	ऽ	ऽऽ	ऽ	वैऽ	ऽ	आऽ	ऽऽ
ग	सा	–	ग	प	ध	नि	रेंसां	नि	–	–	–	ध	पग	पध	नि
ली	री	ऽ	बि	र	ह	ऽ	णिऽ	बै	ऽ	ऽ	ऽ	ठी	ऽऽ	जाऽ	ऽ

ध प –, ।
गूँ ऽ ऽ, जगत सब सोवै री आली !

(शेष अंतरा इसी प्रकार गाया जाएगा ।)

४. पद

झूलै-झूलै, जसोदा मैया, तेरा ललना !
बाहर जाऊँ तो लालो, बारह बरस को रे ।
घर में आऊँ तो लालो, झूलै पलना ।।
दूध-दइया की लालो, नदियाँ बहाई रे ।
ग्वाल-वाल नै लुटावै सगला ।।
'चन्द्रसखी' भज बालकृष्ण-छिब ।
देखयाँ बिना सखि पड़ै कल ना ।।

□ चन्द्रसखी

• स्थायी **कहरवा ताल**

×				०				×				०			
						ग	रे	सा	रेग	–	रे	सा	सा	सा	रे
						झू	लै	झू	लैऽ	ऽ	ज	सो	दा	मै	या
प	प	प	धप	म	–,										
ते	रा	ल	लऽ	ना	ऽ,										

• अन्तरा

×				०				×				०			
									म	गग	म	प	–	प	प
									बा	हर	जा	ऊँ	तो	ला	लो
–	ध	धध	ध	पध	ध	ध,	प	–	मम	म	म	म	म	प	ध
ऽ	बा	रह	ब	रऽ	स	को,	ग़	ऽ	घर	में	आ	ऊँ	तो	ला	लो
प	ध	प	मग	म	–,	ग	रे,								
झू	लै	प	लऽ	ना	ऽ,	झू	लै,	झूलै, जसोदा मैया, तेरा ललना ।							

(शेष अंतरे इसी प्रकार गाए जाएँगे ।)

५. पद

श्री राधे रानी, दे डारो नी बंसी हमारी ।
काहे से गाऊँ राधे, काहे से बजाऊँ, काहे से लाऊँ गैयाँ घेरी ।।
मुखड़े से गाओ कान्हा, हाथाँ से बजाओ, चिटिये से लाओ गैयाँ घेरी ।
या बंसी में मेरो प्राण बसत है, सो बंसी गई चोरी ।।
ना सोने की कान्हा, ना रूपे की, हरिये बाँस की पोरी ।
'चन्द्रसखी' भज बालकृष्ण-छिब, चिरंजो रहो जुगल-जोरी ।,

□ चन्द्रसखी

• स्थायी **कहरवा ताल**

×				०				×				०			
		ग	ग	ध	प	–	प	ग	–	ग	रे	ग	रे	सा	–
		श्री	रा	धे	रा	ऽ	नी	दे	ऽ	डा	ऽ	रो	ऽ	नी	ऽ
–	–	–	रे	–	ग	रे	ग	ध	–	–	–	प	–	–	–
ऽ	ऽ	ऽ	बं	ऽ	सी	ऽ	ह	मा	ऽ	ऽ	ऽ	री	ऽ	ऽ	ऽ
–	–	–,													
ऽ	ऽ	ऽ,													

• अन्तरा

×				०				×				०			
			ग	–	प	–	ध	पध	निसां	सां	नि	रें	सां	सां	–
			का	ऽ	है	ऽ	से	गाऽ	ऽऽ	ऊँ	ऽ	रा	ऽ	धे	ऽ
–	–	–	नि	नि	नि	ध	ध	पध	निध	नि	–	–	ध	प	–
ऽ	ऽ	ऽ	का	हे	से	ऽ	ब	जाऽ	ऽऽ	ऽ	ऽ	ऽ	ऊँ	ऽ	ऽ
–	–	–	नि	रें	सां	–	सां	नि	–	ध	प	–	ध	–	प
ऽ	ऽ	ऽ	का	ऽ	है	ऽ	से	ला	ऽ	ऊँ	ऽ	ऽ	गै	ऽ	यों
प	ध	पध	नि	ध	प	–	–	–	–,	ग	ग	ध	प	–	प
धे	ऽ	ऽऽ	ऽ	री	ऽ	ऽ	ऽ	ऽ	ऽ,	श्री	रा	धे	रा	ऽ	नी

(शेष अन्तरे इसी प्रकार गाए जाएंगे।)

६. पद

प्रभुजी, तुम चन्दन, हम पानी, जाकी अँग-अँग बास समानी।
प्रभुजी, तुम घन बन, हम मोरा, जैसे चितवत चन्द चकोरा॥
प्रभुजी, तुम दीपक हम बाती, जाकी ज्योति बरै दिन-राती।
प्रभुजी, तुम मोती हम धागा, जैसे सोनहिं मिलत सुहागा॥
प्रभुजी, तुम स्वामी हम दासा, ऐसी भक्ति करै 'रैदासा'।

□ रैदास

×				०				×				०			
धीं	त्रक	धीं	ना।	तीं	त्रक	धीं	ना ॥	धीं	त्रक	धीं	ना।	तीं	त्रक	धीं	ना

• स्थायी

×				०				×				०			
						ग	म	प	सां	–	–	निसां	धनि	पध	मप
						प्र	भु	जी	ऽ	ऽ	ऽ	ऽऽ	ऽऽ	ऽऽ	ऽऽ
–	पनि	प	प	मप	–म	ग	सा	ग	–	ग	–	–	–	ग	म
ऽ	तुम	चं	ऽ	दऽ	ऽन	ह	म	पा	ऽ	नी	ऽ	ऽ	ऽ	जा	की
–	साम	ग	सा	–	गम	–प	सां–	नि	–	ध	म	धप	–,		
ऽ	अंग	अं	ग	ऽ	बाऽ	ऽस	सऽ	मा	ऽ	ऽ	ऽ	नीऽ	ऽ,		

प्रभुजी, तुम चन्दन……।

• अन्तरा, १

×				०				×				०			
				ग	म	प	–	प	सां	नि	सां	गं	सां	सां	सांगं
				प्र	भु	जी	ऽ	तु	म	घ	न	ब	न	ह	मऽ
नि	सां	–	प	नि	धप	म	ग	–	साम	ग	सा	–	गम	–प	सां–
मो	रा	ऽ	ऽ	ऽ	ऽऽ	जै	से	ऽ	चित	व	त	ऽ	चंऽ	ऽद	चऽ
नि	–	ध	म	धप	–,										
को	ऽ	ऽ	ऽ	राऽ	ऽ, प्रभुजी, तुम चन्दन……।										

• अन्तरा, २

×				०				×				०			
				ग	म	प	–	–	सांसां	नि	प	नि	प	गम	रेग
				प्र	भु	जी	ऽ	ऽ	तुम	दी	ऽ	प	क	हऽ	मऽ
म	–	प	–	ध-	-ध	म	म	–	म	ग	सा	ग	म	प	सां
बा	ऽ	ती	ऽ	ऽऽ	ऽऽ	जा	की	ऽ	ज्यो	ति	ब	रै	ऽ	दि	न
नि	–	ध	म	धप	–,										
रा	ऽ	ऽ	ऽ	तीऽ	ऽ, प्रभुजी, तुम चन्दन……।										

(तीसरा और चौथा अंतरा क्रमशः पहले और दूसरे अन्तरे के समान गाया जाएगा।)

७. पद

रे निरमोही, छवि दरसाय जा ।
कान चातकी, स्याम बिरह-घन मुरली मधुर सुनाय जा ।।
'ललितकिसोरी' नैन चकोरन, दुति मुखचन्द दिखाय जा ।
भयौ चहत यह प्रान बटोही, रूसे पथिक मनाय जा ।।

□ ललितकिशोरी

• स्थायी **भटियार राग/कहरवा ताल**

×				0				×				0			
				म	–	प	ध	प	म	–	प	ग	रे	–	सा
				रे	ऽ	नि	र	मो	ही	ऽ	छ	बि	द	ऽ	र
सा	सा	सा	–	म	–	प	नि	धग	मप	म,	प	ग	रे	–	सा
सा	य	जा	ऽ	रे	ऽ	नि	र	मो	ऽऽ	ही,	छ	बि	द	ऽ	र
सा	सा	सा–	–रे	सा	–	–	–	–,							
सा	य	जाऽ	ऽऽ	ऽ	ऽ	ऽ	ऽ	ऽ,							

• अन्तरा. १

×				0				×				0			
									ग	मं	ध	सां	सां	सां	–
									का	न	चा	ऽ	त	की	ऽ
–	सारें	सां	रें	नि	नि	सां	सां	–	सां	सां	सां	नि	सां	निध	ध
ऽ	स्या	म	बि	र	ह	घ	न	ऽ	मु	र	ली	म	धु	रऽ	सु
प	–	धनि	–	ध	ध	प	ध	मप	म	–,	प	ग	रे	–	सा
ना	ऽ	ऽऽ	ऽ	ऽ	य	जा	ऽ	ऽऽ	रे	ऽ,	छ	बि	द	ऽ	र
सा	सा	सा	–	–	–	–	–								
सा	य	जा	ऽ	ऽ	ऽ	ऽ	ऽ	रे निरमोही, छबि····ऽ							

• अन्तरा. २

×				0				×				0			
मं	ध	मं	ध	धनि	सां	सां	–	सां	रें	सां	रें	निसां	धनि	सां	सां
ल	लि	त	कि	सोऽ	ऽ	री	ऽ	नै	ऽ	न	च	कोऽ	ऽऽ	र	न

सां	सां	गं	रें	सां	–	सां	रें	नि	सां	ध	प	धप	मप	म	ग
दु	ति	मु	ख	चं	ऽ	द	दि	खा	य	जा	ऽ	ऽऽ	ऽऽ	ऽ	ऽ
–	प	ग	रे	सा	सा	म	म	–	ग	मं	ध	सां	–	सां	–
ऽ	भ	यो	च	ह	त	य	ह	ऽ	प्रा	न	ब	टो	ऽ	ही	ऽ
–	सां	सां	सां	नि	सां	ध	धप	प	–	धनि	–	ध	–	प	ध
ऽ	रू	ऽ	से	प	थि	क	मऽ	ना	ऽ	ऽऽ	ऽ	ऽ	ऽ	ऽ	य
मप	म	–	प	ग	रे	–	सा	सा	सा	सा	–	म	–	प	ध
जाऽ	रे	ऽ	छ	वि	द	ऽ	र	सा	य	जा	ऽ	रे	ऽ	नि	र
प	म	–,	प	ग	रे	–	सा	सा	सा	सा	–				
मो	ही	ऽ,	छ	बि	द	ऽ	र	सा	य	जा	ऽ	रे निरमोही, छबि.....।			

८. पद

बेदरदी, तोहे दरद न आवै !
चितवन में चित बस करि लीनौ ।
अब काहे को आँख चुरावै ।।
कब की खड़ी द्वार पै तेरे,
बिन देखे जियरा घबरावै ।।
'नारायण'-महबूब साँबरे ।
घायल करि फिर गैल बतावै ।।

□ नारायण स्वामी

• स्थायी

कहरवा ताल

रे

×				०				×				०			
		रे	–	ग	रे	सा	–	रे	–	नि	–	सा	–	सा	–
		बे	ऽ	ऽ	द	र	ऽ	दी	ऽ	ऽ	ऽ	तो	ऽ	हे	ऽ
–	–	रे	ग	–	म	प	–	म	ग	रेग	–	म	–	–	–
ऽ	ऽ	द	र	ऽ	द	न	ऽ	आ	ऽ	ऽऽ	ऽ	वै	ऽ	ऽ	ऽ
–	–	ग	म	–	प	नि	–	सां	नि	सां	–	नि	ध	प	–
ऽ	ऽ	चि	त	ऽ	ब	न	ऽ	मैं	ऽ	ऽ	ऽ	चि	ऽ	त	ऽ
–	–	ग	म	–	रे	ग	–	म	ग	प	–	प	–	–	–
ऽ	ऽ	ब	स	ऽ	क	रि	ऽ	ली	ऽ	ऽ	ऽ	नौ	ऽ	ऽ	ऽ

– – ऩि – | म – प – | नि सां धनि – | सां – – –
ऽ ऽ अ ऽ | ब ऽ का ऽ | हे ऽ ऽऽ ऽ | को ऽ ऽ ऽ

– – प ध | – म – प | ग॒ – रे – | ग – म –
ऽ ऽ आँ ऽ | ऽ ख ऽ चु | रा ऽ ऽ ऽ | वै ऽ ऽ ऽ

बेदरदी तोहे....।

• अन्तरा १

× ० × ०

रे ग॒ | सा रे म – | प – प – | – – प –
क ऽ | ब ऽ की ऽ | ख ऽ ड़ी ऽ | ऽ ऽ द्वा ऽ

रे म प ध | म – प – | रे म प म | रे सा ऩि ध़
ऽ ऽ र ऽ | पै ऽ ऽ ऽ | ते ऽ ऽ ऽ | रे ऽ ऽ ऽ

– – रे ग॒ | सा रे म – | प – प – | – – प –
ऽ ऽ क ऽ | ब ऽ की ऽ | ख ऽ ड़ी ऽ | ऽ ऽ द्वा ऽ

रे म प ध | म – प – | ग॒ – रे – | म – प –
ऽ ऽ र ऽ | पैं ऽ ऽ ऽ | ते ऽ ऽ ऽ | रे ऽ ऽ ऽ

ध – ध – | ध – ध – | ध नि॒ प ध | ऩि – रें –
ऽ ऽ बि ऽ | न ऽ दे ऽ | खे ऽ ऽ ऽ | जि ऽ य ऽ

सा – – – | – – नि॒ प | ग॒ – रे – | ग – म –
रा ऽ ऽ ऽ | ऽ ऽ घ ब | रा ऽ ऽ ऽ | बै ऽ ऽ ऽ

प , |
ऽ , बेदरदी.... । |

• अन्तरा २

× ० × ०

ध – | – – नि॒ – | ध प ध – | म – ध –
ना ऽ | ऽ ऽ रा ऽ | य ऽ ण ऽ | मैं ऽ ह ऽ

रें ग॒ सा रे | म – म – | प ध नि॒ – | ध – – –
बू ऽ ऽ ऽ | ब ऽ सां ऽ | ऽ ऽ व ऽ | रे ऽ ऽ ऽ

अथवा—	म	–	–	–
नै	ऽ	ऽ	ऽ

रे	ग़	सा	रे	म	–	म	–	प	ध	नि़	–	ध	–	–	–
ना	ऽ	ऽ	ऽ	म	ऽ	त	ऽ	वा	ऽ	ऽ	ऽ	रे	ऽ	ऽ	ऽ
–	–	नि	–	नि	–	नि	–	सां	–	नि	–	सां	–	सां	–
ऽ	ऽ	धा	ऽ	य	ऽ	ल	ऽ	क	ऽ	ति	ऽ	फ़ि	ऽ	र	ऽ
–	–	नि़	ध	प	ग	–	म	प	ध	नि़	–	ध	नि़	प	ध
ऽ	ऽ	गै	ऽ	ऽ	ल	ऽ	ब	ता	ऽ	ऽ	ऽ	वै	ऽ	ऽ	ऽ
नि	सां	नि	–	नि	सां	नि	–	नि	सां	सां	–	नि	–	सां	–
ऽ	ऽ	धा	ऽ	य	ऽ	ल	ऽ	क	ऽ	रि	ऽ	फि	ऽ	र	ऽ
–	–	प	ध	–	म	प	–	ग़	–	रे	–	ग	–	म	–
ऽ	ऽ	गै	ऽ	ऽ	ल	ब	ऽ	ता	ऽ	ऽ	ऽ	वै	ऽ	ऽ	ऽ
प	–,														
ऽ	ऽ, बेदरदी....।														

□□

सात स्वर-रचनाएँ

□ देवकीनंदन धवन

१. पद

एक सिमर मन माहीं ।
नाम धियावो, हृदय बसावो, तिस बिन को नाहीं ॥
प्रभ-सरनी आइये, सर्व फल पाइये, सगले दुख जाई ॥
जियन को दाता पुरख विधाता, 'नानक' घट-घट आहीं ॥

□ गुरु नानक

● स्थायी

आसा राग/कहरवा ताल

×				×				×				×			
	पध	–म	म	प	प	ध	पध	सां	–	–	–	निरें	सांनि	ध	–
	एऽ	ऽक	सि	म	र	म	नऽ	मा	ऽ	ऽ	ऽ	ऽऽ	ऽऽ	हीं	ऽ
–	सां	–सां	सां	निरें	सांनि	ध	–	प	पध	प	म	ग	मग	रे	सा
ऽ	ना	ऽम	धि	याऽ	ऽऽ	वो	ऽ	ऽ	हृद	य	ब	सा	ऽऽ	वो	ऽ
–	सां	–सां	सां	निरें	सांनि	ध	–	–	रें	–रें	रें	ध	रेंसां	रेंगं	सांनि
ऽ	ना	ऽम	धि	याऽ	ऽऽ	वो	ऽ	ऽ	ना	ऽम	धि	या	ऽऽ	ऽऽ	वोऽ
ध	सां	–सां	सां	निरें	सांनि	ध	–	प	पध	प	म	ग	मग	रे	सा
ऽ	ना	ऽम	धि	याऽ	ऽऽ	वो	ऽ	ऽ	हृद	य	ब	सा	ऽऽ	वो	ऽ
–	रेरे	–म	म	प	–	ध	पध	सां	–	–	–	निरें	सांनि	ध	–
ऽ	तिस	ऽबि	न	को	ऽ	ऽ	ऽऽ	ना	ऽ	ऽ	ऽ	ऽऽ	ऽऽ	हीं	ऽ
–	पध	–म	म	प	प	ध	रें	सां	–	–	नि	धनि	सांनि	ध	–
ऽ	एऽ	ऽक	सि	म	र	म	न	मा	ऽ	ऽ	ऽ	ऽऽ	ऽऽ	हीं	ऽ
–	पध	–म	म	प	प	ध	पध	सां	–	–	–	सां	–	–	–
ऽ	एऽ	ऽक	सि	म	र	म	नऽ	मा	ऽ	ऽ	ऽ	हीं	ऽ	ऽ	ऽ

• **अन्तरा**

×				×				×				×			
	मम	–प	ध	सां	–	सां	–	–	सांरें	–रें	रें	सांरें	गरें	सांनि	ध
	प्रभ	ऽसर	नी	आइ	ऽ	ये	ऽ	ऽ	सब	ऽफ	ल	पाऽ	ऽइ	येऽ	ऽ
–	सां	सां	सां	निरें	सांनि	ध	पध	सां	–	–	–	पध	सांरें	गमं	गरें
ऽ	स	ग	ले	ऽऽ	ऽऽ	दु	खऽ	जा	ऽ	ऽ	ऽ	ऽऽ	ऽऽ	ऽऽ	ऽऽ
सां	सां	सां	सां	निरें	सांनि	ध	पध	सां	–	–	–	निरें	सांनि	ध	–
ई	स	ग	ले	ऽऽ	ऽऽ	दु	खऽ	जा	ऽ	ऽ	ऽ	ऽऽ	ऽऽ	ई	ऽ

–
ऽ एक सिमर मन माहीं।

(दूसरा अंतरा पहले अन्तरे के समान गाया जाएगा।)

२. पद

तिना आनन्द सदा सुख है, जिन सच नाम आधार।
गुर सब दी सच पाया, दुख निवारनहार ॥
सदा-सदा साँचे गुन गावे, साँचे नाईं प्यार।
किरपा करके अपनी दित्तोन भगत भंडार ॥

☐ **गुरु नानक**

• **स्थायी** — **भैरवी राग/कहरवा ताल**

×				०				×				०			
							सा	सारे॒	मग॒	रे॒	सा	सा	–	सा	रे॒
							ति	नाऽ	ऽऽ	आ	ऽ	नं	ऽ	द	स
नि॒सा	–	सा	सा	सा	–	–	–	सा	रे॒	म	म	मप	नि॒ध॒	प	म
दाऽ	ऽ	सु	ख	है	ऽ	ऽ	ऽ	जि	न	स	च	नाऽ	ऽऽ	म	आ
ग॒म	–	–	–	–	–	पम	ग॒	–	सारे॒	–रे॒	म	ग॒रे	ग॒	रे॒	सा
धाऽ	ऽ	ऽ	ऽ	ऽ	ऽ	ऽऽ	ऽ	ऽर	जिन	ऽस	च	नाऽ	ऽ	म	आ
नि॒ सा	–	–	–	–	–	–,	।								
धा	ऽ	ऽ	ऽ	ऽ	ऽ	ऽर,									

तिना आनंद सदा सुख है, जिन सच नाम आधार,

जिन सच नाम—

सा	सा	–	–	–	–	–	–	–
आ	धा	ऽ	ऽ	ऽ	ऽ	ऽ	ऽ	ऽर

• अन्तरा

×				०				×				०			
	गम	म	म	म	–	पम	ग	–	मप	प	–	प	–	–	–
	गुर	स	ब	दी	ऽ	ऽऽ	ऽ	ऽ	सच	पा	ऽ	या	ऽ	ऽ	ऽ
–	ध	ध	ध	पनि	धप	म	ग	ग	म	–	–	–	–	पम	–
❊	दु	ख	नि	वाऽ	ऽऽ	र	न	हा	ऽ	ऽ	ऽ	ऽ	ऽ	ऽऽ	ऽ
								नि							
–	सा	रे	म	गरे	ग	रे	सा	सा	–	–	–	–	–	–,	
ऽर	दु	ख	नि	वाऽ	ऽ	र	न	हा	ऽ	ऽ	ऽ	ऽ	ऽ	ऽर,	

तिना आनंद सदा सुख है.........।

	ग	म	म	निध	–	नि	–	सां	–	सां	सां	सांरें	निसां	सां	–
	स	दा	स	दाऽ	ऽ	साँ	ऽ	चे	ऽ	गु	न	गाऽ	ऽऽ	वे	ऽ
–	सांरें	गं	गं	सांरें	मंगं	रें	सां	सांरें	निसां	–	–	–	–	–	–
ऽ	साँऽ	ऽ	चे	नाऽ	ऽऽ	ई	ऽ	प्याऽ	ऽऽ	ऽ	ऽ	ऽ	ऽ	ऽ	ऽर
–	सांरें	रें	–	रें	रें	रें	–	नि	रें	नि	ध	प	–	–	प
❊	किर	पा	ऽ	क	र	के	ऽ	अ	प	नी	ऽ	ऽ	ऽ	ऽ	दि
धप	ध	प	म	ग	म	ध	प	म	–	–	–	पम	ग	–	सा
त्तोऽ	ऽ	न	भ	ग	त	भं	ऽ	डा	ऽ	ऽ	ऽ	ऽऽ	ऽ	ऽर	दि
								नि							
सा	रें	रें	म	गरे	ग	रे	सा	सा	–	–	–	–	–	–,	
त्तोऽ	ऽ	न	भ	गऽ	त	भं	ऽ	डा	ऽ	ऽ	ऽ	ऽ	ऽ	ऽर,	

तिना आनन्द सदा सुख है.........।

३. पद

गोबिन्दजी ओ, तू मेरे प्रान आधार ।
साजन मीत सहाई तुम ही; तू मेरो परवार ॥
कर समतक धार्‌यो मेरे माथे, साध संग गुन गाए ।
तुमरी किरपा ते सब फल पाए, रसक राम-नाम ध्याए ॥
अब चल नींव धराई सत्गुर, कब हूँ डोलत नाहीं ।
'गुरु नानक' जब भए दयारा, सर्व सुखा निद पाई ॥

□ गुरु नानक

• स्थायी

वृन्दावनी सारंग राग/कहरवा ताल

×				×				×				×			
			सा	रे	म	प	मप	–	पनि	–प	म	रे	–	सा	नि़
			गो	बिं	द	जी	ओऽ	ऽ	तूऽ	ऽमे	रे	प्रा	ऽ	न	आ
सा	–	–	सा	रे	म	प	मप	–	पनि	–प	म	रे	–	सा	नि़
धा	ऽ	ऽर	गो	बिं	द	जी	ओ	ऽ	तूऽ	ऽमे	रे	प्रा	ऽ	न	आ
सा	–	–	–	–	नि़	नि़	नि़	सा	–	सा	सा	रे	म	प	म
धा	ऽ	ऽ	ऽ	ऽर	सा	ऽज	न	मी	ऽ	त	स	हा	ऽ	ई	ऽ
रे	रे	सा	–	–	मप	नि	–	नि	–	सां	रेंसां	नि	प	–	म
तु	म	ही	ऽ	ऽ	तूऽ	मे	ऽ	रो	ऽ	प	रऽ	वा	ऽ	ऽ	ऽ

रे रे सा ।
ऽ ऽ ऽर गोबिंदजी ओ ''।

• अन्तरा

×				×				×				×			
					म	म	म	प	प	नि	प	नि	सां	सां	सां
					कर	स	म	त	क	धा	ऽ	र्‌यो	ऽ	मे	रे
रें	नि	सां	–	–	निसां,रें	–सां	रें	नि	सां	नि	प	नि	–	सां	–
सा	ऽ	थे	ऽ	ऽ	साऽ,ऽ	ऽध	सं	ऽ	ग	गु	न	गा	ऽ	ए	ऽ

– – – – | – निसां रें रेंरें | रें मं रें सां | – नि सां रेंसां
ऽ ऽ ऽ ऽ | ऽ तुम री किर | पा ऽ ते ऽ | ऽ सब फ लऽ

नि प प – | – मरे म प | नि प नि सां | नि प – म
पा ऽ ए ऽ | ऽ रस क रा | ऽ म ना ऽम | ध्या ऽ ऽ ऽ
रे रे सा ।
ऽ ऽ ए गोबिंदजी ओ""।

(दूसरा अंतरा पहले अंतरे के समान गाया जाएगा।)

४. पद

काहे मन, तू डोलता, हरि मनसा पूरनहार !
सतगुर पुरख ध्याए तू, सब दुख विसारनहार।
हरी नामा अराध मन, सब किल विख जाहे विकार ।।
जिनको पूरब लिख्या तिन रंग लगा निरंकार।
ओनी छड्या माया स्वावना, धन संच्या नाम अधार ।।
अठे पहर इक ते लिवे मने न हुकम अपार।
जन 'नानक' मंगे दान इक देहो दरस मन प्यार ।।

□ गुरु नानक

बागेश्री राग/दादरा ताल

• स्थायी

× | × | ×
ध ध – पधसांनि धम –म | गुरे मग,– रेसा सा – सा | सागु रेसा सा निसा ध नि
का हे ऽ मनऽऽ ऽ, ऽतू | डोऽ ऽऽ,ऽ ऽल ता ऽ हरि | मन ऽऽ सा पूऽ र न

सा म – धनिसांनि ध म |
हा ऽ ऽ ऽऽऽऽ ऽ ऽर |

• अन्तरा

× | × | ×
गग म म धध नि ध | धनि,सां – –नि सां – निध | ध ध –ध ध प ध
सत् गु र पु रख ऽ | याऽ,ऽ ऽ ऽए तू ऽ सब | दु ख ऽवि सा र न
पधसांनि – निसां ध म – | धध ध – पधसांनि धम –म | गुरे मग,– रेसा सा – सा
हाऽऽऽ ऽ ऽऽ ऽ ऽ ऽर | हरी ना ऽ माऽऽऽ ऽऽ ऽअ | राऽ ऽऽऽ ऽध मन ऽ सब

सागु रेसा सा निसा ध नि | सा प – धनिसांनि ध म |
किल बिऽ ख जाऽ हे वि | काऽ ऽ ऽ ऽऽऽऽ ऽ ऽर | काहे मन, तू ...।

मम म – – ग गम गम –ग रे सा – सा म – – – ध
जिन को ऽ ऽ ऽ पूऽ ऽऽ ऽऽ र ब ऽ लि ख्या ऽ ऽ ऽ ति

सां ध सां
ध ध ध नि ध – – – म मनि ध सां – – – नि
न रं ग ल गा ऽ ऽ ऽ नि रंऽ ऽ का ऽ ऽ ऽ ऽ

सां
नि ध मनि धसां निरें सां नि ध –
ऽ ऽ ऽऽ ऽऽ ऽऽ ऽ ऽ ऽ ऽर

ध पधसांनि – धध म – | गरे मग,– रेसा सा सा सा | सागु रेसा सा निसा ध नि
ओ नीऽऽऽ ऽ छड् या ऽ | माऽ ऽऽऽ याऽ स्वा ब ना | धन संऽ च्या नाऽ म अ

सा म – धनिसांनि ध म |
धा ऽ ऽ ऽऽऽऽ ऽ ऽर | काहे मन, तू........।

ग म –म धध नि ध | धनि,सां – –नि सां – निध | ध ध ध धध प ध
अ ठे ऽप हर इ क | तेऽ,ऽ ऽ लिऽ चे ऽ ऽऽ | म ने न हुक म अ

× | × | ×
पधसांनि – निसां ध म – | धाध पधसांनि – धध म – | गरे मग,– रेसा सा – सासा
पाऽऽऽ ऽ ऽऽ ऽ ऽ ऽर | जन नाऽऽऽ ऽ नक मं ऽ | गेऽ ऽऽ,ऽ ऽऽ दा ऽन इक

सागु रेसा सा निसा ध नि | सा म – धनिसांनि ध म |
देऽ होऽ द रस म न | प्या ऽ ऽ ऽऽऽऽ ऽ ऽर | काहे मन, तू........।

५. पद

प्रिय की प्रीति प्यारी।
मगन मनय में चितवऊँ आसा, नैनों तार तोहारी ॥
ओए दिन पहर मूरत पल कैसे, ओई पल घड़ी किहारी।
खुले कपट धपट बुझ तृष्णा, जीबूँ पेख दरसारी ॥
कवन सूँ जतन उपाऊँ किनेहा, सेवा कौन बिचारी।
मान-अभिमान मोह तज 'नानक', सन्तै संग उद्धारी ॥

□ गुरु नानक

• स्थायी **केदार राग/तीनताल**

×	२	०	३
		सा सा म –	– प मं प
		प्रि य की ऽ	ऽ प्री ऽ ति
ध – – प	मंप धप म –	म म म म	प प मं प
ध्या ऽ ऽ ऽ	ऽऽ ऽऽ री ऽ	म ग न म	न य में ऽ
ध नि ध प	मंप धप म –	सां रें सां नि	ध प मं प
चि त व ऊँ	आऽ ऽऽ सा ऽ	नै ऽ नों ऽ	ता ऽ र तो
मंप धप म –	सारे – सा –		
हाऽ ऽऽ ऽ ऽ	ऽऽ ऽ री ऽ	प्रिय की प्रीति प्यारी।	

• अन्तरा

×	२	०	३
		प प प प	सां – सां सां
		ओ ए दि न	पह ऽ र मू
		सां सां सां सां	
सां सां सां सां	सां रें सां –	ध ध ध ध	सां सां रें रें
र त प ल	कै ऽ से ऽ	ओ ई प ल	घ ड़ी ऽ कि
सांरें निसां – नि	ध प म –	म म – म	प प – प
हाऽ ऽऽ ऽ ऽ	ऽ ऽ री ऽ	खु ले ऽ क	प ट * ध
ध ध प प	मंप धप म –	सां रें सां नि	ध प मं प
प ट बु झ	तृऽ ऽऽ ष्णा ऽ	जी ऽ बूँ पे	ऽ ख द र
मंप धनि सांरें सांनि	धप मंप मम रेसा		
साऽ ऽऽ ऽऽ ऽऽ	ऽऽ ऽऽ ऽऽ रीऽ	प्रिय की.........।	
		प प प प	सां सां सां सां
		क ब न सूँ	ज त न उ
		सां सां	
सां – सां सां	सां रें सां –	ध – ध –	सां – रें रें
पा ऽ ऊँ कि	ने ऽ हा ऽ	से ऽ वा ऽ	की ऽ न बि

सांरें	निसां	–	नि	ध	प	म	–	म	–	म	म	प	–	प	ध
चाऽ	ऽऽ	ऽ	ऽ	ऽ	ऽ	री	ऽ	मा	ऽन	अ	भि	मा	ऽ	न	मो
–	ध	प	प	मंप	धप	म	म	सां	रें	सां	नि	ध	प	मं	प
ऽ	ह	त	ज	नाऽ	ऽऽ	न	क	सं	ऽ	तै	ऽ	सं	ऽ	ग	उ
मंप	धनि	सांरें	सांनि	धप	मंप	मम	रेसा								
द्धाऽ	ऽऽ	ऽऽ	ऽऽ	ऽऽ	ऽऽ	ऽऽ	रीऽ	प्रिय की....।							

६. पद

उलाहनों मैं काहू न दियो, मन मीठ तोहारो कियो !
आज्ञा मान जान सुख पाया, सुन-सुन नाम तुहारो जियो ।
इयाँ-उआँ हरी तुम ही तुम ही, ए गुरु ते मंत्र दिरड़ियो ।
जब ते जान पाइये बाता, तब कुसल खेम सब थियो ।
साध संग 'नानक' परगास्यो, धान नहीं रे बियो ॥

□ गुरु नानक

• स्थायी **तिलंग राग/कहरवा ताल**

×				०				×				०			
							सा	सा	ग	–	ग	ग	–	म	ग
							उ	ला	ऽ	ऽ	ह	नों	ऽ	मैं	ऽ
म	प	प	प	प	–	–	निप	म	–	–	पम	ग	–	–	सा
का	हू	न	दि	यो	ऽ	ऽ	ऽऽ	ऽ	ऽ	ऽ	ऽऽ	ऽ	ऽ	ऽ	उ
सा	ग	–	ग	ग	–	म	ग	म	प	प	प	प	–	म	म
ला	ऽ	ऽ	ह	नों	ऽ	मैं	ऽ	का	हू	न	दि	यो	ऽ	म	न
प	नि	नि	रेंसां	नि	प	प	म	–	गम	प	म	ग	–	सा,	
मी	ऽ	ठ	तोऽ	हा	ऽ	रो	ऽ	ऽ	ऽऽ	ऽ	कि	यो	ऽ	ऽ,	
															सा
															उ

सा ग – ग | ग – म ग | म प प प | प – – निप
ला ऽ ऽ ह | नों ऽ मैं ऽ | का हू न दि | यो ऽ ऽ ऽऽ

म – – पम | ग – – – |
ऽ ऽ ऽ ऽऽ | ऽ ऽ ऽ ऽ |

• अन्तरा

× ० × ०

| | ग – म – | प – नि नि
| | आ ऽ ज्ञा ऽ | मा ऽ न जा

सां सां सां सां | नि सां सां – | प प नि नि | नि सां सां रें
ऽ न सु ख | पा ऽ या ऽ | सु न सु न | ना ऽ म तु

नि सां नि॒ प | प – – – | सां गं – गं | गं मं गं सां
हा ऽ रो जि | यो ऽ ऽ ऽ | इ याँ ऽ उ | आँ ऽ ह री

नि नि सां रें | नि सां नि॒ प | – पनि॒ प म | प म ग सा
तु म ही ऽ | तु म ही ऽ | ऽ एऽ गु रु | ते मं ऽ त्र

– म ग म | प – –,
* दि र ड़ | यो ऽ ऽ, उलाहनों मैं····!

ग ग म – | प – नि नि | सां – सां सां | नि सां सां –
ज ब ते ऽ | जा ऽ ऽ न | पा ऽ इ ये | बा ऽ ता ऽ

प प नि नि | नि सां – रें | नि सां नि॒ प | – – – –
त ब कु स | ल खे ऽ म | स ब थि यो | ऽ ऽ ऽ ऽ

सां गं गं ग | – म गं सां | नि नि सां रें | नि सां नि॒ प
सा ऽ ध सं | ऽ ग ना ऽ | न क प र | गा ऽ स्यो ऽ

– पनि॒ प म | प म ग सा | – म ग म | प – –,
ऽ धाऽ न न | हीं ऽ ऽ ऽ | * रे ऽ बि | यो ऽ ऽ,
उलाहनों मैं····।

७. पद

दर्शन दो बनवारी !
आसा लगाए आए द्वारे, करो कृपा असुरारी !
पन्थ निहारत नैना हारे, कहाँ छुपे हो मोहन प्यारे,
मन-मन्दिर की ज्योति जगाओ, गोवर्धन-गिरिधारी !
भक्तन के तुम हो रखबारे, टेर सुनो ब्रजराज दुलारे,
नैया हमरी पार लगाओ, घट-घट कुंज-बिहारी !
संकटमोचन नाम तिहारो, जग के बिगड़े काज सँवारो,
तुझ-बिन अपना कोई नहीं है, नटवर कृष्ण मुरारी !

□ देवकीनन्दन धवन

● स्थायी — **अहीर भैरव राग/कहरवा ताल**

×				०				×				०			
	निसा	–सा	रे	गम	ग	–रे	सा	सा	–	सा	–	–	–	रेसा	नि
	दर	ऽश	न	दोऽ	ऽ	ऽब	न	वा	ऽ	री	ऽ	ऽ	ऽ	ऽऽ	ऽ
–	निसा	–सा	रे	गम	–ग	रे	सा	सा	–	सा	–	–	–	–	–
ऽ	दर	ऽश	न	दोऽ	ऽऽ	ब	न	वा	ऽ	री	ऽ	ऽ	ऽ	ऽ	ऽ
–	म	–प	म	रे	–	नि	रे	–	सारे	–म	ग	म	–	म	–
ऽ	आ	ऽस	ल	गा	ऽ	ए	ऽ	ऽ	आऽ	ऽए	ऽ	द्वा	ऽ	रे	ऽ
–	मध	–ध	ध	ध	नि	सां	रें	सा	–	सा	–	निरें	सांनि	धप	म
ऽ	करो	ऽकृ	ऽ	पा	ऽ	अ	सु	रा	ऽ	री	ऽ	ऽऽ	ऽऽ	ऽऽ	ऽऽ
–	गप	–ग	रे	सा	नि	नि	रे	सा	–	सा	–	–	–	सारे	सारे
ऽ	करो	ऽकृ	ऽ	पा	ऽ	अ	सु	रा	ऽ	री	ऽ	ऽ	ऽ	ऽऽ	ऽऽ

नि,
ऽ, दर्शन दो बनवारी !

	म	–ध	नि	सां	–	सां	सां	–	रें	–	रें	रेंसां	निरें	सां	सां
	पं	ऽथ	नि	हा	ऽ	र	त	ऽ	नै	ऽ	ना	हाऽ	ऽऽ	ऽ	रे
–	नि	सां	–	–	–	–	–	नि	नि	सां	नि	धनि	ध	पध	प
ऽ	आ	ऽ	ऽ	ऽ	ऽ	ऽ	ऽ	ऽ	आ	ऽ	ऽ	ऽऽ	ऽ	ऽऽ	ऽ
म									म	ध	नि	सां	–	सां	–
ऽ पन्थ निहारत नैना हारे—									क	हाँ	छि	पे	ऽ	हो	ऽ

–	रें	–रें	रें	रेंसां	निरें	सां	सां	–	सांरें	-गं	रें	सां	सां	निध	पध
ऽ	मो	ऽह	न	प्याऽ	ऽऽ	ऽ	रे	ऽ	मन	ऽमं	ऽ	दि	र	कीऽ	ऽऽ
–	निध	–प	म	म	–	पम,प	–	ग	गप	–ग	रे	सा	नि़	नि़	रे
ऽ	ज्योऽ	ऽति	ज	गा	ऽ	ओऽऽ	ऽ	ऽ	गोऽ	ऽव	र्	ध	न	गि	रि
सा	–	सा	रे	रे	ग	ग	म	प	गप	–ग	रे	सा	नि़	नि़	रे
धा	ऽ	री	ऽ	ऽ	ऽ	ऽ	ऽ	ऽ	गोऽ	ऽव	र्	ध	न	गि	रि
सा	–	सा	–	–	–	रेसा	नि़	–							
धा	ऽ	री	ऽ	ऽ	ऽ	ऽऽ	ऽ	ऽ दर्शन दो बनवारी !							

(शेष अंतरे इसी प्रकार गाए जाएंगे ।)

□□

चार स्वर-रचनाएँ

☐ वेदमणिसिंह ठाकुर

१. पद

आई गँवनवाँ की सारी उमिरि अब हीं मोरी बारी !
साज-समाज पिया लै आये और कहरिया चारी ।
बम्हना बेदरदी अँचरा पकरिकै जोरत गठिया हमारी ।।
सखी सब पारत गारी !

बिधि गति बाम कछु समुझि परति ना, बैरी भई महतारी ।
रोय-रोय अँखियाँ मोरि पोंछत, घरवा सों देत निकारी ।।
भई सबको हम भारी !

गौन कराय पिया लै चालै, इत-उत बाट निहारी ।
छूटत गाँव-नगर सों नाता, छूटै महल-अटारी ।।
करम गति टरै न टारी !

नदिया किनारे बालम मोर रसिया, दीन्ह घूँघट पट टारी ।
थरथराय तनु काँपन लागे, काहू न देख हमारी ।।
पिया लै आये गोहारी !

कहत 'कबीर' सुनो भाई साधो, यह पद लेहु बिचारी ।
अबके गौना बहुरि नहिं औना, करि ले भेंट अँकवारी ।।
एक बेरि मिलि ले प्यारी !

☐ कबीरदास

• स्थायी

दीपचन्दी ताल/मध्य लय

×			२				०			३			
			सा	-	रे	रे	ग॒	ग॒	-	स	-	प	म
			आ	ऽ	ई	गँ	व	न	ऽ	वाँ	ऽ	ऽ	की
ध	प	-	प	-	-	प	प	ध	-	म	ग	म	-
सा	ऽ	ऽ	री	ऽ	ऽ	उ	मि	रि	ऽ	अ	ऽ	ब	ऽ
प	ध	प	ध	नि॒	सां	नि॒	ध	प	म	ग॒	रे	ग॒	रे
हीं	ऽ	ऽ	मो	ऽ	ऽ	री	बा	ऽ	ऽ	री	ऽ	ऽ	ऽ
सा	-	-											
ऽ	ऽ	ऽ											

• अन्तरा

×			२				०			३			
प	रें	–	रें	–	–	रें	रें	–	–	रें	–	–	रें
सा	ऽ	ऽ	ज	ऽ	ऽ	स	मा	ऽ	ऽ	ज	ऽ	ऽ	पि
रें	ग॒ं	रें	सां	–	नि	–	नि	सां	–	नि	सां	रें	ग॒ं
या	ऽ	ऽ	लै	ऽ	ऽ	ऽ	आ	ऽ	ऽ	ये	ऽ	ऽ	ऽ
–	–	–	रें	ग॒ं	रें	सां	नि	सां	–	नि॒	ध	प	–
ऽ	ऽ	ऽ	औ	ऽ	र	क	ह	रि	ऽ	या	ऽ	ऽ	ऽ
नि	–	–	–	–	–	–	सां	–	–	–	–	–	–
चा	ऽ	ऽ	ऽ	ऽ	ऽ	ऽ	री	ऽ	ऽ	ऽ	ऽ	ऽ	ऽ
–	–	–	प	सां	सां	सां	नि॒	ध	–	–	–	–	–
ऽ	ऽ	ऽ	ब	म्ह	ना	बे	द	र	ऽ	दी	ऽ	ऽ	ऽ
रे	म	–	रे	म	प	म	ग॒	रे	–	ग॒	रे	सा	–
बँ	च	ऽ	रा	ऽ	ऽ	प	क	रि	ऽ	कै	ऽ	ऽ	ऽ
–	–	–	नि	–	सां	रें	नि	सां	–	नि॒	ध	प	प
ऽ	ऽ	ऽ	जो	ऽ	र	तं	ग	ठि	ऽ	या	ऽ	ऽ	ह
प	–	–	प	–	–	प	प	ध	–	म	–	म	–
मा	ऽ	ऽ	री	ऽ	ऽ	स	खी	ऽ	ऽ	स	ऽ	ब	ऽ
प	ध	प	ध	नि॒	सां	नि॒	ध	प	म	ग॒	रे	ग॒	रे
पा	ऽ	ऽ	र	ऽ	त	ऽ	गा	ऽ	ऽ	री	ऽ	ऽ	ऽ
सा	–	–											
ऽ	ऽ	ऽ											

(शेष अंतरे इसी प्रकार गाए जाएंगे।)

२. पद

अब हों शरण केवल श्याम।
घोर कलि में तेज को तन, सह्यौ जात न घाम ।।
लीजिये तरु-चरन छाया, मूल सुख बिसराम।
अजित मन तैं काम शुभ कछु, वै न ह्वै छिन जाम ।।
सबनि लीनौ जीति हूँ भयौ भीत सरत न काम।
अब रहै 'नागरिदास' के रट, लगी रसना नाम ।।

□ नागरीदास

● स्थायी **रूपक ताल**

×			२		३		×			२		३	
			प़	ध़	सा	रे	ग॒	ग॒	ग॒	रे	–	ग॒	रे
			अ	ब	हों	ऽ	श	र	ण	के	ऽ	ब	ल
सा	–	सा,	प़	ध़	सा	रे,	ग॒	–	ग॒	ग॒	ग॒	ग॒	–
श्या	ऽ	म,	अ	ब	हों	ऽ,	घो	ऽ	र	क	लि	में	ऽ
रे	–	ग॒	रे	सा	रे	रे	प	प	–	ग॒	–	रे	ग॒
ते	ऽ	ज	को	ऽ	त	न	स	ह्यौ	ऽ	जा	ऽ	त	न
रे	सा	सा											
घा	ऽ	म											

● अन्तरा

×			२		३		×			२		३	
सा	–	रे	प	–	प	प	ग॒	ग॒	ग॒	ध	–	ध	–
ली	ऽ	जि	ये	ऽ	त	रु	च	र	न	छा	ऽ	या	ऽ
प	–	प	ध	ध	सां	रें	सां	–	–	–	–	–	सां
मू	ऽ	ल	सु	ख	बि	स	रा	ऽ	ऽ	ऽ	ऽ	ऽ	म
प	गं	गं	गं	गं	रें	सां	रें	–	रें	सां	सां	ध	प
अ	जि	त	म	न	तैं	ऽ	का	ऽ	म	शु	भ	क	छु

ध	सां	ध	प	−	ग	रे	ग	सा	सा
वै	ऽ	न	ह्वै	ऽ	छि	न	जा	ऽ	य

(शेष अंतरा इसी प्रकार गाया जाएगा।)

३. पद

सखि, ए नैना बुरे।
तब सों भये पराये हरि सों जब सों जाय जुरे ॥
मोहन के रस बस ह्वै डोलत, तलफत तनिक दुरे।
मेरी सीख, प्रीत सब छाँड़ो ऐसे ये निगुरे ॥
जग खीझ्यो, बरज्यौ पै ए नहिं, हठ सों तनिक मुरे।
'हरीचन्द' देखत कमलन से, विष के बुते छुरे ॥

□ भारतेन्दु हरिश्चन्द्र

• **स्थायी** **कहरवा ताल/द्रुत लय**

×				×				×				×			
														सा	रे
														स	खि
म	−	−	−	−	−	ग	रे	−	ग	म	ग	रे	सा	ऩि	ध़
ए	ऽ	ऽ	ऽ	ऽ	ऽ	ऽ	ऽ	ऽ	ऽ	नै	ना	ब	हु	त	बु
सा	−	−	−	−	−	सा	रे	म	−	−	−	−	-	ग	रे
रे	ऽ	ऽ	ऽ	ऽ	ऽ	स	खि	ए	ऽ	ऽ	ऽ	ऽ	ऽ	ऽ	ऽ
−	ग	म	ग	रे	सा	ऩि	ध़	सा	−	−	−	−	−	−	−
ऽ	नै	ऽ	ना	ब	हु	त	बु	रे	ऽ	ऽ	ऽ	ऽ	ऽ	ऽ	ऽ
−	ऩि	ऩि	ध़	सा	सा	−	सा	ऩि	सा	रेग	म	ग	रे	सा	−
ऽ	त	ब	सों	भ	ये	ऽ	प	रा	ऽ	येऽ	ऽ	ह	रि	सों	ऽ
−	रे	म	म	म	−	प	ध	पम	−	−	−	ग	रे,		
ऽ	ज	ब	सों	जा	ऽ	य	जु	रेऽ	ऽ	ऽ	ऽ	ऽ	ऽ,		

• अन्तरा

×				×				×				×			
म	–	म	म	ग	–	रे	सा	–	म	म	म	ग	–	रे	सा
मो	ऽ	ह	न	के	ऽ	र	स	ऽ	ब	स	हैं	डो	ऽ	ल	त
–	रेम	म	म	म	प	नि	ध	प	–	–	–	–	–	–	–
ऽ	तल	फ	त	त	नि	क	दु	रे	ऽ	ऽ	ऽ	ऽ	ऽ	ऽ	ऽ
प	–	ध	–	सां	–	सां	सां	–	सां	रें	गं	रें	सां	सां	–
मे	ऽ	री	ऽ	सी	ऽ	ख	प्री	ऽ	त	स	ब	छाँ	ऽ	ड़ी	ऽ
प	सां	सां	–	नि	ध	प	म	प	–	–	म	ग	रे,		
ऐ	ऽ	से	ऽ	ये	ऽ	नि	गु	रे	ऽ	ऽ	ऽ	ऽ	ऽ,		

(शेष अन्तरा इसी प्रकार गाया जाएगा।)

४. पद

वृन्दावन-कुंज-भवन नाचत गिरधारी।
धर-धर-धर मुरली अधर, भर-भर स्वर मधुर-मधुर।
कर-कर नटवर-स्वरूप, सुन्दर सुखकारी ॥
घन-घन-घन बजत ताल, ठुम-ठुम-ठुम चलत चाल ॥
चरणन छन-छन-छन-छन, नूपुर ध्वनि प्यारी ॥
घिर-घिर-घिर करत गान, फिर-फिर-फिर लेत तान।
मिल-मिल-मिल रचत रास, संग गोप-नारी ॥
वद-वद-वद वदन चन्द, हँस-हँस-हँस हँसन मन्द।
'ब्रह्मानंद' नन्द-नन्द, नन्दन बलिहारी ॥

□ ब्रह्मानन्द

● स्थायी **दादरा ताल/मध्य लय**

×			०			×			०		
प	–	मं	ग	ग	ग	नि	रे	ग	रे	सा	सा
वृं	ऽ	दा	ऽ	व	न	कुं	ऽ	ज	भ	व	न
नि़	ध़	नि़	रे	ग	ग	मं	ध	प	मं	ग	मं
ना	ऽ	च	त	गि	र	धा	ऽ	ऽ	री	ऽ	ऽ

• अन्तरा

×			०			×			०		
प	प	प	मं	ग	ग	मं	ध	नि	सां	सां	सां
ध	र	ध	र	ध	ध	मु	र	ली	अ	ध	र

नि	ध	ध	नि	सां	रें	नि	सां	नि	ध	प	प
भ	र	भ	र	स्व	र	म	धु	र	म	धु	र
प	गं	रें	सां	नि	ध	प	मं	प	ध	मं	प
क	र	क	र	न	ट	व	र	स्व	रू	ऽ	प
ग	रे	रे	ग	प	प	रे	ग	रे	सा	नि़	सा
सुं	ऽ	द	र	सु	ख	का	ऽ	ऽ	री	ऽ	ऽ

(शेष अंतरे इसी प्रकार गाए जाएंगे।)

□□

तीन स्वर-रचनाएँ

□ केशव आनंद

१. पद

मत डारो पिचकारी, म्हारी सगरी भीज गई सारी।
जिन डारो थिर ठाड़े रहियो, नहिं तो मैं देऊँगो गारी।
लाल गुलाल उड़ावन लागे, तो मन में न विचारी ।।
भर 'पिचकारी मुख पर डारी, ढीठ बने हो भारी।
'मीराँ' के प्रभु गिरधर नागर, चरण कमल बलिहारी ।।

□ मीराँबाई

• स्थायी **दादरा ताल (दुगुन में)**

×			×			×			×		
नि			म	म	रे						
धनि	धध	म	ग(रे)	–ग	गंम	म	म	–सा	(रे)	–ग	रेग
मत	ऽडा	ऽ	रोऽ	ऽपि	चऽ	का	री	ऽम्हा	ऽ	ऽरी	ऽऽ
	म										
सारे	गग	–रे	सारे	मम	म	सां	(नि)	–सां	धनि	(ध)	–
सग	ऽरी	ऽऽ	भीज	ऽग	ई	सा	ऽ	ऽऽ	रीऽ	ऽ	ऽ

• अन्तरा

×			×			×			×		
					नि						
	मम	मग	म	–ध	ध	(म)	गरे	–ग	रेरे	सासा	–
	जिन	डाऽ	रो	ऽथि	र	ठा	ऽड़े	ऽऽ	रहि	ऽयो	ऽ
	नि					रें					
–	सांसां	सांनि	सां	–रें	गं	गंगं	सांरें	निसां	सांध	–	–
ऽ	नहिं	तोमैं	दे	ऽऊँ	गी	गा	ऽऽ	ऽऽ	रीऽ	ऽ	ऽ

(शेष अंतरे इसी प्रकार गाए जाएँगे।)

२. पद

कान्हा, तोरी रे जोवत रह गई बाट।
जोवत-जोवत इक पग ठाड़ी, कालिन्दी के घाट ।।
कपटी प्रीति करी मनमोहन, या कपटी की बात।
'मीराँ के प्रभु गिरधर नागर, दे गयो ब्रज को उचाट ।।

□ मीराँबाई

● **स्थायी** **दादरा ताल (दुगुन में)**

×			×			×			×		
मम	धध	-ध	ध<u>नि</u>सां	सां	सां<u>नि</u>	<u>नि</u>सां	धध	<u>नि</u>ध	(म)	मरे	सा
कान्हा	ऽतो	ऽरी	रेऽऽ	जो	वत	रह	ऽग	ईऽ	बा	ऽऽ	ट

• **अन्तरा**

×			×			×			×		
म	–म	म	म	–म	मरे	रेम	रेसा	<u>नि</u>ध	ध	–ध	–
जो	ऽव	त	जो	ऽव	तऽ	इक	ऽप	गऽ	ठा	ऽड़ी	ऽ
			सां								
–	सां	सां	रेंरें	मरें	सां<u>नि</u>	(<u>नि</u>)	<u>नि</u>सां	–<u>नि</u>	(ध)	–	–म
ऽ	का	लि	दीऽ	ऽके	ऽऽ	धा	ऽऽ	ऽऽ	ट	ऽ	ऽऽ

(शेष अंतरे इसी प्रकार गाए जाएंगे।)

३. पद

हाँ रे सखी, देख्यो री नन्दकिसोर।
मोरमुकुट मकराकृति कुंडल, पीताम्बर झकझोर॥
ग्वाल-बाल सब संग जु लीने, गोवर्धन की ओर।
'मीराँ' के प्रभु गिरधर नागर, हरि भये माखन-चोर॥

□ मीराँबाई

● **स्थायी** **दादरा ताल (दुगुन में)**

×			×			×			×		
						म					
सारे	मग	<u>नि</u>सां	ध	(प)	–	पध	ध	धग	(म)	<u>ग</u>(रे)	–म
हाँऽ	रेऽ	सऽ	खी	ऽ	ऽ	देऽ	ख्यो	रीऽ	नं	ऽद	ऽकि
म	–	मसा									
सो	ऽ	रऽ									

● **अन्तरा**

×			×			×			×		
–	सां	सां<u>नि</u>	<u>नि</u><u>नि</u>	सांसां	सां	–	<u>नि</u>सां	धध	(प)	मम	म
ऽ	मो	रमु	कुट	ऽम	क	ऽ	राऽ	कृति	कुं	ऽड	ल
	सां										
–	रें	रेंसां	सांरें	<u>नि</u><u>नि</u>	<u>नि</u>सां	सां	–	–	<u>नि</u>सां	ध	–ध
ऽ	पी	तांऽ	बर	ऽझ	कऽ	झो	ऽ	ऽ	ऽऽ	ऽ	ऽर

(शेष अंतरे इसी प्रकार गाए जाएंगे।)

दो स्वर रचनाएँ

□ डा० मुरारी शर्मा

१. पद

सखी इण आँगणिये में ए।
कई खेलै, कई खेलसी, कई खेल सिधाया ए॥
पाँच तन्त की कूकड़ी निज कर सैं छूटी ए।
नैण हमारा यूँ झरै जाणै गागर फूटी ए॥
आवो पाँच सहेलड़ी मेरा सीमो चोला ए।
मैं बिरहण भई बावली मेरा बालम भोला ए॥
बड़ तलै ल्याय उतारिया साथीड़ा कुरलाया ए।
थे साथीड़ो घर नै जावो म्हे भया पराया ए॥
'काजी महमद' यूँ भणै सखी यहाँ न रहणा ए।
परवाना आया मोहे स्याम का अब कछू नहीं कहणा ए॥

□ काजी महमद

कहरवा ताल/मध्य लय

×				०				×				०			
											रे	रे	प	म	म
											स	खी	ऽ	इ	ण
ग	–	ग	सा	रे	–	नि़	नि़	सा	–	–	–	–	–	–	–
आँ	ऽ	ग	णि	ये	ऽ	में	ऽ	ए	ऽ	ऽ	ऽ	ऽ	ऽ	ऽ	ऽ
–	रे	रे	रे	म	–	म	म	–	प	–	प	ध	सां	सां	सां
ऽ	क	ई	खे	लै	ऽ	क	ई	ऽ	खे	ऽ	ल	सी	ऽ	क	ई
–	नि॒	नि॒	नि॒	ध	प	म	म	ग	–	रे,					
ऽ	खे	ल	सि	धा	ऽ	या	ऽ	ए	ऽ	ऽ,					

● अन्तरा

×				०				×				०			
ग	म	ग	रे	सा	सा	सा	–	–	रे	–	रे	ग	म	प	प
पाँ	ऽ	च	तं	ऽ	त	की	ऽ	ऽ	कू	ऽ	क	ड़ी	ऽ	नि	ज
प	प	ध	प	म	ग	सा	नि़	सा	–	–	–	–	–	–	–
क	र	सैं	ऽ	छू	ऽ	टी	ऽ	ए	ऽ	ऽ	ऽ	ऽ	ऽ	ऽ	ऽ

–	रे	रे	रे	म	–	म	–	–	प	–	प	ध	सां	सां	सां
ऽ	नै	ण	ह	मा	ऽ	रा	ऽ	ऽ	यूँ	ऽ	झ	रै	ऽ	जा	णै
–	नि	नि	नि	ध	प	म	म	ग	–	रे,					
ऽ	गा	ग	र	हू	ऽ	टी	ऽ	ए	ऽ	ऽ,					

(शेष अंतरे इसी प्रकार गाए जाएंगे।)

२. पद

मन्दी-मन्दी दिवलै री जोत म्हारा बीरा रे, दिन की उगाली हरिजन मिल्या !
सुगराँ सैं करणा सनेह म्हारा बीरा रे, सुगराँ माणस म्हानैं नित मिलो ।
नुगराँ सैं किसड़ा सनेह म्हारा बीरा रे, नुगरा माणस म्हानैं मत मिलो ॥
बुगलाँ सैं किसड़ा सनेह म्हारा बीरा रे, बन में बसै माटी भखै ।
हंसलाँ सैं करणा सनेह म्हारा बीरा रे, हँसला तो मोती चुगै ॥
डोबलड़्याँ सैं किसड़ा सनेह म्हारा बीरा रे, बरसन्ता सूकी खै ।
समदाँ सैं करणा सनेह म्हारा बीरा रे, समद अभोला ले रह्या ॥
कागाँ सैं किसड़ा सनेह म्हारा बीरा रे, काग कुलाटाँ कर रह्या ॥
कोयलियाँ सैं करणा सनेह म्हारा बीरा रे, कोयल टहूका कर रही ।
साधाँ सैं करणा सनेह म्हारा बीरा रे, साध सबद का पारखी ।।
'रूपाँदे' गावै उगमजी री चेलो म्हारा बीरा रे, म्हारे गरवाँ नैं अमरापर बासो ॥

□ रूपाँदे

कहरवा ताल/मध्य लय

×				°				×				°			
	सासा	सा	सा	रे	ग	म	प	पध	निध	प	म	रे	गसा	रे	–
				दि	व	लै	री	जोऽ	ऽत	म्हा	रा	बी	राऽ	रे	ऽ
–	पप	प	प	म	पम	ग	रे	ग	सा	रे	नि	सा	–	–	–
ऽ	दिन	की	उ	गा	लीऽ	ह	रि	ज	न	ऽ	मि	ल्या	ऽ	ऽ	ऽ

(शेष अंतरे इसी प्रकार गाए जाएंगे।)

□□

दो स्वर-रचनाएँ

□ यशवन्त डी० भट्ट

१. पद

मेरे तो गिरधर गोपाल, दूसरो न कोई !
जाके सिर मोर-मुकट, मेरो पति सोई ।
तात-मात-भ्रात-बन्धु, आपनो न कोई ।।
छाँडि दई कुल की कानि, कहा करिहै कोई ।
संतन ढिग बैठि-बैठि, लोक-लाज खोई ।।
चुनरी के किये टूक, ओढ़ लीन्ही लोई ।
मोती मूंगे उतार, बनमाला पोई ।।
अँसुवन जल सींचि-सींचि प्रेम-बेलि बोई ।
अब तो बेल फैल गई, आणँद-फल होई ।।
दूध की मथनियाँ बड़े प्रेम से बिलोई ।
माखन जब काढ़ि लियो, छाछ पिये कोई ।।
भगत देखि राजी हुई, जगत देखि रोई ।
दासी 'मीराँ' लाल गिरधर, तारो अब मोही ।।

□ मीराँबाई

• स्थायी **मधुवन्ती राग/दादरा ताल**

×			०			×			०		
प	म॑	ग॒	म॑	प	प	ग॒	म॑	ग॒	रे	सा	सा
मे	ऽ	रे	तो	गि	र	ध	र	गो	पा	ऽ	ल
म॑	ग॒	म॑	प	म॑	प	सां	नि	ध	प	म॑	प
दू	ऽ	स	रो	ऽ	न	को	ऽ	ई	ऽ	ऽ	ऽ

• अन्तरा

×			०			×			०		
प	म॑	ग॒	म॑	प	प	नि	सां	सां	सां	सां	सां
जा	ऽ	के	ऽ	सि	र	मो	ऽ	र	मु	क	ट
सां	ग॒ं	रें	सां	सां	सां	नि	सां	निध	प	म॑	प
मे	ऽ	रो	ऽ	प	ति	सो	ऽ	ईऽ	ऽ	ऽ	ऽ

(शेष अंतरे इसी प्रकार गाए जाएँगे ।)

२. पद

ठुमक चलत रामचन्द्र, बाजत पैजनियाँ !
किलक-किलक उठत धाय, गिरत भूमि लटपटाय
धाय मातु गोद लेत, दसरथ की रनियाँ ।।
अंचल-रज अंग जाकि, बिबिध भाँति सों दुलारि ।
तन-मन-धन बारि-बारि, कहत मृदु बचनियाँ ।।
'तुलसिदास' अति अनन्द, देखिके मुखारबिन्द ।
रधुबर की छबि समान, रधुबर की बनियाँ ।।

□ गोस्वामी तुलसीदास

● स्थायी

झिंझोटी/राग एकताल

×		०		२		०		३		४	
नि़	सा	नि़	सा	सा		सानि़	सा	नि़	ध़	प़	ध़
ठु	म	क	च	ल	त	राऽ	ऽ	म	चं	ऽ	द्र
प़	ध़	सा	सा	सारे	ग	ग	ग	रेग	पम	ग	म
बा	ऽ	ज	त	पैऽ	ऽ	ज	नि	याँऽ	ऽऽ	ऽ	ऽ
रे	ग॒	रे	नि़	सा	रे	सानि़	सा	नि़	ध़	प़	ध़
ठु	म	क	च	ल	त	राऽ	ऽ	म	चं	ऽ	द्र

● अन्तरा

×		०		२		०		३		४	
सा	सा	सा	ग	ग	म	प	प	प	ग	—	प
कि	ल	क	कि	ल	क	उ	ठ	त	धा	ऽ	य
म	म	म	गम	पध	प	ग	प	म	ग	—	ग
गि	र	त	भूऽ	ऽऽ	मि	ल	ट	प	टा	ऽ	य
								म			
म	—	म	म	—	म	गप	प	प	म	ग	ग
धा	ऽ	य	मा	ऽ	तु	गोऽ	ऽ	द	ले	ऽ	त
रे	ग॒	रे	सा	नि़	सा	ध़	सा	सारे	गम	ग	म
द	स	र	थ	की	ऽ	र	नि	याँऽ	ऽऽ	ऽ	ऽ
रे	ग॒	रे	नि़	सा	रे	सानि़	सा	नि़	ध़	प़	ध़
ठु	म	क	च	ल	त	राऽ	ऽ	म	चं	ऽ	द्र

(शेष अंतरे इसी प्रकार गाए जाएंगे ।)

□□

तीन स्वर-रचनाएँ

□ लालजीभाई वीरजीभाई चौहान

१. पद

बिन बन्दगी इस आलम में, खाना तुझे हराम है रे !
बन्दा करै सोई बन्दगी, खिदमत में आठों जाम है रे !
'यारी' मौला बिसारके, तू क्या लागा बेकाम है रे !
कुछ जीते-जी बन्दगी कर ले, आखिर को गोर मुकाम है रे !

□ यारी साहब

मियाँ की तोड़ी राग/तीनताल या कहरवा ताल

● **स्थायी**

०				३				×				२			
				नि़								मं			
—	रेग	रे	सा	ध	—	नि़	सा	रे	ग	ग	मं	रे	ग	रे	सा
ऽ	बिन	बं	द	गी	ऽ	इ	स	आ	ऽ	ल	म	में	ऽ	ऽ	ऽ
ग										सां		ध	मं	ग	रे
रे	—	ग	—	ध	मं	—	ध	नि	सां	नि	ध	मं	ग	रे	सा
खा	ऽ	ना	ऽ	तु	झे	ऽ	ह	रा	ऽ	ऽ	म	है	ऽ	रे	ऽ

● **अन्तरा**

०				३				×				२			
ध															
मं	—	ग	—	धमं	निध	सां	—	सांरें	गं	रें	सां	निसां	रेंसा	निध	—
बं	ऽ	दा	ऽ	कऽ	रेंऽ	ऽ	ऽ	सोऽ	ऽ	ई	बं	ऽऽ	दऽ	गीऽ	ऽ
									ध						
रें	गं	रें	सां	नि	ध	प	प	पमं	ध	मं	ग	रे	ग	रे	सा
खि	द	म	त	में	ऽ	आ	ठों	जाऽ	ऽ	ऽ	म	है	ऽ	रे	ऽ

(शेष अंतरे इसी प्रकार गाए जाएंगे ।)

२. पद

व्हालो प्रेमने वश थया राजी रे अेमाँ शुं करे पंडित काजी रे !
करमा बाइ नो आरोग्यो खीचड़ो ने विदुरनी खाधी भाजी रे !
अई····जूठा बोर शबरीनां खाधां, व्हाले छप्पन भोग मेल्या त्यागी रे !
विदुर घेर श्री कृष्ण पधाया ने केलां आएयां तां मागी रे !

अेई गर्भ काढी नाखी छाल खवडावी, व्हाले तो ये न जोयुँ जागी रे !
गणिका हती ते पोपट पढ़ावती ने तेमाँथी लेह लागी रे !
अेई ``भगवान हता ते सहेजमाँ मल्या, अेनी संसारनी भ्रमणा भागी रे !
भक्तनी लोक निन्दा करे ने जगत थयुँ छेपाजी रे !
अेई····भले मल्या 'मेहतानरसिंह' ना स्वामी, माथे गिरधर रह्यो छे गाजी रे !

□ नरसी मेहता

• स्थायी — **कहरवा ताल**

×				×				×				×			
								रें							
	सां	-सां	सां	सां	सां	सां	सां	नि॒	नि॒	–	नि॒	धनि॒	धनि॒	धप	प
	प्रे	ऽम	ने	व	श	थ	या	ऽ	रा	ऽ	जी	रेऽ	ऽऽ	एऽ	माँ
–	पध	प	सांनि॒	ध	–	प	प	–	म	–	म	गम	गम	ग	रे
ऽ	शुंऽ	क	रेऽ	पं	ऽ	डि	त	ऽ	का	ऽ	जी	रेऽ	ऽऽ	व्हा	लो
–	रेग	रे	प	म	ग	रे	रे	–	सा	–	सा	सा	–	–	–
ऽ	प्रेऽ	म	ने	ब	श	थ	या	ऽ	रा	ऽ	जो	रे	ऽ	ऽ	ऽ

• अन्तरा — **धुमाली ताल**

×		२		०		३		×		२		०		३	
	ग	ग	ग	प	प	ध	रे	सां	सां	सां	सां	सां	सां	सां	सां
	क	र	मा	बा	इ	नो	ऽ	ऽ	आ	रो	ग्यो	खी	च	ड़ो	ने
नि॒	नि॒	नि॒	नि॒	ध	ध	निसां	निसां	–नि॒	ध	–	प	प	–	–	–
ऽ	बि	दु	र	नी	ऽ	खाऽ	धीऽ	ऽभा	ऽ	ऽ	जी	रे	ऽ	ऽ	ऽ

कहरवा ताल

×				×				×				×			
परें	रें	–	–	–	–	–	–	–	–	–	–	रेंगं	रेंगं	–	सां
एऽ	ई	ऽ	ऽ	ऽ	ऽ	ऽ	ऽ	ऽ	ऽ	ऽ	ऽ	ऽऽ	ऽऽ	ऽ	ऽ
								रें							
–	सां	–	सां	सां	सां	सां	सां	नि॒	नि॒	–	नि॒	ध	ध	प	–
ऽ	जू	ऽ	ठा	बो	र	श	ब	ऽ	री	ऽ	नाँ	खा	ऽ	धाँ	ऽ

							रें								
–	सां	–	सां	सां	सां	सां	सा	नि॒	नि॒	–	नि॒	ध	ध	प	प
ऽ	जू	ऽ	ठा	बो	र	श	ब	ऽ	री	ऽ	नाँ	खा	धाँ	व्हा	ले
–	पध	प	सां	नि॒	ध	प	प	–	म	–	म	गम	गम	ग	रे
ऽ	छऽ	प्प	न	भो	ग	मे	ल्या	ऽ	त्या	ऽ	गी	रेऽ	ऽऽ	व्या	लो
–	रेग	रे	प	म	ग	रे	रे	–	सा	–	सा	सा	–	–	–
ऽ	प्रेऽ	म	ने	व	श	थ	या	ऽ	रा	ऽ	जी	रे	ऽ	ऽ	ऽ

(शेष अंतरे इसी प्रकार गाए जाएंगे।)

३. पद

बेनु बजावत गोधन गावत, ग्वारन के सँग गोमधि आयौ।
बाँसुरी में उन मेरौ नाम लै, साथिन के मिस टेरि सुनायौ॥
ए सजनी, सुनि सास के त्रासनि, नन्द के पास उसासनि आयौ।
कैसी करौं 'रसखान' तहीं, चित चैत नहीं, चित-चोर चुरायौ॥

□ **रसखान**

(ज्ञातव्य: अपने मध्यम को षड्ज मानकर गाया जाएगा।)

• स्थायी **मिश्र पीलू राग/कहरवा ताल**

×				×				×				×			
	गम	नि॒	प	म	रे	नि़	सा	ग॒	–रे	नि़	सा	साग	गम	मध॒	प
	बेऽ	नु	ब	जा	ऽ	व	त	गो	ऽऽ	ध	न	गाऽ	ऽऽ	वऽ	त
–	ग	ग	ग	ग	–	ग	म	पम॑	प	ग॒रे	ग॒	रेसा	रे	सानि़	सा
ऽ	ग्वा	र	न	के	ऽ	सँ	ग	गोऽ	ऽ	मऽ	धि	आऽ	ऽ	यौऽ	ऽ

• अन्तरा १.

×				×				×				×			
	निसा	ग	म	प	–	प	प	ग	म	नि॒	प	ग॒रे	ग॒	रेनि़	सा
	बाँऽ	सु	री	में	ऽ	उ	न	मे	ऽ	रौ	ना	ऽऽ	म	लैऽ	ऽ
					सां			म							
–	प	प	ध	पध	नि॒	ध	प	ग	–	ग	सा	साग	गम	मध॒	प
ऽ	सा	थि	न	केऽ	ऽ	मि	स	टे	ऽ	रि	सु	नाऽ	ऽऽ	यौऽ	ऽऽ

- **अन्तरा**

×				×				×				×			
	निसा	ग	म	प	–	प	प	ग	म	नि	प	गरे	ग	रेनि	सा
	एऽ	स	ज	नी	ऽ	सु	नि	सा	ऽ	स	के	त्राऽ	ऽ	सऽ	नि
									सां						
–	रेग	प	म॑	प	–	म॑	प	ध	नि	प	ध	पम॑	गम॑	प	–
ऽ	नंऽ	द	के	पा	ऽ	स	उ	सा	ऽ	स	नि	आऽ	ऽऽ	यौ	ऽ
												गं			
–	गम	प	नि	सां	–	नि	सां	गंरें	गं	सां	नि	सां	–	–	–
ऽ	कैऽ	सी	क	रौं	ऽ	र	स	खाऽ	ऽ	न	त	हीं	ऽ	ऽ	ऽ
नि	सां	प	ध	म	प	ग	म	रेम	रेम	पध	पम	गरे	ग	रेनि	सा
चि	त	चे	न	न	हों	चि	त	चोऽ	ऽऽ	रऽ	ऽचु	राऽ	ऽ	यौऽ	ऽ

दो स्वर-रचनाएँ

☐ कुन्दन नायक

१. पद

बन्दौं चरन-सरोज तिहारे।
सुन्दर स्याम कमल-दललोचन, ललित त्रिभंगी प्रान-पियारे ॥
जे पद-पदुम सदा सिव के धन, सिन्धु-सुता उर तें नहिं टारे।
जे पद-पदुम तात-रिस-त्रासत, मन-बच-क्रम प्रहलाद सँभारे ॥
जे पद-पदुम परस-जल-पावन, सुरसरि-दरस कटत अघ भारे।
जे पद-पदुम परस रिषि-पतिनी, बलि, नृग, ब्याध, पतित बहु तारे ॥
जे पद-पदुम रमत बृन्दाबन अहि-सिर धरि अगणित रिपु मारे।
जे पद-पदुम परसि ब्रज-भामिनि सरबस दै, सुत-सदन बिसारे ॥
जे पद-पदुम रमत पांडव-दल दूत भए, सब काज सँवारे।
'सूरदास' तेई पद-पंकज त्रिबिध-ताप-दुख-हरन हमारे ॥

☐ सूरदास

• स्थायी **कहरवा ताल**

×				×				×				×			
ग॒रे	सारे	ग॒	पप	–	धसां	धप	ग॒	रे	सा	ध़	ग॒रे	–	सा	——	–
बंऽ	ऽऽ	दौं	ऽऽ	ऽ	चर	नस	रो	ऽ	ज	ति	हाऽ	ऽ	रे	ऽऽ	ऽ
प	–	प	प	ध॒	ध॒	प	ग॒	प	प	प	प	ध॒	प	प	प
सुं	ऽ	द	र	स्या	ऽ	म	क	म	ल	द	ल	लो	ऽ	च	न
–	पगं॒	गं॒	रें	रें	सां	ध	प	ध	सां	ध	प	धसां	धप	ग॒रे	सा–
ऽ	ललिं	त	त्रि	भं	ऽ	गी	ऽ	प्रा	ऽ	न	पि	याऽ	ऽऽ	रेऽ	ऽः

• अन्तरा १.

×				×				×				×			
प	–	प	प	ध॒	ध॒	प	ग	प	प	प	प	ध॒	ध॒	प	–
जे	ऽ	प	द	प	दु	म	स	दा	ऽ	सि	व	के	ऽ	ध	न
ध	सां	सां	सां	सां	सां	सां	सां	ध	सां	रें	गं॒	रें	सां	सां	–
सिं	ऽ	धु	सु	ता	ऽ	उ	र	तैं	ऽ	न	हिं	टा	ऽ	रे	ऽ
गं॒	गं॒	गं॒	रें	गं॒	गं॒	गं॒	गं॒	रें	रें	सां	ध	सां	रें	रें	–
जे	ऽ	प	द	प	दु	म	ता	ऽ	त	रि	स	त्रा	ऽ	स	त

सां	सां	ध	ध	प	प	प	प	ध	सां	ध	प	धसां	धप	गुरे	सा
म	न	ब	च	क्र	ऽ	म	प्र	ह	ला	ऽ	द	सँऽ	भाऽ	रेऽ	ऽ

(दूसरा और तीसरा अंतरा इसी प्रकार गाया जाएगा।)

• अन्तरा ४.

×				×				×				×			
प	–	प	प	ध	सां	सां	सां	ध	सां	रें	गं	रें	सां	सां	सां
जे	ऽ	प	द	प	दु	म	र	म	त	पां	ऽ	ड	व	द	ल
गं	–	गं	रें	गं	गं	गं	–	रें	रें	सां	ध	सां	रें	रें	रें
दू	ऽ	त	भ	ए	ऽ	स	ब	का	ऽ	ज	सँ	वा	ऽ	रे	ऽ
गं	–	गं	गं	गं	गं	गं	–	रें	–	रें	गं	रें	सां	सां	सां
सू	र	दा	ऽ	स	ते	ऽ	ई	प	द	पं	ऽ	क	ऽ	ज	ऽ
सां	सां	सां	सां	ध	ध	प	प	ध	सां	ध	प	धसां	धप	गुरे	सा
त्रि	बि	ध	ता	ऽ	प	दु	ख	ह	र	न	ह	भाऽ	ऽऽ	ऽऽ	रे

२. पद

रे मन, कृष्ण-नाम कहि लीजै।
गुरु के बचन अटल करि मानहु, साधु-समागम कीजै॥
पढ़ियै-सुनियै भगति-भागवत, और कहा कथि कीजै।
कृष्ण-नाम बिनु जनम बादि है, बृथा जनम कहाँ जीजै॥
कृष्ण-नाम-रस बह्यौ जात है, तृषावन्त ह्वै पीजै।
'सूरदास' हरि-सरन ताकियै, जनम सफल करि लीजै॥

☐ सूरदास

• स्थायी

जोगिया राग/तीनताल

×				२				०				३			
पधपम	प	मरे	सा–	सा	सा	रे	म	म	प	प	धध	पध	सां	रें	सां
रेऽऽऽ	ऽ	मऽ	नऽ	ऽ	कृ	ऽ	ष्ण	ना	ऽ	म	कहि	ऽली	ऽ	जै	ऽ
धम	रेसा	रे	म	मप	म	रे	सा	–	सा	रे	म	म	म	प	प
*	*	*	*	गुरु	के	ऽ	ब	च	न	ऽ	अ	ट	ल	क	रि
ध	–	प	–	–	धप	म	म	प	–	ध	पध	रें	–	सां	–
मा	ऽ	न	हु	ऽ	साऽ	धु	स	मा	ऽ	ग	मऽ	की	ऽ	जै	ऽ

• **अन्तरा**

×				२				०				३			
म	म	रे॒	सा	ध॒	म	प	प	ध॒	सां	–	सां	सांरें॒	रें॒	सां	–
प	ढ़ि	यै	ऽ	सु	नि	यै	ऽ	भ	ग	ति	ऽ	भाग	व	त	ऽ
ध॒	ध॒	सां	सां	सां	रें॒	मं	–	मं	रें॒	रें॒	–	सां	–	–	–
औ	ऽ	र	क	हा	ऽ	क	थि	की	ऽ	जै	ऽ	ऽ	ऽ	ऽ	ऽ
ध॒	–	ध॒	प	ध॒	–	म	प	पध॒	सां	सां	नि	सां	ध॒	ध॒	प
कृ	ऽ	ष्ण	ना	ऽ	म	बि	नु	जऽ	न	म	बा	ऽ	दि	है	ऽ
म	म	म	प	प	ध॒	म	प	ध॒	रें॒	रें॒	सां	नि	ध॒	म	प
बृ	था	ज	न	म	क	हाँ	ऽ	जी	ऽ	जै	ऽ	ऽ	ऽ	ऽ	ऽ

(शेष अंतरे इसी प्रकार गाए जाएंगे ।)

□□

दो स्वर रचनाएँ

☐ अशोक पाटिल 'आलगूडकर'

१. पद

नारायण को भजन करो नर, मन की छोड़ भटकना सारी !
क्या मथुरा क्या काशी जावे क्या पर्वत बन फिरत अनारी ।
जप-तप-जोग कठिन कलि माँही, थोड़ी उमर, काम बहु भारी ।।
शास्त्र अनेक पढ़ो दिन-राती, मुक्ति न हो बिन भजन तुम्हारी ।
'ब्रह्मानन्द' कटे भवबन्धन, हरि का नाम सुमिर सुखकारी ।

☐ ब्रह्मानन्द

• स्थायी **अहीर भैरव राग/तीनताल**

×				२				०				३			
						ग	म	ग	म	ग	रे॒	रे॒	सा	ध़	ऩि॒
						ना	रा	य	ण	को	ऽ	भ	ज	न	क
रे॒	–	–	–	सा	सा	सा	रे॒	म	–	म	म	ग	म	रे॒	ग
रो	ऽ	ऽ	ऽ	न	र,	मन	की	छो	ऽ	ड़	भ	ट	क	ना	ऽ
म	–	म	–	ग	–,		।								
सा	ऽ	री	ऽ	ऽ	ऽ, नारायण को भजन करो नर....।										

• अन्तरा

×				२				०				३			
									म	ध	नि॒	सां	–	सां	ऩि॒
									क्या	म	थु	रा	ऽ	क्या	ऽ
रें॒	–	रें॒	रें॒	सां	सां	प	ध	प	ध	म	ग	रे॒	सा	ध़	ऩि॒
का	ऽ	शी	ऽ	जा	वे,	क्या	प	र्व	त	ब	न	फि	र	त	अ
रे॒	–	–	–	सा	–,		।								
ना	ऽ	ऽ	ऽ	री	ऽ, नारायण को भजन करो नर....।										

(शेष अंतरे इसी प्रकार गाए जाएंगे।)

२. पद

क्या पानी में मल-मल न्हावे, मन की मैल उतार पियारे !
हाड़-मांस की देह बनी है, झरे सदा नवद्वार पियारे ।
पाप-कर्म तन के नहिं छोड़े, कैसे होय सुधार पियारे ॥
सतसंगति तीरथ-जल निर्मल, नित उठ गोता मार पियारे ।
'ब्रह्मानन्द' भजन कर हरि का, जो चाहे निस्तार पियारे ॥

□ ब्रह्मानन्द

• स्थायी **देस राग/तीनताल**

०				३				×				२			
	नि़	सा	रे	नि॒	ध	म	प	म	गरे	नि़	सा	रेग	मग	रे	–
	क्या	पा	ऽ	नी	ऽ	में	ऽ	म	लऽ	म	ल	न्हा	ऽऽ	वे	ऽ
–,	रे	म	म	प	–	प	प	ध	नि॒	ध	प	ध	म	प	–
ऽ,	म	न	की	मै	ऽ	ल	उ	ता	ऽ	र	पि	या	ऽ	रे	ऽ

–,
ऽ, क्या पानी में मल-मल न्हावे……।

• अन्तरा

०				३				×				२			
	म	प	नि	सां	सां	सां	–	–	रें	रें	नि	सां	–	सां	–
	हा	ड़	मां	ऽ	स	की	ऽ	❋	दे	ह	ब	नी	ऽ	है	ऽ
–	रे	म	म	प	–	प	प	ध	नि॒	ध	प	ध	म	प	–
ऽ	झ	रे	स	दा	ऽ	न	व	द्वा	ऽ	र	पि	या	ऽ	रे	ऽ

– ।
ऽ क्या पानी में मल-मल न्हावे……।

(शेष अंतरे इसी प्रकार गाए जाएंगे।)

□□

तीन स्वर-रचनाएँ

□ गुलाम रसूल

१. मराठी-आरती

जय देव जय देव जय करुणाकरा ।
आरती ओवालू सद्‌गुरु माहेरा ॥
सुख-सहिता दुख-रहिता निर्मल एकान्ता।
कलिमल-दहना गहना स्वामी समर्था ॥
नकले ब्रह्मादिकां अन्त अनन्ता ।
तो तूं आम्हाँ सुलभ जय कृपावन्ता ॥
मायेविण माहेर विश्रान्ती ठाव ।
शब्दी-अर्थ लाभ बोलणे वाव ॥
सद्‌गुरु प्रसादे सुलभ उपाय ।
रामीरामदासा फल्ला सद्‌भाव ॥

दादरा ताल

×			×			×			×		
सानि़	सा–	–सा	सानि़	सा–	–सा	नि़सा	रेसा	रे–	सा	नि़	–
जय	देऽ	ऽव	जय	देऽ	ऽव	जय	करु	णाऽ	क	रा	ऽ
सा	रे	ग	म	ग	रे	सासा	रेरे	रे	ग	म	रे
आ	र	ती	ओ	वा	लू	सद्	गुरु	मा	हे	रा	ऽ

(शेष चरण इसी प्रकार गाए जाएंगे ।)

२. मराठी अभंग

श्री पांडुरंगे विमलांतरंगे । लक्ष्मी वामांगे मुनीजनसंगे ॥
विहग तुरूंगे वेदोत्तमांगे । पापोपभंगे पादाब्जगंगे ॥
नन्दकुमारे नवनीत चोरे । रूवमकुटीरे निजजनसारे ॥

झप ताल

×		२			०		३		
मं	–	प	–	ध	मं	प	म	–	रे
श्री	ऽ	पां	ऽ	डु	रं	ऽ	गे	ऽ	ऽ
नि़	सां	म	–	ग	प	मं	प	–	–
वि	म	लां	ऽ	त	रं	ऽ	गे	ऽ	ऽ

मं		प	नि	—	सां	निध		निध	पमं	प	—
ल		क्ष्मी	ऽ	ऽ	वा	मांऽ		ऽऽ	गेऽ	ऽ	ऽ
प		म	मं	—	ध	मं		प	म	—	रे
मु		नी	ज	ऽ	न	सं		ऽ	गे	ऽ	ऽ

(शेष चरण इसी प्रकार गाए जाएँगे ।)

३. मराठी–ओवी

माझ्या पंढरीच्या विठया, कां निसूर बसशी तरी रे अहोहरी ।
तुझ्या नामावाचुन मेल्या, कांहीं नसे रे अनुचे घरी रे अहोहरी ।।

धुमाली ताल

×				०				×				०			
														सा	रे
														मा	झ्या
म	—	म	म	ग	—	रे	सा	रेग	—	—	—	गग॒	गग॒	—	सारे
पं	ऽ	ढ	ऽ	री	ऽ	च्या	ऽ	विठया	ऽ	ऽ	ऽ	ऽऽ	ऽऽ	ऽ	माझ्या
म	—	म	म	ग	—	रे	सा	रेग	—	—	—	गग॒	गग॒	सा	ऩि
पं	ऽ	ढ	ऽ	री	ऽ	च्या	ऽ	विठया	ऽ	ऽ	ऽ	ऽऽ	ऽऽ	कां	ऽ
सा	ग॒	रे	ग॒	सा	रे	ऩि	सा	रे	ग॒	रे	ग॒	रे	सा	ऩि॒	ध़
नि	सू	ऽ	र	ब	स	शी	ऽ	त	री	रे	ऽ	ऽ	ऽ	अ	हो
ऩि	सा	—	—	—	—,										
ह	री	ऽ	ऽ	ऽ	ऽ,										

(शेष चरण इसी प्रकार गाया जाएगा ।)

□□□

दो स्वर-रचनाएँ

☐ श्यामदास मिश्र

१. पद

के पतिआ लए जाएत रे मोरा पिअतम पास।
हिए नहिं सहए असह्य दुख रे भेल शाओन मास॥
एकसरि भवन पिआ बिनु रे मोंहि रहलो न जाए।
सखि अनकर दुख दारुन रे जग के पतिआए॥
मोर मन हरि-हरि लए गेल रे अपनो मन गेल।
गोकुल तेजि मधुपुर बस रे कत अपजस लेल॥
'विद्यापति' कवि गाओल रे धनि धरू मन आस।
अओत तोर मनभावन रे एहि कातिक मास॥

☐ विद्यापति

• स्थायी **कहरवा ताल**

×				×				×				×			
												नि़	सा	नि़ध़	नि़
												के	ऽ	पऽ	ति
सा	–	सा	–	ग	–	म	–	ग॒	रे	–	–	ग॒रे	ग॒	सा	–
आ	ऽ	ल	ए	जा	ऽ	ए	त	रे	ऽ	मो	रा	पिऽ	अ	त	म
सा	–	–	–	ग॒	रे	ध़	नि़	सा	–	–	प	–	म	ध	प
पा	ऽ	ऽ	स	हि	ए	न	हिं	स	ह	ए	अ	स	ह	दुः	ख
ग॒	रे	–	–	ग॒रे	ग॒	सा	–	सा	–	–	–				
रे	ऽ	मे	ल	साऽ	ऽ	ओ	ऽ	मा	ऽ	ऽ	स				

• अन्तरा

×				×				×				×			
												प	–	मग	म
												ए	क	सऽ	रि
पं	–	–	–	–	मं	धं	पं	ग॒	रें	–	–	ग॒	–	सा	–
भ	व	न	पि	आ	ऽ	बि	नु	रे	ऽ	मो	हि	र	ह	लो	न

सा	–	–	–	नि़	सा	ध़	नि॒	सा	–	नि	–	सां	नि॒	ध	प
जा	ऽ	ऽ	ए	स	खि	अ	न	क	र	दु	ख	दा	ऽ	रु	न
ग॒	रे	–	–	ग॒रे	ग॒	सा	–	सा	–	–	–				
रे	ऽ	ज	ग	केऽ	ऽ	प	ति	आ	ऽ	ऽ	ए				

(शेष अंतरे इसी प्रकार गाए जाएंगे ।)

२. पद

बिरहिनि, मन्दिर दियना बार !
बिन बाती बिन तेल जुगत सों, बिन दीपक उजियार ।
प्राण पिया मोरे गृह को आये, रचि-रचि सेज सँवार ।।
सुखमन सेज परम तत रहिया, पिय निरगुण निरकार ।
गावहुँ री मिलि आनंद-मंगल, 'यारी' मिलके यार ।।

□ यारी साहब

• स्थायी — पूरिया राग/तीनताल/मध्य लय

×				२				०				३			
				नि़	रे॒	ग	–	मं	ध	मं	ग	रे॒	–	सा	–
				बि	र	हि	नि	मं	ऽ	दि	र	दि	य	ना	ऽ
नि़	–	ध़	–,	नि	रे॒	ग	–	सा	रे॒	ग	रे॒	ग	–	–	–
बा	ऽ	ऽ	र,	बि	र	हि	नि,	बि	न	बा	ऽ	ती	ऽ	बि	न
मं	ध	मं	ग	रे॒	–	सा	–	मं	ग	–	–	मं	ध	मं	ध
ते	ऽ	ल	जु	ग	त	सों	ऽ	बि	न	दी	ऽ	प	क	उ	जि
सां	–	–	–	नि	रें॒	सां	सां	नि	–	–	ध	नि	ध	–	–
या	ऽ	ऽ	ऽ	ऽ	ऽ	ऽ	र	प्रा	ऽ	ण	पि	या	ऽ	मो	रे
मं	ध	मं	ग	रे॒	–	सा	–	नि़	रे॒	ग	.	मं	–	ग	रे॒
गृ	ह	को	ऽ	आ	ऽ	ये	ऽ	र	चि	र	चि	से	ऽ	ज	सँ
ग	रे॒	सा	–												
वा	ऽ	ऽ	र												

● अन्तरा

×				२				०				३			
								ग	ग	–	–	मं	–	–	–
								सु	ख	म	न	से	ऽ	ज	प
सां	–	–	–	नि	रें̲	सां	–	नि	रें̲	गं	रें̲	गं	–	–	–
र	म	त	त	र	हि	या	ऽ	पि	य	नि	र	गु	ण	नि	र
मं	गं	रें̲	गं	रें̲	–	सां	–	सां	–	नि	ध	नि	–	ध	–
का	ऽ	ऽ	ऽ	ऽ	ऽ	ऽ	र	गा	ऽ	व	हुँ	री	ऽ	मि	लि
मं	ग	रे̲	ग	रे̲	–	सा	–	नि	रे̲	ग	रे̲	ग	–	–	–
आ	ऽ	नं	द	मं	ऽ	ग	ल	या	ऽ	री	ऽ	मि	ल	के	ऽ
मंध	मंग	रे̲ग	रे̲सा												
याऽ	ऽऽ	ऽऽ	ऽर												

□□□

पाँच | विविध स्वर रचनाएँ

अष्टपदी । □ पं० निरंजनप्रसाद कौशल

विहरति हरिरिह सरसवसन्ते ।
नृत्यति युवतिजनेन समं सखि, विरहिजनस्य दुरन्ते ॥
ललित-लवंग-लता-परिशीलन-कोमल-मलय-समीरे ।
मधुकर-निकर-करम्बित-कोकिल-कूजित-कुंज-कुटीरे ॥
उन्मद-मदन-मनोरथ-पथिक वधूजन-जनित-विलापे ।
अलिकुल-संकुल-कुसुम-समूह-निराकुल-बकुल-कलापे ॥
मृगमद-सौरभ-रमसवशंवद-नवदल-माल-तमाले ।
युवजन-हृदय-विदारण-मनसिज-नख-रुचि-किंशुक-जाले॥
मदन-महीपति-कनक-दण्ड--रुचि-केशर-कुसुम-विकासे ।
मिलित-शिलीमुख-पाटिल-पटल-कृतस्मरतूण-विलासे ॥
विगलित-लज्जित-जगदवलोकन-तरुणवरुण-कृतहासे ।
विरहिनि-कृन्तन-कुन्त-मुखाकृति-केतकि-दन्तुरिताशे ॥
माधविका-परिमल-ललिते-नवमालति जाति सुगन्धौ ।
मुनिमन-सामपि मोहन-कारिणि-तरुणाकारण-बन्धौ ॥
स्फुरदति-मुक्तलता-परिरम्भण-मुकुलित-पुलकित-चूते ।
वृन्दावन-विपिने-परिसरपरिगत-यमुनाजल-पूते ॥
'श्रीजयदेव'-भणितमिदमुदयतु हरिचरणस्मृत सारम् ।
सरस-वसन्त-समय-वन-वर्णनमनुगत-मदन-विकासम् ॥

□ जयदेव

● स्थायी **वसन्त राग/तीनताल**

०				३				×				२			
नि						ग		ध॒							
सां	नि	ध॒	प	प	प	म॑	ग	म॑	ध॒	सां	सां	रें॒	–	सां	–
वि	ह	र	ति	ह	रि	रि	ह	स	र	स	व	सं	ऽ	ते	ऽ
						ग		ग							
सां	नि	ध॒	प	प	प	म॑	ग	म॑	–	ग	ग	म॑	ग	रे॒	सा
नृ	ऽ	त्य	ति	यु	व	तिऽ	ज	ने	ऽ	न	स	मं	ऽ	स	खि
								ग						ध॒	
सा	सा	म	म	म	–	ग	ग	सां	–	–	–	सां	नि	म॑	ध॒
वि	र	हि	ज	न	ऽ	स्य	दु	रं	ऽ	ऽ	ऽ	ते	ऽ	ऽ	ऽ

● अन्तरा

०				३				×				२			
ध॒				ध॒				ध॒							
म॑	म॑	ग	ग	म॑	–	ध॒	म॑ध॒	सां	–	सां	सां	रें	–	सां	सां
ल	लि	त	ल	वं	ऽ	ग	लऽ	ता	ऽ	प	रि	शी	ऽ	ल	न

सां								ध				नि		ध॒	
नि	रें	गं	रें	सां	सां	नि	ध॒	सां	–	–	–	सां	नि	म॑	ध॒
को	ऽ	म	ल	म	ल	य	स	मी	ऽ	ऽ	ऽ	रे	ऽ	ऽ	ऽ

ध॒						ग		ग				ग			
सां	नि	ध॒	प	प	प	म॑	ग	म॑	–	ग	ग	म॑	ग	रे॒	सा
म	धु	क	र	नि	क	र	क	रं	ऽ	जि	त	को	ऽ	कि	ल

								ग				नि		ध॒	
सा	–	म	म	(म)	–	ग	ग	सां	–	–	–	सां	नि	म॑	ध॒
कू	ऽ	जि	त	कुं	ऽ	ज	कु	टी	ऽ	ऽ	ऽ	रे	ऽ	ऽ	ऽ

(शेष अंतरे इसी प्रकार गाए जाएंगे।)

२. पद । □ ठाकुर जगदीशसिंह दीन'

मैं हरि पतित-पावन सुने ।
मैं पतित, तुम पतित-पावन, दोऊ बानक बने ॥
ब्याध-गनिका-गज-अजामिल साखि निगमनि भने ।
और अधम अनेक तारे, जात कापै गने ॥
जानि नाम अजानि लीन्हें नरक सुरपुर मने ।
दास 'तुलसी' सरन आयौ, राखिये अपने ॥

□ गोस्वामी तुलसीदास

● स्थायी

जौनपुरी राग/रूपक ताल

२		३			×			२		३		×		
रे	म	प	–	सां	ध॒	ध॒	प	ध॒	म	पध॒	मप	ग॒	रे	सा
मैं	ऽ	ह		रि	प	ति	त	पा	ऽ	वऽ	नऽ	सु	ने	ऽ

● अन्तरा

X			२		३		X			२		३	
म	–	म	प	प	ध॒	ध॒	नि॒	सां	सां	रें	नि॒	सां	सां
मैं	ऽ	प	ति	त	तु	म	प	ति	त	पा	ऽ	व	न
गं	–	गं	रें	–	सां	सां	नि॒	सां	रें,	सां	नि॒	ध॒	प,
दो	ऽ	उ	बा	ऽ	न	क	ब	ने	ऽ,	मैं	ऽ	ह	र,
प	ग॒ं	ग॒ं	रें	रें	सां	सां	नि॒	सां	रें	सां	नि॒	ध॒	प
औ	ऽ	र	अ	ध	म	अ	ने	ऽ	क	ता	ऽ	रे	ऽ
प	म	म	प	–	सां	–	ध॒	ध॒	–,	रे	म	प	सां
जा	ऽ	त	का	ऽ	पैं	ऽ	ग	ने	ऽ,	मैं	ऽ	ह	रि

(शेष अंतरे इसी प्रकार गाए जाएंगे ।)

३. पद । □ अशोक पेडणेकर

और नहीं कछु काम के, मैं भरोसे अपने राम के ।
जो माँगू सो देत पदारथ, और देत सुख धाम के ।।
दोऊ अछर सब कुल तारे, वारि जाऊँ उस नाम के ।
कहत 'कबीर' सुनो भाई साधो, और देव सब दाम के ।।

□ कबीरदास

● स्थायी

धुमाली ताल

X				०				X				०			
ग	म	रे	सा	नि़	सा	ध़	नि़॒	सा	सा	ग	ग	म	–,	ग	ग
औ	ऽ	र	न	हीं	ऽ	क	छु	का	ऽ	ऽ	म	के	ऽ,	मैं	भ
ग	म	ध	ध	धनि	निरें	सां	–	नि–	ध॒प	ध	म	मं	–	–	–
रो	ऽ	से	ऽ	अऽ	पऽ	ने	ऽ	राऽ	ऽऽ	ऽ	म	के	ऽ	ऽ	ऽ

● अन्तरा

X				०				X				०			
ग	म	ध	ध	धनि	निरें	सां	–	नि	–	धं	ध॒	ध	म	मं	म
जो	ऽ	माँ	ऽ	गूँऽ	ऽऽ	सो	ऽ	दे	ऽ	त	प	दा	ऽ	र	थ

ध नि सां गं | रें रें सां सां | ग – म म | ग – – –
औ ऽ र दे | ऽ त सु ख | धा ऽ ऽ म | के ऽ ऽ ऽ

(शेष अंतरे इसी प्रकार गाए जाएंगे।)

४. पद । □ दिनेश पी० मजूमदार

अमने-अमने राख सदा तव चरणे, मधुमय कमल समा तव शरणे !
अम तिमिरे तव तेज जगवजे, अम रुधिरे तव पद बल पेटवजे ।
अम अन्तरमां तव पद धरजे ॥
अगाध ओ आकाश समा तव, अम चैतन्य बनाव महार्णव ।
अमने आप सकल तव वैभव ॥
अमने राख सदा तव चरणे, कमल समा तव मधुमय शरणे !

□ सुन्दरम्

प सा प सा प
म गरे ग – – – – – म गरे ग – – – – – म गरे
अ मऽ ने ऽ ऽ ऽ ऽ ऽ अ मऽ ने ऽ ऽ ऽ ऽ ऽ अ मऽ
नि़ प़ – – – – –
ने ऽ ऽ ऽ ऽ ऽ ऽ

• स्थायी

धुमाली ताल/मध्य लय

× ० × ०
नि़ म़ प
प़ नि़ नि़ रे | म – म म | पध गरे ग – | – – – –
रा ऽ ख स | दा ऽ त व | चऽ रऽ णे ऽ | ऽ ऽ ऽ ऽ

प प प प | प प प प | ध ध ध ध | ध ध पम सा गरेम
(स्त्री-स्वर)
ग ग ग ग | ग ग ग ग | म म म म | म म पम सा गरेम
(पुरुष-स्वर)
म धु म य | क म ल स | मा ऽ त व | श र णेऽ ऽऽऽ

म गरे नि़ प़ – – – –
अ मऽ ने ऽ ऽ ऽ ऽ ऽ

नि़ म़ प

प़ नि़ नि रे | म – ग म | पध गरे ग – | – – – –

रा ऽ ख स | दा ऽ त व | चऽ रऽ णे ऽ | ऽ ऽ ऽ ऽ

सा सा

पम ग पम ग | सांनि ध मम ग | पम ग पम ग | सांनि ध मम ग

पार्श्व-संगीत

सा –सा सा सा | सा सा सा – | सा –सा सा सा | सा सा सा –

• अन्तरा

× ० × ०

प प प प | प प प प | ध ध ध ध | म ध ध ध

(पुरुष-स्वर)

ग ग ग ग | ग ग ग ग | म म म म | म म म म

(स्त्री-स्वर)

अ म ति मि | रे ऽ त व | ते ऽ ज ज | ग व जे ऽ

सा

प प प प | प प प म | म धप म ग | – – – –

(पुरुष-स्वर)

सा

ग ग म ग | ग ग प म | म धप म ग | – – – –

(स्त्री-स्वर)

अ म रु धि | रे ऽ त व | ब लऽ पे ऽ | ट व जे ऽ

प

नि नि नि नि | नि नि नि – | ध ध ध ध | म म पम गरेग

(पुरुष-स्वर)

प प प प | प प प – | म म म म | म प पम गरेग

(स्त्री-स्वर)

अ म अं ऽ | त र मां ऽ | त व प द | ध र जेऽ ऽऽऽ

प

– – – – म गरे नि़ प़ – – –

ऽ ऽ ऽ ऽ अ मऽ ने ऽ ऽ ऽ ऽ

× ० × ०

नि़ म़ प

प़ नि़ नि़ रे | म – ग म | पध गरे ग – | – – – –

रा ऽ ख स | दा ऽ त व | चऽ रऽ णे ऽ | ऽ ऽ ऽ ऽ

(शेष अंतरा इसी प्रकार गाया जाएगा।)

५: संगीत-रामायण । □ तुलसीराम देवांगन

(राम का चरित्र भक्तिमय है। इसी लिए तो सहस्रों वर्षों से करोड़ों नर-नारी 'रामायण' का गान करके अपने जीवन को सफल बनाते रहे हैं। यहाँ विशाल 'रामायण' की कथा को एक गीत के रूप में प्रस्तुत किया जा रहा है।)

सुनो राम की कहानी, थी अवध राजधानी।
यह बात है पुरानी, ऋषियों ने है बखानी।।

करते थे राज दशरथ, थी कोसला महारानी।
कैकेयी औ' सुमित्रा, ये भी थीं राजरानी।।
थी राज-प्रजा सुख से, रहते थे साथ मिलके।
धन-धान्य, शौर्य-बल से थे पूर्ण आत्ममानी।।१।।
सम्पन्न सब तरह से थे सुखी राज दम्पति।
पर कमी एक भारी, थी एक भी न सन्तति।।
चिन्ता से ग्रस्त होकर, नृप गुरु के पास जाकर।
सब कहीं मन की बातें, विस्तार से बखानीं।।२।।
वशिष्ठ गुरु थे ज्ञानी, सुन कही मधुर बानी।
पुत्रेष्टि यज्ञ करने से पुत्र होंगे मानी।।
श्रृंगी ऋषी को लाकर, नृप, यज्ञ अब रचाओ।
पाओगे चार सुत तुम, हो परम भाग्यमानी।।३।।
उत्साह से तब राजा ने यज्ञ फिर रचाया।
ले अग्नि से सुभग वर, सुत चार सुघर पाया।।
श्री राम, भरत, लक्ष्मण, शत्रुघ्न सुत सुलक्षण।
हुए विदित सकल जग में फिरी कीर्ति शुभ सुहानी।।४।।
फिर गुरु के चरणों में वेदांग, वेद सीखे।
हो श्रेष्ठ वीर जग के, आए निकट पिता के।।
कौशिक के साथ वन में, दुष्टों को मार रन में।
कर धनुष-भंग क्षण में, ब्याहे सिया सयानी।।५।।
थे राम कौसिला के, अरु भरत कैकेयी के।
थे लषन शत्रुसूदन, ये मातु सुमित्रा के।।
सौतेली माँ कैकेयी, कुबरी के सिखाने से।
राजा को बात में ले, दियो राम बन गुमानी।।६।।
आज्ञा से फिर पिता के, घर राज-पाट तजके।
सँग ले लखन सिया को, चले देव-काज करने।।
केवट से मित्रता कर, गंगा के पार जाकर।
छोटी कुटी बनाकर, बसे चित्रकूट ज्ञानी।।७।।
बस, इसी दुख में राजा, चल बसे स्वर्ग में जा।
तब दूत-हाथ गुरु ने, एक पत्र तुरत भेजा।।

पा खबर भरत आए, पर राम घर न पाए ।
पितु स्वर्ग हैं सिधाए, सुन हुई आत्मग्लानी ॥८॥
कर पिता की क्रिया सब, सोचा मैं करूँ क्या अब ।
सूझा यही मति में तब, बन चलूं छोड़कर सब ॥
ले संग अवधबासी, माता-गुरु सुखरासी ।
पहुँचे जा राम के ढिंग, लाने की बात ठानी ॥९॥
रघुनन्द ने समझाए, विश्वास ये कराए ।
दस-चार वर्ष बीते, ये मानो अवध आए ॥
आज्ञा ये मान प्रभु के, सब लोग अवध लौटे ।
प्रभु चित्रकूट तजके, बसे पंचवटी रानी ॥ १० ॥
रावण की बहिन सुपनख, बन सुन्दरी पधारी ।
लखि बन्धुओं को दोनों, कुकृत्य मन बिचारी ॥
बोली मधुर बयन में, रख लो मुझे निज सँग में ।
यह सीता है निर्बल, मैं हूँ सबल सुहानी ॥ ११ ॥
सुन बात प्रभु लखन से, संकेत करके बोले ।
यह नारि दुश्चरित है, तलवार हाथ में ले ॥
काटो श्रवण 'औ' नासा, सुन निशिचरी की भाषा ।
है देव-काज करने में हुई देर मानी ॥ १२ ॥
कट गए कान-नासा, पर बढ़ी पुनि दुराशा ।
व्याकुल हो चली लंका, रख रावन की आशा ॥
सब बात कह सुनाई, रावन को जा उकसाई ।
हर लाओ तुम सीता, लो मेरी बात मानी ॥ १३ ॥
ले संग कनक-मृग तब, आया गोदावरी-तट ।
देखते सिया बोली, लाओ इसे पिया अब ॥
जैसे ही राम निकले, वैसे ही कपट करके ।
हर ले गया सिया को, दशकन्धर अभिमानी ॥ १४ ॥
प्रभु बन-बन में भटके, सुग्रीव से फिर मिल के ।
हनुमन्त ने तब जाके, लंका की खोज करके ॥
सागर को लाँघ छन में, मिलकर अशोक बन में ।
सीता की सुधि तुरत ले, पहुँचे कपीस ज्ञानी ॥१५॥
सुन समाचार रघुबर, चल पड़े सैन्या लेकर ।
बाँधे समुद्र मिलकर, नल-नील शुभ कलाधर ॥
सजि साज लड़ाई के, उतरे, सुबेल गिरि पे ।
लिए विभीषन सरन में लंकाधिराज मानी ॥१६॥
अब छिड़ गई लड़ाई भिड़े सुभट वीर धाई ।
कुम्भकरन-गृह में जाकर, रावन ने कहा भाई ॥

सब बड़े-बड़े योधा गए जूझ सभी रन जा ॥
अब लंका की लज्जा, तुम रखो, बात मानी ॥१७॥
लड़ने चला अकेला, सँग सैन्य न सकेला ।
अद्‌भुत लड़ाई लड़कर प्रभु-हाथ से मरा जा ॥
घननाद ने लषन पर, इक शक्ति चलाई, फिर ।
जा लगी बह हृदय में, परे समर शेष ध्यानी ॥१८॥
बजरंग से सँजीवन-बूटी तुरत मँगाई ।
लंका के वैद्य ने तब लक्ष्मण को जा सुँघाई ॥
उठते ही बीर योधा, फिर डँट गए समर जा ।
सिर काट प्रबल रिपु का प्रभु-चरण हृदय आनी ॥१९॥
अब बचा एक रावन, है राम-संग जूझन ।
अद्‌भुत लड़ाई लड़ते, खंड-खंड हो गया तन ॥
था भाग्यबान् भारी, प्रभु-चरण देह डारी ।
हो गया लीन प्रभु में, पाते न ब्रह्मज्ञानी ॥२०॥
प्रभु-संग सिया-लक्ष्मण, कपि भालु औ' विभीषन ।
पुष्पक विमान पर चढ़, मिलने तुरत भरत-सँग ॥
प्रस्थान कर क्षणों में, आ गए फिर अवध में ।
मिले मातु-गुरु-स्वजन फिर, बना अवध राजधानी ॥२१॥
है दीपमालिका से सारा नगर सुसज्जित ।
जय जयति राम-सीता, त्रैलोक हुआ गूंजित ॥
दुख दूर हटा सबका, नर-नाग-देव-मुनि का ।
प्रभु-चरित-कीर्ति घर-घर फैली सुघर सुहानी ॥२२॥
गुन कृपासिन्धु प्रभु के, गाऊँ मैं कौन मुँह से ।
थके शेष गा युगों से फिर कहूँ किन सुरों से ॥
अपने को धन्य करने, प्रभु-मूर्ति ध्यान धरने ।
पावन चरित्र सम्बल, कर लिया सफल बानी ॥२३॥

• स्थायी **दादरा ताल**

×			°			×			°		
										सा	रे
										सु	नो
ग	–	रे	गरे	मग	रे	सा	–	ध़	प़	सा	रे
रा	ऽ	म	कीऽ	ऽऽ	क	हा	ऽ	नी	ऽ	थी	ऽ
ग	ग	रे	गरे	मग	रे	सा	–	सा	–	म	म
अ	व	ध	राऽ	ऽऽ	ज	धा	ऽ	नी	ऽ	य	ह

म	–	म	पम	धप	म	ग	–	रे	सा	सा	रे
बा	ऽ	त	हैऽ	ऽऽ	पु	रा	ऽ	नी	ऽ	ऋ	षि
ग	–	रे	गरे	मग	रे	सा	–	ध़	प़,	सा	रे
यों	ऽ	ने	हैऽ	ऽऽ	ब	खा	ऽ	नी	ऽ,	सु	नो
ग	–	रे	गरे	मग	रे	सा	–	सा	–,		
रा	ऽ	म	कीऽ	ऽऽ	क	हा	ऽ	नी	ऽ,		

• **अन्तरा.१**

×			०			×			०		
										सा	सा
										क	ए
नि़	–	नि़	नि़	–	नि़	सा	सा	सा	सा	सा	रे
ते	ऽ	थे	रा	ऽ	ज	द	श	र	थ	थी	ऽ
ग	–	रे	गरे	मग	रे	सा	–	सा	–	सा	–
को	ऽ	सि	ला	मऽ	हा	रा	ऽ	नी	ऽ	कै	ऽ
नि़	–	नि़	नि़	–	नि़	सा	–	सा	–	सा	रे
के	ऽ	यी	औ	ऽ	सु	मि	ऽ	त्रा	ऽ	थे	ऽ
ग	–	रे	गरे	मग	रे	सा	–	सा	–,	सा	–
भी	ऽ	थीं	राऽ	ऽऽ	ज	रा	ऽ	नी	ऽ,	थी	ऽ
रे	–	रे	म	म	–	प	प	प	–	प	म
रा	ऽ	ज	प्र	जा	ऽ	सु	ख	से	ऽ	ए	है
प	ध	ध	ध	–	नि	धप	ध	प	–	प	म
ते	ऽ	थे	सा	ऽ	थ	मिल	ऽ	के	ऽ	ध	न
प	ध	ध	ध	–	ध	प	ध	पम	–	म	–
धा	ऽ	न्य	शौ	ऽ	र्य	ब	ल	सेऽ	ऽ	थे	ऽ
प	–	ध	पम	धप	म	ग	–	रे	सा,	सा	रे
पू	ऽ	र्ण	आऽ	ऽऽ	त्म	मा	ऽ	नी	ऽ,	सु	नो

ग	–	रे	गरे	मग	रे	सा	–	ध़	प़	सा	रे
रा	ऽ	म	कोऽ	ऽऽ	क	हा	ऽ	नी	ऽ	सु	नो
ग	–	रे	गरे	मग	रे	सा	–	सा	–,		
रा	ऽ	म	कीऽ	ऽऽ	क	हा	ऽ	नी	ऽ,		

• अन्तरा २.

×			०			×			०		
										सा	–
										सं	ऽ
रे	–	रे	म	म	म	प	प	प	–	प	म
प	ऽ	न्न	स	ब	त	र	ह	से	ऽ	थे	ऽ
प	ध	–	ध	–	नि॒	धप	ध	प	प,	सा	सां
सु	खी	ऽ	रा	ऽ	ज	दंऽ	ऽ	प	ति,	प	र
रे	रे	–	म	–	म	प	–	प	–	प	म
क	मी	ऽ	ए	ऽ	क	भा	ऽ	री	ऽ	थी	ऽ
प	ध	ध	ध	–	नि॒	धप	ध	प	प,	प	–
ए	ऽ	क	भी	ऽ	न	संऽ	ऽ	त	ति,	चिं	ऽ
						सां					
ध	सां	सां	सां	–	सां	नि॒	–	ध	प	प	प
ता	ऽ	से	ग्र	ऽ	स्त	हो	ऽ	कर	ऽ	नृ	प
						सां					
ध	सां	सां	सां	–	सां	नि॒	–	ध	प	प	म
	रु	के	पा	ऽ	स	जा	ऽ	कर	ऽ	स	ब
						ध					
प	ध	–	ध	ध	ध	प	ध	प	म	म	–
क	हीं	ऽ	म	न	की	बा	ऽ	तें	ऽ	वि	ऽ
प	–	ध	पम	धप	म	ग	–	रे	सा,	सा	रे
स्ता	ऽ	र	सेऽ	ऽऽ	ब	खा	ऽ	नीं	ऽ,	सु	नो

(शेष अंतरे क्रमशः एक प्रथम अंतरे के समान और दूसरा द्वितीय अन्तरे के समान, इसी क्रम से गाए जाएंगे।)

□□□

तीन फिल्मी भजन | □ मुकेश गर्ग

१. राम–कृष्ण–हरि…

□ फिल्मी : बरखा और बिजली

काल का पहिया घूमे भैया, लाख तरह इंसान चले ।
लेके चले बारात कभी तो कभी बिना सामान चले ॥
राम-कृष्ण-हरि ! राम-कृष्ण-हरि !

जनक की बेटी, अवध की रानी सीता भटके बन-बन में,
राह अकेली, रात अँधेरी, मगर रतन हैं दामन में !
साथ न जिसके चलता कोई, उसके साथ भगवान् चले,
राम-कृष्ण-हरि ! राम-कृष्ण-हरि !

हाए री किस्मत, कुँवर कन्हैया स्वाद न जाने माखन का,
हँसी चुराए फूलों की, वो कंस है माली उपवन का !
भूल न पापी, मगर पाप की ज्यादा नहीं दुकान चले,
राम-कृष्ण-हरि ! राम-कृष्ण-हरि !

संगीत : शंकर-जयकिशन ० गीत : नीरज ० गायन : मन्ना डे

कहरवा ताल

×	×	×	×
			ग
सा -सा - सा ।	रे ग,सा - सा ।	नि सा,सा - सा ।	रेग सा,सा - सा
पार्श्व-संगीत :			
	सां	रें	
पसां सांसां सांसां सारें	नि निसां सां सां	सांनि निनि निनि निध	धसां, नि धग प -
काऽ लका पहि याऽ	घू मेऽ भै या	लाऽ खत रह इंऽ	साऽऽ नच लेऽ
		म	
पनि निनि नि निध	धनि,ध पम ग गसा	सासा गग ग धप	सग गग गरे सारे,-
लेऽ केच ले बाऽ	राऽऽ तक भी तोऽ	कभी ऽबि ना साऽ	माऽ नच लेऽ ऽऽऽ
	सा		सा
- ध निरे -सा	ग - रे -	- ध निरे सा	ग -रे रे -
❋ रा मकृ ष्ण	ह ऽ रि ऽ	❋ रा मकृ ष्ण	ह ऽऽ रि ;

काल का पहिया ···सामान चले ॥ राम-कृष्ण-हरि ! राम-कृष्ण—

सा ⁀ प ⁀

ग़ -रे रे - | - म मध -प | नि़ - ध - | - म मध -प

ह ऽऽ रि ऽ | ✲ रा मकृ ऽष्ण | ह ऽ रि ऽ | ✲ रा मकृ ऽष्ण

ध सा ⁀

नि़ धप ग़ -रे | सारेसा ध. नि़रे -सा | ग़ - रे - | - ध. नि़रे -सा

ह ऽऽ रि ऽऽ | ऽऽऽ रा मकृ ष्ण | ह ऽ रि ऽ | ✲ रा मकृ ऽष्ण

सा ⁀

ग़ रे रे - | -सां रेंसां रें रें | -सां रेंमं ग़ रें | धं नि़ंनिं पं धं़ धं़

ह ऽऽ रि ऽ | पार्श्व-संगीत

रें मं धं़ पँ मं, | -सां रेंसां रें रें | -सां रेंमं ग़ रें | धं नि़ंनिं पं धं़ धं़

रें मं धं़ पं मं, | म - ग़रे सारे | ग़ - साग़ पसां | नि़ - धप मग़

प - -र्-) | रेम -म - मग़ | मम मप प प | पनि़ नि़ध नि़ध नि़ध

| ज,नक ऽकी बे टीऽ | अव धकी रा नी | सीऽ ताऽ भट केऽ

ध

सांनि़ धप प - | प - ध़प मग़ | रेग़ मध़ प - |

बन बन में ऽ | ✲ ✲ ✲ ✲ | ✲ ✲ ✲ ✲ | जनक की बेटी, अवध

ध

| सांनि़ नि़प प - | - सां -सां -नि

की रानी सीता भटके— | बन बन में ऽ | ✲ रा ऽह ऽअ

⁀ (ग मं ध मं सां - ध मं ग सा -)

रें़ सां सां - | - - - - | - - - - | सां सांनि रें़सां सांनि

के ऽ ली ऽ | ऽ ऽ ऽ ऽ | ऽ ऽ ऽ ✲ | रा हअ केऽ लीऽ

निध धनि धमं मंग | गग निध मंग ग | मंग रे़सा सा - | - साम -म म

राऽ तअँ धेऽ रीऽ | मग रर तन हैं | दाऽ मन में ऽ | ✲ साऽ ऽथ तन

प ध सां

म म मप परे | - रे ग़ म मनि़ | (ध़) -प प - | पसां सांसां सांसां रेंसां

जि स केऽ ऽऽ | ऽ च ल ता ऽऽ | को ऽऽ ई ऽ | साऽ थन जिस केऽ

प

सांनि़ नि़ध धप मग | ग गग -म मग | मग़ ग़ग़ ग़रे सारे,- | -

चलऽ ताऽ कोऽ ईऽ | उस केसा थऽ भग | वाऽ नृच लेऽ ऽऽ,ऽ | ✲ राम-कृष्ण-हरि !

राम-कृष्ण-हरि ! राम-कृष्ण-हरि ! राम-कृष्ण-हरि ! राम-कृष्ण-हरि, राम-कृष्ण—

| सा
| ग — रे — || मप –प – प । निसां –सां – सां
| ह ऽ रि ऽ || पार्श्व-संगीत : (तिसार)

नि नि ध म । प –प – प |
गम पसा | नि –ध सां निध । प – गम पसां
(अन्य वाद्य)

नि–ध पम गसा । प – – – || रेम मम मम मम | मम मप प पप
|| हाऽ एरी किस् मत | कुंव रक न्है याऽ

ध
पनि निध निध निध | सांनि धप प – | प – धप मग | रेग मध प –
स्वाऽ दन छाऽ नेऽ | माऽ खन का ऽ | ❋ ❋ ❋ ❋ | ❋ ❋ ❋ ❋

ध
| सांनि धप प –
हाए री किसमत, कुँवर-कन्हैया स्वाद न जाने— | माऽ खन का ऽ

(ग म – नि ध गं सां – –)
– सांसां गंरें मंगं | सां – सां – | – – – – | – – – –
❋ हँसी ऽऽ ऽचु | रा ऽ ए ऽ | ऽ ऽ ऽ ऽ | ऽ ऽ ऽ ❋

निनि –नि निध ध | नि धम म मग | ग गग मध धग | गम गसा सा –
हँ ऽचु राऽ ए | फू लोंऽ की वोऽ | कं सहै माऽ लीऽ | उन वन का ऽ

सा प ध
– म –म म | म – मप पम | रे रे ग म मनि | (ध) –प प –
❋ भू ऽल न | पा ऽ पीऽ ऽऽ | ऽ म ग र पाऽ | ऽ ऽप की ऽ

रें प म
पसां सांसां सां सां | निनि निध –प मग | ग गग ग धप | मग गग गरे सारे,–
भूऽ लन पा पी | मग रपा ऽप कीऽ | ज्या दान हीं दूऽ | काऽ नच लेऽ ऽऽ,ऽ
–

❋ राम-कृष्ण-हरि ! राम-कृष्ण-हरि ! काल का पहिया·····!

□□□

□ फिल्मी : साधु और शैतान

२. नन्दलाल-गोपाल

नन्दलाल-गोपाल दया करके रख चाकर अपने द्वार मुझे !
धन-दोलत और किसी को दे, बस दे-दे अपना प्यार मुझे !

तन-मन का न चाहे होश रहे, तेरा नाम न बिसरे भूले से !
तेरे ध्यान में इतना खो जाऊँ, पागल समझे संसार मुझे !

मैं निर्धन गोकुल और मथुरा, तेरे दर्शन को जा तो न सकूँ !
जब अपने मन में झांकूँ मैं, हो जाए तेरा दीदार मुझे !

संगीत : लक्ष्मीकांत-प्यारेलाल ० गीत : राजेन्द्रकृष्ण ० गायन : आशा व उषा

बाँसुरी :

नि̲ (ऊपर)
प नि̲ मप पसां – – – – – – – – नि̲ ध,पम पध̲ (ऊपर ध̲) प –ग̲

– – रेसा नि̲प̣ – ❋ प̣ नि̲̣ (ऊपर नि̲ सा) रे – – – – सा नि̲̣ नि̲̣सा (ऊपर सा)

– – – – – – ❋] सा रे नि̲̣ (ऊपर सा) – सा सा साम ग̲ म ग̲
नं द ला ऽ ल गो पाऽ ऽ ल द

(युगल स्वर)

कहरवा ताल

×				०				×				०			
प	–	प	प	प	–	–प	ध̲म	म	म	ग̲	ग̲	ग̲	ग̲प,म	म	–
चा	ऽ	क	र	के	ऽ	❋र	खऽ	चा	ऽ	क	र	अ	पऽऽ	ने	ऽ
–	ग̲	–रे	ग̲	सा	–	–सा	–रे	नि̲̣ (ऊपर सा)	–	सा	सा	साम	ग̲	म	ग̲
ऽ	द्वा	ऽर	मु	झे	ऽ	❋नं	ऽद	ला	ऽ	ल	गो	पाऽ	ऽ	ल	द
प	–	प	प	प	–	–प	ध̲प	पम	पम	ग̲	ग̲	ग̲	ग̲प,म	म	–
चा	ऽ	क	र	के	ऽ	❋र	खऽ	चाऽ	ऽऽ	क	र	अ	पऽऽ	ने	ऽ

(बसुरी) : पसां -गं रेंसांनिध पमगरे सानि,ध-)　　　ध

– ग -रे ग | सा – – – | ✻ ध ध ध – | प म गम रे
ऽ द्वा ऽर मु | झे ऽ ऽ ऽ | ✻ ध न दो ऽ | ल त औऽ र

(आशा)

सा

रे रेग पम म | म – गम,ग रेसा | – सा सासा -रे | रे रे सानि नि
कि सीऽ ऽऽ को | दे ऽ ऽऽऽ ऽऽ | ✻ ध नदो ऽऽ | ल त औऽ र

(युगल)

म　　　　म

सा सा,मग ग म | प – -प धप | पम पम ग – | ग गप,म म –
कि सीऽऽ ऽ को | दे ऽ ✻ब सऽ | देऽ ऽऽ दे ऽ | अ पऽऽ ना ऽ

म　म　सा

ग – रे ग | सा – -सा -रे | नि – सा
प्या ऽ र सु | झे ऽ ✻नं ऽद | ला ऽ ल गोपाल दया करके रख

चाकर अपने द्वार मुझे ! नन्दलाल-गोपाल दया—

सा　नि　प

प प | प – [गग रेसा । धनि प सा –। – – गरे म
क र | के ऽ [(सितार)

म　सा　नि

ग रे -,रे गरे । सा नि, रेरे सारे । मग -ग – नि । निनि ध धध निप,-
(बांसुरी)　(सितार)

म

प सा सासा सा । सासा सा] प प | – प प प -ध | पम -प ग म
] त न | ऽ म न का ऽन | चाऽ ऽऽ हे ऽ

(आशा)

नि　म

– प -ध -,धप | प – – – | [सांग गग गध गग । ग सा] प प
ऽ हो ऽश ऽरऽ | हे ऽ ऽ ऽ | [(सितार)] त न

(ऊषा)

प म नि
– प ध प –ध | म –प ग म | – प –ध धप | प – – प
ऽ मनका ऽन | चा ऽऽ हे ऽ | ऽ हो ऽश ऽर | हे ऽ ऽ ते
(आशा)

ध प नि
प प –प ध | प मप गम रेग | मप धनि –प –ध | प – पध
रा ना ऽम न | बि सऽ ऽऽ रेऽ | भूऽ ऽऽ ऽले ऽऽ | से ऽ तेऽ रे
(युगल)

ध प म
– ध –ध ध | प म गम रे | रेग पम म – | गम,ग रेसा – सा
ऽ ध्या ऽन में | इ त नाऽ ऽ | खोऽ ऽऽ जा ऽ | ऊँऽऽ ऽऽ * ते

सा ग
सा रे सारे | रे रे सानि – | साम ग म ग | प – –प धप
रे ध्या ऽन मेंऽ | इ त नाऽ ऽ | खोंऽ ऽ जा ऽ | ऊँ ऽ *ग ऽऽ

प म
म पम ग ग | ग पम म – | मग मग रे ग | सा – –सा –म
ग लऽ स म | झे ऽऽ सं ऽ | साऽ ऽऽ र मु | झे ऽ *नं ऽद

रेसा नि,सानि –सा |
लाऽ ऽ,ऽऽ ऽल | गोपाल दया करके रख चाकर अपने द्वार मुझे । नन्दलाल-गोपाल दया—

प प | प – – – | * गम रेग सारे | निसा प रे –
क र | के ऽ ऽ ऽ | * आऽ ऽऽ ऽऽ | ऽऽ ऽ ऽ ऽ

–गम रेग सारे | नि रे सा – | प– { गम रेग सारे । निसा प रे –
ऽ आऽ ऽऽ ऽऽ | ऽ ऽ ऽ ऽ | ऽ { **पार्श्व-संगीत :**

– गम रेग सारे । नि रे सा,प –प । पसां–नि सां प,प –प । पनिध नि प,प –नि
(बांसुरी)

ध प
ध –पम गप । पमग म गरे ग,मग । रेसा, गम रेग सारे । निसा प रे –

मम मग गग

— गग ग,रे रेरे सा —

(दूसरा अन्तरा लगभग पहले अन्तरे के समान गाया जाएगा ।)

३. कान्हा, कान्हा....

फिल्म : शागिर्द

कान्हा, कान्हा, आन पड़ी मैं तेरे द्वार !
मोहे चाकर समझ निहार !
तू जिसे चाहे, ऐसी नहीं मैं, हाँ, तेरी राधा-जैसी नहीं मैं।
फिर भी हूँ कैसी, कैसी नहीं मैं, कृष्णा, मोहे देख ता ले एक बार !

माटी करो या स्वर्ण बना लो, तन को मेरे चरणों से लगा लो।
मुरली समझ हाथों में उठा लो, सोचो न कछू अब, हे कृष्णमुरार !

संगीत : लक्ष्मीकांत-प्यारेलाल ० गीत ; मजरूह ० गायन : लता मंगेशकर

ध — — — — — — — — — पम प — — — — ❊ ❊ ❊
ऊँ ऽ ऽ ऽ ऽ ऽ ऽ ऽ ऽ ऽऽ ऽ ऽ ऽ ऽ ऽ ❊ ❊ ❊

म ग प — — — — — ❊ ❊ प — ध म — — — सा ग म प ध प
ऊँ ऽ ऽ ऽ ऽ ऽ ऽ ऽ ❊ ❊ ऊँ ऽ ऽ ऽ ऽ ऽ ऽ सितार :

सां
—,धनि रेंसां निध — ध — — — निध पम प —(म) ग म —,गरे

— म ग म म म
ग,ग — रे रेगग रे ग रे ग प ध —प (म) ग —म — —

ग
— — — रे ग म ध — — — — — — — — — — नि
का ऽ न्हा ऽ ऽ ऽ ऽ ऽ ऽ ऽ ऽ ऽ ऽ ऽ ऽऽ

म
धप —ध धनिध प — — — — — — ध निध पम ग रेग
काऽ ऽऽ न्हाऽऽ ऽ ऽ ऽ ऽ ऽ ऽ ऽ आ ऽऽ नऽ प ड़ीऽ

म
गरे –,ग़प धप,–
मैंऽ ऽतेऽ रेऽऽ

कहरवा ताल

× × × ×

म – – – | –,गप गम रे रेग | म ध – – | – –नि पध निध,प
द्वा ऽ ऽ ऽ | ऽऽऽ ऽऽ ऽर काऽ | न्हा ऽ ऽ ऽ | ऽ ऽऽ काऽ न्हाऽऽ

म
– ध निप पम –ग | रेग मग, रे–,गप धप | म – – – | – – म
ऽ आ ऽऽ नऽ ऽप | ड़ीऽ मैंऽऽ ऽतेऽ रेऽ | द्वा ऽ ऽ रेऽ | ※ ※ मो हे

म सां
– म गप –प | – प पम मध,प | ग – – सां | – – – निध
ऽ चा ऽक ऽर | ऽ स मऽ झऽान | हा ऽ ऽ ऽ | ऽ ऽ ऽर काऽ

म रे म
ध – – – | – –नि पध निध,प | –ध निप पम –ग | ग ग रे,प –प
न्हा ऽ ऽ ऽ | ऽ ऽऽ काऽ न्हाऽऽ | ऽ आ ऽऽ नऽ ऽप | ड़ी मैं ऽ,ते ऽरे

म म – – | – – – – | गरे –ग – ग | पम म – म
ऽ द्वा ऽ ऽ | ऽ ऽर ※ ※ | (सितार) |

गरे –ग – ग | पम –म – म, | सां – – – | – – – –
(अन्य वाद्य)

–रेंसां रेनि सांध | नि – – – | – सांनि सांध निप | ध निध निप धम

प धप धम पग म – – – | – –ग –ग ग | म – म –
※तू ऽजि से | चा ऽ हे ऽ

प
— धप ध,म —म | म — —ग रेसा | — —ग —ग ग | म — पध —
ऽ ऐऽ ऽसी ऽन | हीं ऽ ऽमैं ऽऽ | ऽ ✱हाँ ऽते री | रा ऽ धाऽ ऽ

सां प
— नि ध,प धम | म — म — | — —म म,प धध | ध — ध —
ऽ जै ऽसी ऽन | हीं ऽ मैं ऽ | ऽ ✱फि रभी ऽहूँ | कै ऽ सी ऽ

— नि,धर ध,प —म | ध ध —नि — | रां — — — | —,निसां धनि ध,ध ध
ऽ कैऽऽ ऽसी ऽन | हीं मैं ✱कृ ऽ | ष्णा ऽ ऽ ऽ | ऽऽऽ ऽऽ ऽमो हे

सां मध गप
— —नि —नि नि | नि — —नि नि | ध — प — | म मरे रेरे म
ऽ ऽदे ऽख लो | ले ऽ ✱ए क | बा ऽ ऽ ऽ | ऽ ऽऽ रका ऽ

म रे
मध — — — | — —नि पध निध,प | — ध निप धम —ग | ग मग,रे —,मध धप,—
न्हाऽ ऽ ऽ ऽ | ऽ ऽऽ काऽ न्हाऽऽ | ऽ आ ऽ; ऽन ऽप | ड़ी मैंऽऽ ऽतेऽ रेऽऽ

म — — — | गप,म गरे — सां | निध,— — — — | — —नि पध निध
द्वा ऽ ऽ ऽ | ऽऽऽ इऽर ✱ का | न्हाऽऽ ऽ ऽ ऽ | ऽ ऽऽ काऽ न्हाऽ

प ध प
प धनि सां,निप —ग | रेग मगरे —प पम | — म — — | — — [धनि ध
ऽ आऽ ऽनऽ ऽप | ड़ीऽ मैंऽऽ ऽते रेऽ | ऽ द्वा ऽ ऽ | ऽ रऽ (बाँसुरी)

(मं रें सांरें सां —) रें
सां — — — | — — मरें सांरें,मं | सां — — — | — ✱ ममं मं

सां
(ध — प — | ध — नि — | ध — म — | — — — —
मं — — ✱ | ✱ ✱ ✱ ✱ | ✱ ✱ ✱ — | ✱ ✱ ✱ ✱
—)
✱

(दूसरा अंतरा पहले अन्तरे के समान गाए जाने के पश्चात्—)

| म — — — | — — —म म
कान्हा-कान्हा, आन पड़ी मैं तेरे — | द्वा ऽ ऽ ऽर | ✱ ✱ ✱मो हे

म (बाँसुरी : नि प निरें गमं सां नि

— म गप —प | — पप म,म धप | ग — — — | — — ✱ ✱
ऽ चा ऽक ऽर | ऽ सग ऽझ ऽनि | हा ऽ ऽ ऽ | ऽ ऽर ✱ ✱

ध)

※	※सां	–सां	सां	–	सांसां	नि,निरें	सांसां	सां	–	--	–	–,निसां	निरें,सां	निसां	ध
✱	✱चा	ऽक	र	ऽ	सम	ऽझऽ	ऽनि	हा	ऽ	ऽ	ऽ	ऽऽऽ	ऽऽऽ	ऽऽ	र

					सां				ध						
–	–सां	–सां	सां	–	रें नि रेंसां,–		नि	नि	–	–ध	–	मध	पम	गरे	गरे
ऽ	✱चा	ऽक	र	ऽ	स म झऽऽ		नि	हा	ऽ	ऽऽ	ऽ	ऽऽ	ऽऽ	ऽऽर	काऽ

												म	रे		
म	ध	–	–	–	–नि	पध	निध	प	–ध	निप	–ग	ग	मग,रे	–प	धप,म
न्हा	ऽ	ऽ	ऽ	ऽ	ऽऽ	काऽ	न्हा	ऽ	✱आ	ऽन	ऽप	ड़ी	मैंऽऽ	ऽते	रेऽऽ

म	–	–	–	–
द्वा	ऽ	ऽ	ऽ	ऽर

□□□

भक्ति संगीतोपयोगी ताल | □ वेदमणिसिंह ठाकुर

भक्तिसंगीतोपयोगी तालों में कहरवा ताल का स्थान सर्वप्रथम है। इस ताल में आठ मात्राएँ भी मानते हैं। इसमें चार-चार मात्राओं के दो विभाग होते हैं और पहली मात्रा पर ताली तथा पाँचवीं मात्रा पर खाली होती है। यह ताल भक्ति-संगीत के अतिरिक्त गजल, गीत, ठुमरी, फिल्म-संगीत आदि के लिए भी उपयोगी है।

• कहरवा का ठेका

×				०			
धा	गे	न	ति।	न	क	धि	न॥

• कहरवा के प्रकार

१. धा तीं धा तीं। ता तीं धा तीं॥
२. धि त्ता धि त्ता। ति त्ता धि त्ता॥
३. धिं ऽ त के। ऽ के ना गे॥
४. धी क्ड़धि नक धिन्। ऽ त्ता घि न॥
५. धाति ऽक्धी नक धिन। ताति ऽक्ती नक तिन॥
६. घिन धागे नति नक। किना तागे नधि नक॥
७. धा घेघे नक धिन्। ऽऽ क्ड़ान् धिन गिन॥
८. धा तिट घिन ना। क्ड़ांऽ तिट घिन ना॥
९. घिन कधि नक घिन। ऽऽ। क्ड़ांऽ ऽऽ क्ड़ांऽ॥
१०. धा तिं किड़। ता तिं ना घिन॥
११. धी क्ड़ऽ धिं ता। ऽ त्ता धिं ता॥
१२. घिघि नधिं ऽधि नक। किकि नतिं ऽति नक॥
१३. घिं तिट घिं ना। कत् तिट घिं ना॥
१४. धाना ऽग्धी नाना किन। ताना ऽक्धी नाना घिन॥
१५. तऽक्किट तकधिं नक धिन। तऽक्किट तकतिं नक तिन॥

इस तरह इसके अनेक प्रकार बजाए जाते हैं। कहरवा के पश्चात् लाकप्रियता को दूसरी सीढ़ी पर दादरा आता है। यह छह मात्राओं का ताल है। इसमें तीन-तीन मात्राओं के दो खंड होते हैं। पहली मात्रा पर ताली तथा चौथी मात्रा पर खाली होती है। यह ताल बहुत ही लचकदार है, इसलिए इसकी लय पर श्रोता उन्मत्त हो झूमने लगते हैं तथा आनन्द-विभोर हो उठते हैं।

• दादरा का ठेका

×			०		
धा	धिं	ना।	धा	तिं	ना॥

● दादरा के प्रकार

१. धा ऽ तिट । क्नाऽ धिन गिन ॥

२. धागे धिन् धा । धागे तिन् ता ॥

३. धागे तिट धागे । त्रक धिना गिन ॥

४. धड़ गधि नक । तड़ कधि नग ॥

५. धाती धाधा तीना । ताती धाधा तीना ॥

६. धाक्ड़ धाधा तीना । ताक्ड़ धाधा तीना ॥

७. धाक् तिन किन । ताक् धिन गिन ।

८. धागे धागे धागे । धागे तिट कत ॥

९. धा तिट तिट । कड़ान् धिं ना ॥

१०. धागे नधा तिन । तागे नधा तिन ॥

११. धाति टना धिन । ताति टना धिन ॥

१२. धीं नक धिन् । तीं नक धिन् ॥

१३. धिनधिड़ नकतक धिड़ाऽन । तिनकिड़ नकतक धिड़ाऽन ॥

१४. धाऽनधा तिटधिन तिनागिन । ताऽनता तिटधिन तिनागिन ॥

१५. धात्रकधि किटधागे तिनाकिड़नग । तात्रकति किटधागे तिनाकिड़नग ॥

दादरा के पश्चात् रूपक ताल का नम्बर आता है । इसमें सात मात्राएँ तथा ३-२-२ मात्राओं के तीन विभाग होगे हैं। शास्त्रीय रूपानुसार इसके हर खंड की पहली मात्रा पर ताली लगनी चाहिए, किन्तु पहली मात्रा पर सम के स्थान पर खाली दिखाने का चलन है । यह चचल प्रकृति का चित्ताकर्षक ताल है, जो लालित्यमय हाने के कारण सर्वसाधारण को प्रिय लगता है । यही कारण है कि यह शास्त्रीय संगीत-प्रधान होते हुए भी विभिन्न प्रकार के सरल संगीत—जैसे भक्ति-संगीत, काव्य-सगीत फिल्म-संगीत आदि में भी दृष्टिगोचर होने लगा है । पश्तो नामक एक अन्य ताल भी इसी ताल के अनुरूप है, जिसका प्रयोग गजल आदि में अधिकतर होता है ।

● रूपक का ठेका

०			२		३	
तीं	तो	ना ।	धीं	ना ।	धीं	ना ॥

● रूपक के प्रकार

१. तीं तीं ना । धागे त्रक । धीं ना ॥

२. ति तिना तिट । धीधी नाना । धीधी नाना ॥

३. तीना ऽता तिरकिट । धीना ऽधा । धीना ऽधा ॥

४. तींऽ न्नता तिट । धीऽ न्नधा । तिट धिन ॥

५. तीक्ड़ तिन्ना तिरकिट । धीक्ड़ धीना । धाक्ड़ धीना ॥

रूपक ताल के अतिरिक्त दीपचन्दी तथा झप ताल भी भक्ति-संगीत के लिए उपयोगी सिद्ध हुए हैं । इनका विवरण आगे दिया गया है :—

दीपचन्दी (चाँचर) ताल में चौदह मात्राएं तथा ३-४, ३-४ मात्राओं के चार विभाग होते हैं। इसमें पहली, चौथी और ग्यारहवीं मात्राओं पर ताली तथा आठवीं मात्रा पर खाली लगती है।

• दीपचन्दी का ठेका

× २ ० ३
धा धि ऽ। धा धा ति ऽ। ता ति ऽ। धा धा धि ऽ

• दीपचन्दी के प्रकार

१. धा धी ना। धा धा तो ना। ता ती ना। धा धा धी ना॥

२. धा तिर किट। धा धा तिर किट। ता तिर किट। धा धा तिर किट॥

३. धि न क। धि न गि न। धि न क। ति ऽ कड़ां ऽ।

४. धा ति ट। धा तिर किट तक। ता ति ट। धा तिर किट तक॥

५. धिं दिन किन। धिं धिं दिन किन। तिं तिन किन। धिं धिं दिन किन।

• झपताल का ठेका

× २ ० ३
धी ना। धी धी ना। ती ना। धी धी ना॥

• झप ताल के प्रकार

१. धिं नाना। धिं धिं नाना। तिं नाना। धिं धिं नाना॥

२. धिंधिं नाना। धिंधिं नाधिं धिंना। तिंतिं नाना। धिंधिं नाधिं धिंना॥

३. घिना तिट। घिना ऽधा तिट। किना तिट। घिना ऽधा तिट॥

४. धाधा तिरकिट। धातिर किटधा तिरकिट। ताता तिरकिट। धातिर किटधा तिरकिट॥

५. धिनक तगिन। धिनक धिनक तगिन। तिनक तकिन। धिनक धिनक तगिन॥

उपर्युक्त तालों के अतिरिक निम्नांकित तालों का प्रयोग भी भक्ति-संगीत में बड़ी खूबी के साथ होता है। इन तालों के केवल ठेके ही दिए जा रहे हैं।

• धुमाली (८ मात्राएँ)

× ०
धा गे न ति। न क त्रक धिन॥

• **ग़ज़ल (८ मात्राएँ)**

× ०

धाक् धिन नन गिन । धाक् तिन नन किन ॥

• **लावनी (८ मात्राएँ)**

× २ ० ३

धिंधिं नाधिं । नातिं नागेतिरकिट । तिंतिं नाधिं । नातिं नागेतिरकिट ॥

उपर्युक्त तीनों तालों का प्रयोग तथा विस्तार कहरवा ताल के समान ही होता है।

• **अद्धा ताल (१६ मात्राएँ)**

× २ ० ३

धाऽ ऽधीं ऽऽ धा । धाऽ ऽधीं ऽऽ धाऽ । धाऽ ऽतीं ऽऽ ताऽ । ताऽ ऽधीं ऽऽ धाऽ ॥

(ज्ञातव्य : **अद्धा ताल को कुछ व्यक्ति 'अद्धा-तिताला' भी कहते हैं।**)

आजकल रेडियो द्वारा प्रसारित होनेवाले भक्ति-संगीत के प्रातःकालीन कार्यक्रमों में कुछ भजन पूर्णतः शास्त्रीय संगीत पर आधारित होते हैं, जिनमें तेवरा, धमार, सूल, चौताल, मत्त, गणेश, ब्रह्म आदि तालों का प्रयोग होता है। विस्तार-भय से ऐसे ठेके यहाँ नहीं दिए जा रहे हैं। उन्हें आवश्यकतानुसार ताल-ग्रन्थों में देखा जा सकता है।

□□□

परनों में भक्ति-भावना

□ **स्वामी पागलदास**

भारतीय संगीत का मूलाधार भक्ति-भावना से ओत-प्रोत है। राग-रागिनियों के समान परनों में भी यही भावना परिलक्षित है। उदाहरणार्थ यहाँ ताल-सम्बन्धी कुछ ऐसी रचनाएँ प्रस्तुत हैं, जिनका निर्माण प्रभु-स्तवन अथवा देवी-देवताओं की स्तुति के रूप में हुआ है।

• **शंकर-परन / धमार ताल**

जैकै लासी अविनाऽ सीऽसुख रासी । सदाऽर हेऽगंऽ । गाऽतट काशी खाऽतभं । ऽगशीऽ शगंऽग वृषभसं ऽगशिव ॥ शंऽकर धाऽशंऽ करधाऽ शंऽकर धा।

(पूरे बोल तीन बार बजाने पर अन्तिम 'धा' सम पर आएगा।)

• **गंगाधर-परन / तीनताल**

१. जटाऽजू ऽटकर शीऽशमु कुटमध । गंऽगधा ऽरधर धवलध राऽविस् । तृतकरि ताऽरत वाऽरत सुरमुनि । जयतिउ चाऽरत जयशंऽ भोऽजग ॥ काऽरन ताऽरन करडम रूऽडम । डमडम बाजे जयशिव शंकर । हरहर हरजय शिवशंऽ करहर । हरहर जयशिव शंऽकर हरहर ॥

२. नगदे ऽतधन गुनतक देऽत। दानी धनीऽक्त तीऽकर देऽऽत। तनकत नकधुन धरधर गाऽतेऽ। गंऽगाऽ धरगुन गनकीऽ गाऽथाऽ ॥ दिनदिन ताको कटतको ऽटिकटु। ताऽऽऽ (**अन्त में 'आ' का दम देते हुए पूरे बोल तीन बार बजाए जाएँगे।**)

• आदेशी-परन / झप ताल

ज्ञाऽननि धाऽनगं। ऽगधर धाता धीऽरध। रेऽगुन गननित। ताता काऽटदे ऽतकटु ॥ ताधा काऽटदे। ऽतकटु ताधा काऽटदे। ऽतकटु ता (**पूरे बोल तीन बार बजाने पर अन्तिम 'ता' सम पर आएगा।**)

• जानकी-परन / जानकी ताल

जनकदु लाऽरी। मंऽदमं ऽदगति चलीऽजा। ऽतगिरि जाऽपूऽ। जनसिय संगपग। बाऽजत पैजनि ॥ याँऽऽपै जनियाँऽ। पैऽजनि याँऽऽऽ (**पूरे बोल तीन बार बजाने पर अन्तिम 'याँ' सम पर आएगा।**)

• दुर्गा-परन / झप ताल

दाऽनव दर्पद। लनिदाऽ नीऽदुर् गेऽऽऽ। काऽटत कटकट। कटुकुठा ऽरकर लेऽऽऽ ॥ तत्रसित त्रिभुवन। तेऽजत मकितपि ताऽवत। प्रमुदित पुण्यप्र। ताऽपप रसिपद पाऽवत ॥

• कृष्ण-परन / तीनताल

लसतल सतप्रभु लसतक दमतरु। छोटीसील कुटलिए बेऽनुब जइयाऽ। चलतच लतचाल चलतत्रि भंऽगीऽ। झलकझ लककान कुंडलसो हइयाऽ ॥ याऽछबि देखिवृष भानुजागो पालजीको। निहुरिनि हुरिकर लेऽतब लइयाऽ। गृनधुन् गृनधुन् बजतमृ दंगतब। तालदेत राधिकाऽ नाचतक न्हैयाकन्है ॥ या (सम)

• कृष्ण-परन / धमार ताल

धिरकिटधिम धिरकिटधिम धदिमपि धदिमपि धदिमपि। धैया ऽताथैया। तताथैया थुंगागत थइया। कहगिरि धरकिशो ऽरकीऽ रतिकुमा ॥ ऽरिकाऽ धुनपुन धुनपुन बजतमृ दंगतब। फिरकिन फिरकिन। नचतिरा ऽधिकाऽ थेऽइरा। ऽधिकाऽ थेऽइरा ऽधिकाऽ थेऽइत ॥

• सार्थक-परन / (तेरह मात्राएँ)

नन्दनँ दननित धाता धनगुन। कृतिना ऽमताऽ देऽतदी। ऽनकटु काऽटत ताधा। धाता धाधा ताधा ॥ धा (सम)

• माखनचोरी-परन / तीनताल

त्रिघिन्न किटतकताऽतिर किटतकतिरकिट तक्ड़ांतक । धाऽ ऽता धाऽऽऽकिटतक तिरकिटतकतिर । किटतकतिरकिट धेऽ ऽत तिरकिटधेत् । तिरकिटधेत् तिरकिधेत् धे:धेरधेर धेरधेरकिटतक ।। धा ऽऽधेरधेर धेरधेरकिटतक तेरतेरतेरतेर । किटतकधेरधेर धेरधेरकिटतक धाऽधेरधेर धेरधेरकिटतक । तेरतेरतेरतेर किटतकधेरधेर धेरधेरकिटतक धाऽधेरधेर । धेरधेरकिटतक तेरतेरतेरतेर किटतकधेरधेर धेरधेरकिटतक ।।

• राजा विश्वनाथसिंह-रचित परन / तीनताल

१. धरतोऽ तोऽनंद नऽन्द नितनित । राधा कोऽऽक धा धृगधृग । धृगमति मंऽद जैसे रतिकटि रतिनऽ धाऽ ऽधा ऽऽ ।

२. नऽ दन दन तन । श्या ऽम नऽ आ । दोऽ नन दाऽ नदे । ऽत तन मन ऽन ।।

• राम-परन / चौताल

श्यामब रनछबि काऽमह रनकर । धनुषध रनकोऽ जैऽकर धनुषध । रनकोऽ जैऽकर धनुषध रनकोऽ ।। जै (सम)

• परन / सवारी ताल

धकधक धकधक करतह्व । दयदाऽ नवदल । कऽम्पित राऽममा । ऽरगन लहलहा । ऽतअति चलतव्या । ऽलगति कपिकुंऽ । जरकिट किटाऽत ।। किलकत कटकट कटकट । कटकटा ऽइकरि । अट्टहा ऽसदाऽ । नवदल मर्दंत । गर्जंत जयरघु । वीऽऽर जयरघु । वीऽऽर जयरघु ।।

• मारुति-परन / सवारी ताल

लैऽमृदं ऽगहनु मतनाऽ । चतक्ड़ां थेइ । थेइयत किटथेइ । यतकिट तिरकिटतकताऽ । धाऽनधि किटकत । धाऽनधि किटधाती । धा दसस्यं ।। दननंऽ दनविदे ऽह्जाऽ । चरणक मलअनु । राऽगब ढ़ाऽवत । गाऽवत जैसी । तारा घोजै । सीता राघो । जैसी तारा । घो (सम)

• कुदऊसिंह-परन / चारताल

जयमृदं ऽगवाऽ । दनधिरा ऽजकोऽ । दोसिंह महाऽरा । ऽजकोऽ जै । मतमतं ऽगमन । मुऽग्धक रनधृत ।। मृदंग धाकिटतकधुम । किटतकगदिगन धा । प्रचंऽड कोऽरति । अखंऽड दसदिशि । धगधग धाकिटधा । नऽधाऽ धेटधेट ।। कधाकेट धाऽधड़ । ऽन्नधाऽ कृधाऽन । धाधा दिंता । किटधाकिट टधाऽन । धाऽकृधा ऽनधाऽ ।। धा (पूरे तीन बोल बजाने पर अन्तिम 'धा' सम पर आएगा ।)

□ □ □

नृत्य कला में भक्ति-पद / तीनताल

□ वेदमणिसिंह ठाकुर

• शिव-स्तुति

× २

जयज यजय विश्व नाऽथ । शीऽश गंऽग चंऽद्र माऽथ ।

० ३

बिऽल्व माऽल कंऽठ व्याऽल । नंऽदी ऽवाऽ हनवि शाऽल ।। भऽस्म लसत अंऽग अंऽग । गौऽरो ऽवाऽ मांऽग संऽग । गरल कंऽठ महाऽ काऽल । काऽट तजग फंऽद जाऽल ।। डिमडि मडम रूऽब जाऽत । भूऽत प्रेऽत कोऽरि झाऽत । दाऽनी ऽदाऽ ताऽम हाऽन् । अखिले ऽश्वर गुणनि धाऽन ।। धगध गधग धगऽ तकिट । तांऽड वनिर ततप्र मुदित । जयशि वशंऽ भोऽऽ जयशि । वशंऽ जयशि वशंऽ ।। भो (सम)

• विष्णु-स्तुति

शंऽखच ऽक्रधर गदाऽप ऽद्मधर । नीऽलब रनछबि रूऽपम नोऽहर । विश्ववि धाऽताऽ दीऽनको भ्राऽता । भवदुख त्राऽता विष्णुल ऽक्ष्मीवर ।। युगयुग नवअव ताऽरलि योऽतुम । राऽमकृ ऽष्णतन धाऽरलि योऽराऽ । वणकंऽ साऽसुर माऽरलि योऽप्रभु । जगजन पेऽउप काऽरकि योऽजय ।। जयअसु राऽरीऽ मुनिमन हाऽरोऽ । भवभय भंऽजन शरणतु म्हाऽरीऽ । धगतिट तगतिट धगदिग नगतिट । कतिटता ऽनधेऽ ताऽ,तिरकिट धेऽताऽ ।। तिरकिटधेत् तगेऽन्न धाऽताँऽ धाऽताँऽ । धाऽताँऽ धाऽतिरकिट धेऽतगे ऽन्नधाऽ । ताँऽधाऽ ताँऽधाऽ ताँऽधाऽ तिरकिटधेत् । तगेऽन्न धाऽताँऽ धाऽताँऽ धाऽताँऽ ।। धा (सम)

• राम-स्तुति

राऽमच ऽद्ररघु वंऽशम णिऽतन । श्याऽमब रनछबि अनबर नीऽकर । साऽयक चाऽपस दाऽसोऽ हतबन । बाऽसीऽ बेऽशहि याऽमोऽ हतसीऽ ।। ताऽपति राऽघव रघुऽना यकजग । सकलतु म्हेंऽनित नमतमा ऽथहेऽ । रघुकुल गौऽरव असुराऽ रीऽभव । भयहाऽ रीऽमनु अवताऽ रीऽमऽ ।। र्याऽदाऽ पुरुषोऽ त्तममहा ऽन्सुर । नरमुनि तुमरोऽ धरतध्या ऽनमेऽ । रीऽभव बाऽधाऽ हरोऽआ ऽनप्रभु । पूऽरन करदऽो सकलका ऽजहेऽ ।। दशरथ नंऽदन सीऽताऽ पतिश्रीऽ । राऽऽम राऽऽम राऽऽम सीऽताऽ । पतिश्रीऽ राऽऽम राऽऽम राऽऽम । सीऽताऽ पतिश्रीऽ राऽऽम राऽऽम ।। राम (सम)

● कृष्ण-स्तुति

मोऽर मुकुट सिरसो ऽहेऽ। पीऽतां ऽबर मनमो ऽहेऽ। पाँऽव पैऽज नीऽसु हाऽत। रूऽप मदन कोऽल जाऽत ॥ ताऽथे ईथेई चलत चाऽल। उपज तनव छंऽद ताऽल। जमुना ऽतट राऽस रचत। लेऽक रनित ग्वाऽल बाऽल ॥ संऽग राऽधि काऽकु माऽरी। ब्रजब निताऽ गोऽप ग्वाऽरी। बाऽज तवेऽ णुऽमृ दंऽग। नूऽपु रलेऽ वतत रंऽग ॥ जैऽजै ऽनट नाऽग रब्रज। राऽज ऽऽऽ जैऽजै ऽनट। नाऽग रब्रज राऽज ऽऽऽ। जैऽजै ऽनट नाऽग रब्रज ॥ राज (सम)

● गणेश-स्तुति

धेत्धेत् तिरकिटधेत् तगेऽन्न धाऽताऽ। जयजय गणपति सबजग वंऽदन। एऽकद ऽतभुज चाऽरसु हाऽवत। गजतन लंऽबोऽ दरमन भाऽवत ॥ मूऽषक वाऽहन परमसु खाऽरीऽ। चँवरडु लाऽवत रिधिसिधि प्यारी। विऽघ्नह रनगण नाऽथद याऽनिधि। शरणाऽ गतहूँऽ द्वाऽरति हाऽरेऽ ॥ धेत्धेत् धिटतिट धकिटत गदिगन। सकलका ऽजकर सिऽद्धह माऽरेऽ। धाधा दींदीं नाना तिटतिट। कत्रिकधि किटतक धाऽ ऽऽजय ॥ जयगणे ऽशदेऽ वाऽ कत्रिकधि। किटतक धाऽ ऽऽजय जयगणे। ऽशदेऽ वाऽ कत्रिकधि किटतक। धाऽ ऽऽजय जयगणे ऽशदेऽ ॥ वा (सम)

● ब्रह्मा-स्तुति

जयविरं ऽचिजय विऽश्ववि धाऽताऽ। सकलज गत्तुम रोऽग्यश गाऽताऽ। जनमम रणवश रहेंऽति हाऽरेऽ। सफलज नमप्रभु करोऽह माऽरेऽ ॥ चाऽरिव दनचौऽ भुजाऽसु हाऽवेंऽ। सरऽस्व तीऽतुम रोऽगुन गाऽवें। सकलवे ऽदकेऽ तुम्हींऽप्र णेऽताऽ। नाऽट्यशा ऽस्त्रसंऽ गीऽतके स्त्रऽष्टाऽ ॥ शरणाऽ गतपर करहुक्र पाऽदाऽ। ताऽ करहुक्र पाऽदाऽ ताऽ। करहुक्र पाऽदाऽ ताऽ शरणाऽ। गतपर करहुक्र पाऽदाऽ ताऽ ॥ करहुक्र पाऽदाऽ ताऽ करहुक्र। पाऽदाऽ ताऽ शरणाऽ गतपर। करहुक्र पाऽदाऽ ताऽ करहुक्र। पाऽदाऽ ताऽ करहुक्र पाऽदाऽ ॥ ता (सम)

● दुर्गा-स्तुति

जयति जयति जगऽ जननि। भवभ यदुख द्वंऽद हरनि। खंऽग शूऽल पाऽश हऽस्त। दाऽन वदल होऽत त्रऽस्त ॥ तड़ित तेऽज सकल अऽग। छबिल जाऽत मनुअ नंऽग। सिंऽह वाऽहि नीऽवि शाऽल। आऽदि शऽक्ति महाऽ काऽल। रुऽद्र प्रियाऽ शैऽल सुताऽ। भुऽक्ति मुऽक्ति दाऽयि नीऽमाँऽ। मेऽरो ऽभव फंऽद काऽट। मंऽग लमुद सिऽद्धि सदनि ॥ दुःऽख दलिन माँऽ मंऽग। लमुद सिऽद्धि सदनि दुःख। दलनि माँऽऽ मंऽग लमुद। सिऽद्धि सदनि दुःऽख दलनि ॥ माँ (सम)

• सरस्वती-स्तुति

धिरधिरकिटधा ऽनधाऽ धातूऽन्ना कऽतिट। जयतिज यतिजय माऽतुस रऽस्वती। कड़धाऽकड़ धाऽकिटतक दींऽदींऽ ननवोऽ। णाऽपुस् तकधाऽ रिणिसुख काऽरिणि॥ ऽनतिटता न्नधिरधिर कत्धिरधिर कऽतिट। चंऽदव दनिमणि मुकुटसु हाऽवेऽ। बनमाऽ लाऽनित कंऽठसु हाऽवेऽ। धिरधिरकिटतक तकिट,धाऽ धिरधिरकिटतक तकिटधाऽ। श्वेऽतव सनकम लाऽसन सुंऽदर। पगनूऽ पुरछन केऽमधु रिमस्वर। क्रुतांऽत किटतक तिरकिटतकधिर किटतकधाऽ। हंऽसवा ऽहिनीऽ ज्ञाऽनदा ऽयिनीऽ। कतकत् तिटतिट धिंऽतिर-किटतक ताऽतिरकिटतक। जगऽज्ज ननिकर कृपाऽवे ऽदपर। आऽदिश ऽक्तिमाऽ ताऽ आऽदिश। ऽक्तिमाऽ ताऽ आऽदिश ऽक्तिमाऽ॥ ता (सम)

• हनुमान-स्तुति

जयजग वंदऽन केऽसरी नंऽदन। संऽकट मोऽचन महाऽब लीऽऽऽ। धाऽनिध किटतक ताऽनधि किटपल। मेंऽलंऽ काऽपर कूऽदिग योऽसीऽ॥ ताऽकेऽ दुखकोऽ दूऽरकि योऽऽऽ। तड़ाऽत तड़तड़ लंऽकज राऽयोऽ। रामऽचं ऽद्रकेऽ काऽजब नाऽयोऽ। देऽखतु म्हाऽराऽ बलअनू ऽपथर॥ थरकाँऽ पेऽअव नीऽअंऽ बरशिव। शंऽकर केऽअव ताऽरसं बलहेऽ। जयतिम ऽकंटाऽ धोऽशभू ऽतबैऽ। ताऽलन मतनित शीऽशआ ऽजप्रभु॥ सुधिलोऽ मेऽरीऽ धिरकिटधेत् ऽता। कत्तिरकिट तकताऽकिटतक दींऽ ताऽ। धाऽ तिरकिटतकताऽ गदिगन धाऽतिरकिट। तकताऽगदि गनधाऽ तिरकिटतकताऽ गदिगन॥ धा (सम)

• काली-स्तुति

क्रऽन् धाऽकिटतक धाऽत धाऽक्रान्। चमच माऽचम खंऽग चमकत। वाऽम करखऽ प्परबि राऽजत। मुंऽड माऽलाऽ वऽक्ष हुलसत॥ चलत झुकिझुकि झझकि चंऽचल। चाऽल छबिविक राऽल नैऽनाऽ। तड़ित तमकत तनअ माऽवस। राऽत सीऽकाऽ रीऽकि कनकन। तेऽज दमकत धकित धुधुकिट। जरत सबजग थरथ राऽवत। लपट ज्वाऽलक राऽल चहुँदिशि। लाऽल धुकिधुकि अतिड राऽवत॥ जयति रुऽद्राऽ णीऽम हाऽकाऽ। लीऽऽ माऽताऽ जयति रुऽद्राऽ। णीऽम हाऽकाऽ लीऽऽ माऽताऽ। जयति रुऽद्राऽ णीऽम हाऽकाऽ॥ ली (सम)

□□□

संगीतलिपि चिह्न-परिचय

प	जिन स्वरों के ऊपर-नीचे कोई चिह्न नहीं है, वे मध्य (बीच की)—सप्तक के शुद्ध स्वर हैं।
ध	जिन स्वरों के नीचे पड़ी लकीर है, वे कोमल स्वर हैं; किंतु कोमल मध्यम पर कोई चिह्न नहीं होता, क्योंकि कोमल मध्यम को शुद्ध मध्यम भी कहते हैं।
म	यह तीव्र मध्यम है।
प़/ध़	नीचे एक बिंदीवाले स्वर मंद्र-सप्तक के तथा दो बिंदीवाले स्वर अतिमंद्र-सप्तक के हैं।
सं/पं	ऊपर एक बिंदीवाले स्वर तार-सप्तक के तथा दो बिंदीवाले स्वर अतितार-सप्तक के हैं।
प—	जिस स्वर के आगे जितनी लकीरें (—) हैं, उसे उतनी ही मात्राओं तक और बजाइए।
राऽ	जिस अक्षर के आगे जितने अवग्रह (ऽ) के चिह्न हैं, उसे उतनी ही मात्राओं तक और गाइए।
धप	इस प्रकार जितने भी स्वर मिले हुए (सटे हुए) हों, उन-सबको एक मात्रा में बजाइए।
‿	इस प्रकार का कोष्ठक (ब्रैकिट) दो मात्राओं में तीन बराबर मात्राओं को प्रकट करता है।
× ०।	'×' सम का, '०' खाली का तथा '।' ताली का चिह्न है।
,	'सरे, स' इस प्रकार एक ही मात्रा के (सभी आपस में सटे हुए) स्वरों के बीच में लगा हुआ कौमा एक मात्रा को आधी-आधी मात्रा के दो खंडों में विभाजित करता है।
✽	जहाँ ऐसा फूल दिया है, वहाँ एक मात्रा चुप रहिए।
⌒	यह चिह्न स्वरों के ऊपर मींड़ देने के लिए होता है।
ग प	इस प्रकार किसी स्वर के ऊपर कोई स्वर हो, तो ऊपरवाले स्वर को ज़रा-सा छूते हुए नीचे के स्वर को बजाइए। ऊपरवाला स्वर 'कण-स्वर' कहलाता है।
(म)	इस प्रकार कोई स्वर कोष्ठक में बंद हो, तो उसके आगे का स्वर, वह स्वर, उससे पहले का स्वर तथा फिर वही स्वर लेकर एक मात्रा में ही बजाइए; जैसे (पमगम)।
∿∿	यह चिह्न स्वरों के ऊपर ज़मज़मा देने के लिए होता है; अर्थात् जिन स्वरों के ऊपर यह चिह्न है, उन स्वरों को संतुलित ढंग से हिलाइए।

स्वरबद्ध पदों की अकारादि-क्रम-सूची

[इस सूची में पदों की प्रथम पंक्तियों के पश्चात् क्रमशः कवियों के नाम तथा पृष्ठ-संख्याएँ अंकित हैं।]

□□□

संगीत कार्यालय के प्रकाशन

[मँहगाई के अनुसार समय-समय पर मूल्यों में वृद्धि होती रहती है।]

■ कंठ-संगीत (Vocal Music)

बालसंगीतशिक्षा (3 भागों में)—कक्षा 6,7 व 8 के लिए; मूल्य क्रमशः 20/-, 25/- व 30/-
संगीत किशोर—कक्षा 9-10 के लिए 30/-
क्रमिक पुस्तक मालिका (भाग 1 से 6 तक, पाठ्यक्रमानुसार) — मूल्य क्रमशः 25/-, 150/-, 225/-, 250/-, 150/-, 200/-
Kramik Pustak Part-1 (English) 50/-
A Guide to Indian Music (Eng.) 85/-
स्वरमालिका—भातखंडे जी द्वारा संकलित 62 रागों में 123 सरगमें 50/-
क्रमिक तान आलाप (भाग 3)— 125/-
क्रमिक तान आलाप (भाग 4)— 125/-
अप्रकाशित राग (भाग 1) 73 बंदिशें 35/-
स्वर प्रवाह—63 रागों में भक्तिप्रधान 246 बंदिशें 375/-
मधुर चीजें—111 मधुर राग-बंदिशें 40/-
सूर संगीत—सूरदास के स्वरबद्ध पद (प्रेस में)
वंदना संगीत—50 स्वरबद्ध प्रार्थनाएँ 40/-
ठुमरी गायकी—45 स्वरबद्ध ठुमरियाँ 50/-
मारवा ठाठ अंक—88 राग-रचनाएँ 85/-
पूर्वी ठाठ अंक—71 राग-रचनाएँ 85/-
अप्रचलित राग ताल अंक 85/-
आलाप-तान अंक—एम० ए० स्तर 85/-
प्रार्थना संगीत—विभिन्न धर्मों की स्वरलिपि सहित मूल प्रार्थनाएँ 65/-
भक्ति संगीत अंक—102 स्वरबद्ध पद 85/-
मीरा संगीत अंक—11 महत्वपूर्ण लेख व मीरा के 138 स्वरबद्ध पद 85/-
ग़ज़ल अंक—स्वरलिपि-सहित ग़ज़लें 85/-
राष्ट्रीय संगीत—लेख व स्वरलिपि 150/-
महिला संगीत अंक—लेख व स्वर० 85/-
मुहम्मद रफ़ी अंक—जीवनी व स्वरांकन 85/-
फ़िल्मी ग़ज़ल अंक (भाग 1) फ़िल्मों की स्वरबद्ध 35 ग़ज़लें 85/-
फ़िल्मी शास्त्रीय गीत अंक (भाग 1) फ़िल्मों के 52 स्वरबद्ध शास्त्रीय गीत 125/-
फ़िल्मी प्रेम गीत अंक (भाग 1)— फ़िल्मों के 40 स्वरबद्ध प्रेम भरे गीत 85/-
फ़िल्मी उल्लास गीत अंक— फ़िल्मों के 35 स्वरबद्ध उल्लासपूर्ण गीत 85/-
फ़िल्मी युगल गान अंक (भाग 1)— फ़िल्मों के 35 स्वरबद्ध युगल-गीत 85/-
फ़िल्मी भजन अंक (भाग 1)— फ़िल्मों के 35 स्वरबद्ध भक्ति-गीत 85/-
फ़िल्मी सांस्कृतिक गीत अंक (भाग 1)— फ़िल्मों के 35 स्वरबद्ध गीत 85/-
फ़िल्मी विविध गीत अंक (भाग 1)— फ़िल्मों के 35 स्वरबद्ध लोकप्रिय गीत 85/-
फ़िल्मी विविध गीत अंक (भाग 3)— फ़िल्मों के 35 स्वरबद्ध लोकप्रिय गीत 85/-
फ़िल्मी विविध गीत अंक—(भाग 5) फ़िल्मों के 35 स्वरबद्ध लोकप्रिय गीत 85/-
फ़िल्मी विविध गीत अंक—(भाग 6) फ़िल्मों के 35 स्वरबद्ध लोकप्रिय गीत 85/-
फ़िल्मी विरह गीत अंक (भाग 1)— फ़िल्मों के 35 स्वरबद्ध दर्द भरे गीत 85/-
संगीत विनय पत्रिका—तुलसीदास के 70 स्वरबद्ध पद 85/-

■ शास्त्र व इतिहास (Theory & History)

हाई स्कूल संगीत शास्त्र—पूरा कोर्स 45/-
संगीत शास्त्र— कक्षा 12 तक 50/-
भारतीय संगीत का इतिहास 40/-
संगीत विशारद—एम०ए०तक का कोर्स 150/-
राग-कोष—1438 रागों का विवरण 50/-
भातखंडे संगीत शास्त्र (भाग 3) 200/-
संगीत-पद्धतियों का तुलनात्मक अध्ययन प्राचीन 10 संगीतग्रन्थों का सार 60/-
संगीत निबंधावली—26 निबंध 50/-
निबंध संगीत—76 शोधपूर्ण निबंध 200/-
संगीत चिंतामणि—आचार्य बृहस्पति के उच्चस्तरीय 31 विस्तृत शोध-निबंध 200/-
स्वरमेल कलानिधि—रामामात्य कृत एक आधार ग्रंथ, हिंदी टीका-सहित 30/-

संगीत मकरंद: (नारद-कृत) —संस्कृत 40/-
लोक संगीत अंक—लेख व स्वरलिपि 125/-
संगीत: सूफ़ी इनायतखाँ—वैज्ञानिक लेख 125/
संगीत संस्मरण अंक-रोचक किस्से 85/-
'संगीत' रजत-जयंती अंक—20 निबंध
तथा 2000 संगीत-ग्रंथों की सूची 85/-
विश्व संगीत अंक —35 निबंध 85/-
संगीत परीक्षा अंक-परीक्षोपयोगी 85/-
संगीत शिक्षा अंक-संगीत-शिक्षा 85/-
संगीत संस्था अंक संगीत-संस्थाओं
एवं कलाकारों के पते व परिचय— 85/-
संगीत शोध अंक-रिसर्च की दिशाएं 85/-
संगीत कथा अंक— सांगीतिक कथाएं 85/-
संगीत शोध लेख अंक—शोधपूर्ण लेख 125/-
आवाज़ सुरीली कैसे करें ?—स्वर की
मधुरता के लिए उपाय व औषधियाँ 85/-
पाश्चात्य संगीत-शिक्षा—विदेशी स्टाफ
नोटेशन की विधिवत सचित्र शिक्षा 85/-

■ वाद्य संगीत (Instrumental Music)

वाद्य वादन अंक-सचित्र वाद्य-शिक्षा 85/-
जलतरंग अंक—जलतरंग शिक्षा 85/-
सं० ताल परिचय-1 (हाईस्कूल तक) 25/-
सं० ताल परिचय-2 (चतुर्थ वर्ष तक) 30/-
तबला अंक— शोधपूर्ण सचित्र लेख 85/-
ताल अंक— सचित्र तबला-शिक्षा 85/-
ताल प्रकाश- एम०ए० तक पूरा कोर्स 80/-
ताल मार्तण्ड— एम० म्यूज० तक 65/-
तबले पर दिल्ली और पूरब —एम०
म्यूज० तक का शास्त्र व क्रियात्मक 85/-
क़ायदा और पेशकार—क्रियात्मक 25/-
अप्रचलित क़ायदे और गतें—तबले
पर उच्चस्तरीय क्रियात्मक सामग्री 40/-
मृदंग अंक-शोधनिबंध व सचित्र शिक्षा 85/-
सितार शिक्षा-सचित्र शिक्षा व गत-तोड़े 65/-
सितार मालिका—वर्ष 1 से 8 तक 125/-
बेला विज्ञान—सचित्र वॉयलिन-शिक्षा 70/-
बैंजो मास्टर— सचित्र शिक्षा व धुनें 35/-
गिटार मास्टर—सचित्र शिक्षा व धुनें 35/-
म्यूज़िक मास्टर-(हिन्दी) हारमोनियम
तबला व बाँसुरी शिक्षा की सरल पुस्तक 35/-
म्यूज़िक मास्टर-(उर्दू अनुवाद) 35/-
बाँसुरी शिक्षा—थ्योरी व प्रैक्टिकल 120/-
'संगीत' काका हाथरसी स्मृति अंक—
लेख एवं कविताएँ 125/-
तबला और गायन प्रैक्टीकल नोटबुक

■ नृत्य (Dance)

अभिनय दर्पण और गीतगोविन्द—
नृत्य-शास्त्र एवं अष्टपदी 125/-
नृत्य भारती— प्रारंभिक नृत्य शिक्षा 60/-
कथक नृत्य— प्रथम से अष्टम वर्ष तक
नृत्य का पूरा कोर्स 300/-

■ 'संगीत' मासिक पत्र

वार्षिक शुल्क (भारत के लिए)— 150/-
(विदेशों के लिए)—UK £ 30/- या US $ 60/-
आजीवन सदस्यता शुल्क (भारत)
रु० 1100/-
(विदेशों के लिए)—UK£ 150/- या US$ 300/-
साधारण अंक (भारत के लिए) - 15/-
(विदेशों के लिए)—UK £ 3/- या US $ 5/-
'संगीत' मासिकपत्र की महत्त्वपूर्ण फ़ाइलें
1979, 82, 84, 90, 93, 94 व 95
उपलब्ध हैं—मूल्य, प्रति फ़ाइल रु० 250/-

● ऑडियो कैसेट

क्रमिक पुस्तक मालिका, भाग I
(हिंदी या अंग्रेजी में दो कैसेट का सैट) 70/-

● भातखंडे व पलुस्कर के रंगीन चित्र

साइज़ 11″×18″ (प्रति चित्र) 20/-
साइज़ 18″×22″ (प्रति चित्र) 30/-

● स्वामी हरिदास व तानसेन के चित्र

(हार्डबोर्ड पर रंगीन हैण्डपेन्टिंग्स)
साइज़ 18″×22″ प्रति पेन्टिंग 500/-

उपर्युक्त सभी सामग्री पर पैकिंग व डाक-व्यय आदि मूल्य के अलावा लगेगा।

प्रकाशक : संगीत कार्यालय, हाथरस 204 101 (उ. प्र.)

फ़ोन : (05722) 21001, 30123, 31111